ספר המצוות הקצר

THE CONCISE BOOK of MITZVOTH

THE TORAH CLASSICS LIBRARY

ספר
המצוות
הקצר

כולל כל המצוות עשה ולא-תעשה
הנוגעות הלכה למעשה בזמן הזה

מאת

מרן ר' ישראל מאיר הכהן זצוק"ל

בעל המחבר ספר "חפץ חיים", "משנה ברורה", ועוד

הוגה משגיאות רבות שנמצאו בכל הדפוסים הקודמים
בהוספת מפתח לעזור לקורא למצוא כל מצוה ומצוה בקלות
ובהוספת המצוות התלויות בארץ

הוצאת ספרים
פלדהיים
ירושלים עיה"ק

THE CONCISE BOOK *of* MITZVOTH

The Commandments Which
Can Be Observed Today

compiled by

The Chafetz Chayim

Rabbi Yisrael Meir haKohen

including a supplement on the commandments
contingent upon the Land of Israel

English adaptation and notes by
CHARLES WENGROV

FELDHEIM PUBLISHERS
Jerusalem / New York

First published 1990 • ISBN 0-87306-494-1

Philipp Feldheim Inc.
200 Airport Executive Park
NY

Printed in Israel
at 'Graph-Chen' Press Ltd., Jerusalem

This ספר
is dedicated to the memory of

RAPHAEL (RUDI) STERN ע״ה

of London, England

רפאל ב״ר משה שטרן ע״ה

נלב״ע כ״ט אדר תשמ״ח

ראש למשפחתו וטוב לעניים
פועל צדק והולך תמים
איש צדיק וישר שומר אמונים
להיטיב חשב לילות וימים

May his concern for Am Yisroel and
unparallelled charitable deeds serve as a guiding light
to his family for many generations

Celia Stern
London, England

Martin and Lone Stern
Motti, Arye, Libbie and Dina
Bayit Vegan, Jerusalem

Alan and Lisa Stern
Avraham Yaakov and Rachel
Los Angeles, California

Rhona and Keith Davis
London, England

Preface

In the *Mishnah Berurah*, section 60, sub-paragraph 10, the Chafetz Chayim rules that unless one performs a Torah-ordained mitzvah with conscious intent, he has not fulfilled his duty and must perform it a second time with the proper intent. In this light, he once commented that it is a shame that so many mitzvoth slip through our fingers, due to our lack of intent. For example, the Torah commands us to compensate a hired worker upon the completion of his work, within the framework of a specified time period (see Positive Commandment 66). Now, one who is not an employer might think that he has no opportunity to fulfill this commandment and be rewarded for it. But if he were to examine his everyday activities, he would realize that in fact this mitzvah comes his way more often than he imagined.

For example, whenever one hires a painter to paint his house, or a handyman to build or repair something, or a plumber to fix a leak, he is required to pay the hired worker on time. Moreover, whenever one rides in a coach (or in our times, in a taxi), he has actually "hired" the driver to transport him to his destination, and he is thus responsible for seeing to it that the driver's wages are paid promptly. Before paying, he is to take a moment to say to himself, "I an about to perform the commandment of my Creator, Who instructed us to pay a worker on time." Then he would deserve full reward for having fulfilled a mitzvah of the Torah.

However, if he pays all of these men without the intent of fulfilling the Torah's commandment, being totally unaware of its applicability to the situation, he in essence has not done Hashem's will. He has rather followed the bidding of his conscience to fulfill either his moral obligation toward his fellow-man, or his legal obligation to obey the law of the land, and thus does not deserve to receive his rightful reward. "How pitiful it is," remarked the Chafetz Chayim, "that one who may have exerted himself to do all that the Torah requires of him, will nevertheless find himself unrewarded for it in the world-to-come because his motivation was not the proper one."

Perhaps for this reason, despite his advanced age, the Chafetz Chayim found it important to present to *Klal Yisrael* his *Sefer haMitzvoth haKatzar*. It was, in fact, the last *sefer* he produced in his fruitful lifetime. In this monumental work, he lists all of the positive commandments that can be fulfilled in our time, as well as all of the negative commandments that we must be wary not to violate even today.

There are many stories about the Chafetz Chayim's concern that all of his works be without blemish. He would not sell any *sefer* unless he himself or his son had personally inspected and approved it. Otherwise, he feared that he would be cheating the buyer, who surely did not expect to receive a damaged book for his money. The Chafetz Chayim was especially mindful that there be no printing errors, for this would not only cheat the customer, but would also mislead him with regard to the true will of Hashem.

How disappointed must he have been when the first proofs of the *Sefer haMitzvoth haKatzar* were returned from the printer with an inordinate number of mistakes. According to David Zaretzky in his Preface to *The Stories and Parables of the Hafetz Hayyim* (Feldheim Publishers, 1976), the Chafetz Chayim had then exclaimed, "For what purpose do I write a little volume? — so that a Jew should look into it from time to time and get to thinking — perhaps thinking about returning to better religiosity. Yet surely, if this work will be so spoiled by mistakes, the reader won't understand it, and all my toil and labor will have been for nothing. So it is only right not to spare the expense, as long as a correct work comes out."

Surprisingly though, upon inspecting the first printed

edition of the *Sefer haMitzvoth haKatzar* which was published in 1931, in the Chafetz Chayim's lifetime, one still finds a few mistakes which either remained or sprung up after the final inspection. These include serious typographical errors which caused *halachoth* to be explained incorrectly and therefore misunderstood.

In 1943, Mesivta Torah Vodaath of New York reprinted the *Sefer haMitzvoth haKatzar*, and attempted to correct the errors and improve the Hebrew usage throughout. In 1968, the Mosad Torah Vodaath undertook to rectify those mistakes which Mesivta had missed and, while generally accepting their stylistic corrections, improved the Hebrew usage even more. They also added the sources in the Torah for all of the many verses which are brought throughout the *sefer*. A further important addition was a list of the mitzvoth which can be fulfilled in *Eretz Yisrael*. Unfortunately, some errors were still overlooked, and new ones had crept in as a result of intentional or unintentional changes in the newer editions.

Upon in-depth study of the work once again, I encountered many difficulties. Some of them were resolved by *haRav* Hillel Zaks, *shlita*, grandson of the Chafetz Chayim; however, he was understandably reluctant to change passages which remained difficult.

My deep gratitude is extended to my Rebbe, *haGaon HaRav* Zalman Nechemiah Goldberg, *shlita*, who gave me much of his precious time to decide upon the many delicate problems which I presented to him. Under his guidance, a few changes were made in the text to insure its compliance with those sources the Chafetz Chayim drew from. Sometimes footnotes, rather than textual changes, were added for clarity. The sources which were added in the third printing also contained some errors, and when instructed to do so by *haRav* Goldberg, I corrected them. In addition, sources were added which were lacking in previous editions.

A careful and meticulous study was made of the variations and contrasts in the Hebrew usage of existing editions. When the conclusions of our two predecessors were justified, their changes remained. When it seemed that the original version was better than the revised ones, the first text was reinstated.

Since the author followed in the footsteps of the Rambam, who listed the mitzvoth in an order which differs from the order in which they appear in the Torah, we have added a table of contents for the reader's convenience.

In addition, in order to make this work more accessible to the reader who is not proficient in Hebrew, we have added *nikkud* (vowelization) to the Hebrew text.

Perhaps the greatest boon to this edition of *Sefer haMitzvoth haKatzar* is the English translation which appears on each facing page of the Hebrew text. This is the work of Charles Wengrov, who is renowned for his meticulous and pleasant-to-read translations of many great works, including the five-volume set of *Sefer haḤinnuch*. Here too, with *haRav* Goldberg's guidance, care was taken that the translation remain faithful to the intentions of the author.

It is my hope that this edition is one which would have brought the Chafetz Chayim, זצ״ל, joy and pride. It is also my wish that many readers will benefit from it and find it spiritually rewarding. Being aware of the many mitzvoth which are strewn in our paths in the course of our everyday activities gives us the opportunity to fulfill them properly, and by doing so, to do the will of the Creator Who, because of His love for His people, multiplied the commandments in His Holy Torah so as to be able to multiply their reward in this world and in the world hereafter.

Ben Zion Sobel

תוכן הענינים

Table of Contents

מצוות לא־תעשה

The Negative Commandments

מצוות התלויות בארץ

הַקְדָּמָה

כָּתַב הָרַמְבַּ"ם סוֹף הִלְכוֹת מְעִילָה (פרק ח׳ הלכה ח׳): "רָאוּי לָאָדָם לְהִתְבּוֹנֵן בְּמִשְׁפְּטֵי הַתּוֹרָה הַקְּדוֹשָׁה וְלֵידַע סוֹף עִנְיָנָם כְּפִי כֹּחוֹ, וְדָבָר שֶׁלֹּא יִמְצָא לוֹ טַעַם וְלֹא יֵדַע לוֹ עִלָּה, אַל יְהֵא קַל בְּעֵינָיו; וְלֹא יַהֲרֹס אֶל ה׳ פֶּן יִפְרָץ בּוֹ. וְלֹא תְהֵא מַחֲשַׁבְתּוֹ בּוֹ כְּמַחֲשַׁבְתּוֹ בִּשְׁאָר דִּבְרֵי הַחֹל. בּוֹא וּרְאֵה, כַּמָּה הֶחֱמִירָה תוֹרָה בִּמְעִילָה! וּמָה אִם עֵצִים וַאֲבָנִים וְעָפָר וָאֵפֶר, כֵּיוָן שֶׁנִּקְרָא שֵׁם אֲדוֹן הָעוֹלָם עֲלֵיהֶם בִּדְבָרִים בִּלְבַד, נִתְקַדְּשׁוּ, וְכָל הַנּוֹהֵג בָּהֶם מִנְהַג חֹל מָעַל מֵהֶם, וַאֲפִלּוּ הָיָה שׁוֹגֵג צָרִיךְ כַּפָּרָה — קַל וָחֹמֶר לַמִּצְווֹת שֶׁחָקַק לָנוּ הַקָּדוֹשׁ בָּרוּךְ הוּא, שֶׁלֹּא יִבְעַט הָאָדָם בָּהֶם מִפְּנֵי שֶׁלֹּא יֵדַע טַעֲמָן, וְלֹא יְחַפֶּה דְבָרִים אֲשֶׁר לֹא כֵן עַל הַשֵּׁם יִתְבָּרַךְ, וְלֹא יַחְשֹׁב בָּהֶן מַחֲשַׁבְתּוֹ כְּדִבְרֵי הַחֹל.

הֲרֵי נֶאֱמַר בַּתּוֹרָה (ויקרא יט, לז): 'וּשְׁמַרְתֶּם אֶת כָּל חֻקֹּתַי וְאֶת כָּל מִשְׁפָּטַי וַעֲשִׂיתֶם אֹתָם', וְאָמְרוּ זִכְרוֹנָם לִבְרָכָה (תורת כהנים שם): לִתֵּן שְׁמִירָה וַעֲשִׂיָּה לַחֻקִּים כַּמִּשְׁפָּטִים. וְהָעֲשִׂיָּה יְדוּעָה — שֶׁיַּעֲשֶׂה הַחֻקִּים; וְהַשְּׁמִירָה

Author's Foreword

At the end of *hilchoth me'ilah* (8:8), Rambam (Maimonides) wrote [in *Yad haḤazakah*, his monumental code of Jewish law]: "It would be well for a man to meditate in study on the laws of the holy Torah, to know their ultimate meaning and purpose, to the extent of his ability. Yet if there is something for which he finds no reason and knows no purpose, let it not be a light, trifling matter in his eyes. Let him not 'break through to rise up against Hashem,' lest He 'break out against him.' Let his thinking about it not be like his thought about ordinary, non-holy matters.

"Come and see how strict the Torah is about *me'ilah*, a breach or violation of holiness. Now, this concerns wood and stones, dust and ash: Once the name of the God of the world is linked with them by the mere pronouncement of words, they become holy; and if anyone treats them in a profane, non-holy way, he commits a breach of holiness with them. Even if he did this unintentionally he would need atonement. Then how much more certainly must this be true with the mitzvoth, the commandments that the Holy One, blessed is He, enacted for us — that a man should not reject them because he does not know their reason. Neither should he fabricate ideas that are not right about the blessed God, nor should he apply to them [the mitzvoth] his thinking about profane, non-holy matters.

"It is plainly stated in the Torah, *and you shall observe all My* ḥukkim *(statutes) and all My* mishpatim *(ordinances), and do them* (*Va-yikra* 19:37, 20:22); and the Sages of blessed memory taught (*Sifra* on *Va-yikra* 19:37): This is to make 'observance' and 'doing' apply to *ḥukkim* just as to *mishpatim*. We know what 'doing' means — that the *ḥukkim* are to be done (carried out); and 'observing'

— שֶׁיִּזָּהֵר בָּהֶם, וְלֹא יְדַמֶּה שֶׁהֵם פְּחוּתִים מִן הַמִּשְׁפָּטִים. וְהַמִּשְׁפָּטִים — הֵם הַמִּצְווֹת שֶׁטַּעֲמָן גָּלוּי וְטוֹבַת עֲשִׂיָּתָן בָּעוֹלָם הַזֶּה יְדוּעָה, כְּגוֹן גָּזֵל וּשְׁפִיכוּת דָּמִים וְכִבּוּד אָב וָאֵם. וְהַחֻקִּים — הֵם מִצְווֹת שֶׁאֵין טַעֲמָן יָדוּעַ. וְאָמְרוּ חֲכָמֵינוּ זִכְרוֹנָם לִבְרָכָה (שוחר טוב תהלים ט): חֻקִּים חָקַקְתִּי לְךָ וְאֵין לְךָ רְשׁוּת לְהַרְהֵר בָּהֶן, וְיִצְרוֹ שֶׁל אָדָם נוֹקְפוֹ בָּהֶן, וְאֻמּוֹת הָעוֹלָם מְשִׁיבִין עֲלֵיהֶם, כְּגוֹן אִסּוּר בְּשַׂר חֲזִיר וּבָשָׂר בְּחָלָב וְעֶגְלָה עֲרוּפָה וּפָרָה אֲדֻמָּה וְשָׂעִיר הַמִּשְׁתַּלֵּחַ.

וְכַמָּה הָיָה דָּוִד הַמֶּלֶךְ, עָלָיו הַשָּׁלוֹם, מִצְטַעֵר מִן הָאֶפִּיקוֹרְסִין וּמִן הָעַכּוּ"ם שֶׁהָיוּ מְשִׁיבִין עַל הַחֻקִּים. וְכָל זְמַן שֶׁהָיוּ רוֹדְפִין אוֹתוֹ בִּתְשׁוּבוֹת הַשֶּׁקֶר שֶׁעוֹרְכִין לְפִי קֹצֶר דַּעַת הָאָדָם, הָיָה מוֹסִיף דְּבֵקוּת בַּתּוֹרָה, שֶׁנֶּאֱמַר (תהלים קיט, סט): 'טָפְלוּ עָלַי שֶׁקֶר זֵדִים אֲנִי בְּכָל לֵב אֶצֹּר פִּקּוּדֶיךָ', וְנֶאֱמַר שָׁם (שם שם, פו): 'כָּל מִצְוֹתֶיךָ אֱמוּנָה שֶׁקֶר רְדָפוּנִי עָזְרֵנִי'.

וְכָל הַקָּרְבָּנוֹת כֻּלָּן מִכְּלַל הַחֻקִּים הֵן. אָמְרוּ חֲכָמִים, שֶׁבִּשְׁבִיל עֲבוֹדַת הַקָּרְבָּנוֹת הָעוֹלָם עוֹמֵד; שֶׁבַּעֲשִׂיַּת הַחֻקִּים וְהַמִּשְׁפָּטִים זוֹכִין הַיְשָׁרִים לְחַיֵּי הָעוֹלָם הַבָּא. וְהִקְדִּימָה תּוֹרָה צִוּוּי עַל הַחֻקִּים, שֶׁנֶּאֱמַר (ויקרא יח, ה): 'וּשְׁמַרְתֶּם אֶת חֻקֹּתַי וְאֶת מִשְׁפָּטַי אֲשֶׁר יַעֲשֶׂה אֹתָם הָאָדָם וָחַי בָּהֶם'".

וּבְסוֹף הִלְכוֹת תְּמוּרָה (פרק ד' הלכה י"ג) כָּתַב הָרַמְבָּ"ם: "רֹב דִּינֵי הַתּוֹרָה, אֵינָן אֶלָּא עֵצוֹת מֵרָחוֹק, מִגְּדוֹל הָעֵצָה,

means to watch and take care about them, not imagining that they are inferior to the *mishpatim*. Well, the *mishpatim* (ordinances) are the commandments whose reason is obvious, and the benefit of carrying them out in this world is known: for example [the laws on] robbery, bloodshed, and respect for a father and mother. The *ḥukkim* (statutes) are commandments whose reason is unknown; and the Sages of blessed memory taught *(Midrash T'hillim 9)* [that the Almighty said] 'I enacted *ḥukkim* for you, and you have no right to entertain doubting thoughts about them.' A man's evil impulse troubles him about them, and the nations of the world comment caustically about them; for example: the prohibition on pig-meat, and meat with milk, and the laws of the heifer whose neck was broken, the red heifer, and the goat sent off [into the wilderness].

"How much King David (peace abide with him) was distressed by the heretics and idol-worshippers who would comment scornfully on the *ḥukkim*. Yet whenever they pursued him with their false retorts that they formulated by the inadequacy of human thought, he would increase his devotion to Torah study; as it is stated, *The rebelliously wicked have besmirched me with a lie, but I with my whole heart will keep Your precepts* (*T'hillim* 119:69). And it is stated there further, *All Your commandments are trustworthy; they persecute me with falsehood; help me!* (*ibid.* 86).

"All the offerings of sacrifices are in the category of *ḥukkim,* yet the Sages said that for the sake of the Temple service of the offerings, the world endures. For by fulfilling the *ḥukkim* and *mishpatim*, the upright, decent people become entitled to life in the world-to-come. Indeed, the Torah gave the command about the *ḥukkim* first, as it says: *You shall therefore keep My* ḥukkim *and My* mishpatim*, which if a man does, he shall live by them* (*Va-yikra* 18:5)."

At the end of *hilchoth t'murah* (4:13) [in his code of law, *Yad haḤazakah*] he [Rambam] wrote: "Most laws of the Torah are but *counsels from a distant past* (*Yesha'yahu* 25:1), from the One who is *great in counsel* (*Yirmeyahu* 32:19), to

לְתַקֵּן הַדֵּעוֹת וּלְיַשֵּׁר כָּל הַמַּעֲשִׂים, וְכֵן הוּא אוֹמֵר (משלי כב, כ־כא): ׳הֲלֹא כָתַבְתִּי לְךָ שָׁלִשִׁים בְּמֹעֵצוֹת וָדָעַת לְהוֹדִיעֲךָ קֹשְׁטְ אִמְרֵי אֱמֶת לְהָשִׁיב אֲמָרִים אֱמֶת לְשֹׁלְחֶיךָ׳״. עַד כָּאן לְשׁוֹן הָרַמְבָּ״ם, זִכְרוֹנוֹ לִבְרָכָה.

וְהִנֵּה כְּתִיב בַּקְּרָא (תהלים קיב, א): ״אַשְׁרֵי אִישׁ יָרֵא אֶת ה׳ בְּמִצְוֹתָיו חָפֵץ מְאֹד״, וּפְשָׁטֵיהּ דִּקְרָא — דְ״יָרֵא אֶת ה׳״ קָאֵי עַל הַלָּאוִין שֶׁבְּתוֹרָתֵנוּ הַקְּדוֹשָׁה, וּ״בְמִצְוֹתָיו חָפֵץ מְאֹד״ קָאֵי עַל הַמִּצְווֹת־עֲשֵׂה שֶׁבַּתּוֹרָה; וְכַוָּנָתוֹ, שֶׁיִּשְׁמֹר הָאָדָם אֶת עַצְמוֹ שֶׁלֹּא לַעֲבֹר עַל הַלֹּא־תַעֲשֶׂה, וּלְקַיֵּם אֶת הַמִּצְווֹת־עֲשֵׂה.

וּמָצִינוּ בְּחֲזַ״ל (עבודה זרה יט ע״א), שֶׁדִּיְּקוּ בְּתֵבַת ״בְּמִצְוֹתָיו״ וּפֵרְשׁוּ ״וְלֹא בִשְׂכַר מִצְוֹתָיו״. וְהִנֵּה לִכְאוֹרָה יִפָּלֵא — הֲלֹא יָדוּעַ כִּי שְׂכָרָן שֶׁל מִצְווֹת הוּא שֶׁיֵּהָנֶה מִזִּיו הַשְּׁכִינָה בְּגַן עֵדֶן, שֶׁהִיא גְדוֹלָה בְּתַעֲנוּגָהּ בְּעֶרְכָּהּ, שֶׁאִי־אֶפְשָׁר לָנוּ לְהַעֲלוֹת עַל הַשֵּׂכֶל. וּכְשֶׁרָצוּ חֲזַ״ל לְגַלּוֹת לָנוּ גְּדֻלַּת עֵרֶךְ הַתַּעֲנוּג הַזֶּה, לֹא מָצְאוּ לוֹ מִדָּה קְצוּבָה, רַק כָּלְלוּ אוֹתוֹ בִּכְלַל גָּדוֹל אֶחָד, וְאָמְרוּ (אבות פ״ד מי״ז): ״יָפָה שָׁעָה אַחַת שֶׁל קוֹרַת רוּחַ בָּעוֹלָם הַבָּא מִכָּל חַיֵּי הָעוֹלָם הַזֶּה״. וּפָשׁוּט, דְּבַתֵּבוֹת ״כָּל חַיֵּי הָעוֹלָם הַזֶּה״ נִכְלָל גַּם חַיֵּי מְלָכִים וְשָׂרִים עִם כָּל תַּעֲנוּגֵיהֶם וּגְדֻלָּתָם וְרֹב עָשְׁרָם; וְכָל מִין חַיֵּי תַעֲנוּג שֶׁאֶפְשָׁר רַק לְשֵׂכֶל הָאָדָם לְהַשִּׂיג, הֵם כְּאַיִן וּכְאֶפֶס לְעֻמַּת הַתַּעֲנוּג שֶׁל ״נֶהֱנֶה מִזִּיו הַשְּׁכִינָה״, וְ״יָפָה שָׁעָה אַחַת שֶׁל קוֹרַת רוּחַ בָּעוֹלָם הַבָּא מִכָּל חַיֵּי הָעוֹלָם הַזֶּה״.

correct and improve our conceptions and make all our actions straight and decent. Thus Scripture says, *Have I not written for you excellent things, of counsels and knowledge, to make you know the certainty of words of truth, that you may answer words of truth to those who have sent you?"* (*Mishley* 22:20–21). Thus far the language of Rambam of blessed memory.

Now, it is written in Scripture, *Happy is the man who fears Hashem, who delights greatly in His commandments* (*T'hillim* 112:1). By the plain meaning of the verse, "who fears Hashem" refers to the negative commandments (prohibitions) in our holy Torah, while the phrase "who delights greatly in His commandments" refers to the positive commandments in the Torah. The intent of it is that a person should watch himself and take care not to transgress the negative commandments, and to carry out the positive commandments.

We find that the Sages made a precise inference from the term "in His commandments" (Talmud Bavli, *Avodah Zarah* 19a), explaining that it implies "but not in the reward for His commandments." Now, at first sight this seems puzzling. Surely we know that the reward for keeping the mitzvoth is to enjoy the radiance of the *shechinah* (Divine Presence) in Paradise, this being so great a pleasure that we cannot form in our mind any conception of its value. When the Sages of blessed memory wished to reveal to us the immense worth of this pleasure, they found no set, finite measure for it but could only sum it up in one general statement: "Greater is one hour of calm satisfaction of spirit in the world-to-come than all of life in this world" (*Avoth* 4:17). And plainly, the phrase "all of life in this world" includes also the lives of kings and noblemen, with all their pleasures, their high rank and stature, and their great wealth; and so also every kind of life of enjoyment and delight that the human mind can possibly conceive. It is all absolutely nought and nothing compared with the delight of "enjoying the radiance of the *shechinah*." One hour of calm satisfaction of spirit in the world-to-come is indeed better than *all* of life in this world.

וּלְפִי זֶה יִפָּלֵא — מִי לֹא יִכְסֹף וְיִשְׁתּוֹקֵק לִשְׂכָרָן שֶׁל מִצְווֹת, שֶׁהוּא שָׂכָר גָּדוֹל לִמְאֹד עַד אֵין לְשָׁעֵר?! וְנִקַּח לְדֻגְמָא: הֲרֵי רוֹאִים אָנוּ בְּעֵינֵינוּ, כִּי מִי שֶׁהוּא נִבְחַר מֵאֵת הָעָם — מִכַּמָּה עֲשִׂירִיּוֹת אֲלָפִים אִישׁ — שֶׁהוּא יִהְיֶה מֵרוֹאֵי פְּנֵי הַמֶּלֶךְ תָּמִיד, וְלֹא עוֹד, אֶלָּא שֶׁהוּא יִהְיֶה בְּרֹאשׁ הַשָּׂרִים; וְיִרְצֶה מִי שֶׁהוּא לִתֵּן לוֹ מִי יוֹדֵעַ כַּמָּה — לֹא יִתְרַצֶּה בְּשׁוּם אֹפֶן לְהַחֲלִיף הַמָּמוֹן רַב שֶׁיִּתְּנוּ לוֹ, בְּעַד הַזְּכוּת. שֶׁיֵּשׁ לוֹ לִרְאוֹת פְּנֵי הַמֶּלֶךְ תָּמִיד וְלַעֲמֹד בְּרֹאשׁ הַשָּׂרִים — וְאִם־כֵּן, עַל אַחַת כַּמָּה וְכַמָּה, קַל וָחֹמֶר בֶּן בְּנוֹ שֶׁל קַל וָחֹמֶר, לִהְיוֹת נֶהֱנֶה מִזִּיו הַשְּׁכִינָה שֶׁהוּא תַּעֲנוּג גָּדוֹל אֲמִתִּי יוֹתֵר מִמַּה שֶּׁאֶפְשָׁר לָנוּ לְתָאֵר, בְּוַדַּאי לֹא יִשְׁווּ בְּעֵינָיו כָּל גִּנְזֵי מְלָכִים וְאוֹצְרוֹתֵיהֶם עֲבוּר רֶגַע שֶׁל קוֹרַת רוּחַ בָּעוֹלָם הַבָּא! וְאִם־כֵּן, אֵיךְ אֶפְשָׁר לְהַחְלִיט לוֹמַר שֶׁאֵין אָדָם חָפֵץ בִּשְׂכַר מִצְוָה?! וְזֶהוּ פֶּלֶא גָּדוֹל.

וְאָמַרְתִּי לְבָאֵר, דְּדָבָר יָדוּעַ הוּא דִּבְכָל מָקוֹם שֶׁנֶּאֱמַר "מְאֹד", מוֹרֶה עַל אֵין סוֹף וְתַכְלִית, בִּלְתִּי הֶפְסֵק; וְזֶהוּ פֵּרוּשׁ הַדְּבָרִים "בְּמִצְווֹתָיו חָפֵץ מְאֹד וְלֹא בִּשְׂכַר מִצְווֹתָיו": דְּאַף עַל פִּי שֶׁבֵּאַרְנוּ גְּדֻלַּת עֵרֶךְ שְׂכָרָן שֶׁל מִצְווֹת שֶׁהוּא לְמַעְלָה לְמַעְלָה, וְגֹדֶל תְּשׁוּקַת הָאָדָם לְהַשִּׂיג הַתַּעֲנוּג הַזֶּה, אַף עַל פִּי כֵן "בְּמִצְווֹתָיו חָפֵץ מְאֹד", הַיְנוּ תְּשׁוּקָה וּכְסִיפָה עַד אֵין סוֹף וְתַכְלִית, אַחֲרֵי הִתְבּוֹנְנוּ עַל גֹּדֶל הַמִּצְוָה גּוּפָא עַד הֵיכָן מַגִּיעָה, וַאֲפִלּוּ שְׂכָרָהּ כְּאַיִן וְאֶפֶס נֶחְשָׁב לְעֻמַּת גְּדֻלַּת עֲשִׂיַּת הַמִּצְוָה גּוּפָא, וְאֵין קֵץ וָסוֹף לִתְשׁוּקַת הָאָדָם לְקַיֵּם הַמִּצְוָה.

וְהִנֵּה אַחֲרֵי שֶׁבֵּאַרְנוּ אֶת כָּל הַנִּזְכָּר לְעֵיל, בְּוַדַּאי יַחְפֹּץ כָּל אִישׁ יִשְׂרָאֵל לְקַיֵּם כָּל הַמִּצְווֹת שֶׁאֶפְשָׁר לוֹ לְקַיֵּם. אֲבָל

But then, in that case, it is puzzling: Who would not yearn and long for the reward of mitzvoth, when it is such a very great recompense, beyond any measure? Let us take an example: We see with our own eyes that if someone has been chosen from the people, one out of tens of thousands, that he should be among those who see the king constantly; and not only that, but that he should be the head of all government officers — if some person wanted to give him who knows what amount of money, under no circumstances would he be willing to take the huge sum offered him, in exchange for the right he has to see the king constantly and to stand at the head of the government officers. Then how much more certainly, to the utmost degree of certainty, would this apply to the ability to enjoy the radiance of the *shechinah*, which is a truly extreme pleasure, beyond anything we can possibly describe. For sure, not all the coffers and treasures of kings would be worth, in anyone's eyes, one moment of calm satisfaction of spirit in the world-to-come. Then if so, how is it possible to decide and say that a person should have no delight in the [prospective] reward of a mitzvah? This is a great puzzlement.

Well, I thought to explain that it is a known matter that wherever the Torah says *me'od* ("very much" or "greatly"), it means to convey "without end or limit" — something that will never terminate. This is the meaning of the words, "who delights greatly in His commandments, but not in the reward for His commandments." Although we have explained the great value of the reward for the mitzvoth, that it is on a most high and exalted level, and the immense longing of a person to attain this exquisite pleasure — nevertheless, "who delights greatly in His commandments" — here lies one's infinite, boundless longing and yearning, after he ponders and considers the greatness of a mitzvah itself, how far-reaching its effect is. Then even its reward is to be reckoned as nought and nothing compared with the great value of doing the mitzvah itself. So there is no end or limit to a person's longing to fulfill a mitzvah.

Now that we have explained all this, every man in Jewry will certainly desire and delight to observe all the mitzvoth

אִם יִקַּח הָאָדָם לְנֶגֶד עֵינָיו אֶת כָּל הַמָּאתַיִם אַרְבָּעִים וּשְׁמוֹנֶה מִצְווֹת־עֲשֵׂה שֶׁבַּתּוֹרָה הַקְּדוֹשָׁה, יִמְצָא הַרְבֵּה מִצְווֹת־עֲשֵׂה שֶׁאִי אֶפְשָׁר לוֹ לְקַיֵּם. כִּי יֶשְׁנָן הַרְבֵּה מִצְווֹת הַנְּהוּגוֹת בְּאֶרֶץ יִשְׂרָאֵל וְלֹא בְחוּץ לָאָרֶץ, וְיֶשְׁנָן מִצְווֹת הַנְּהוּגוֹת רַק בִּזְמַן שֶׁבֵּית הַמִּקְדָּשׁ קַיָּם, וְיֶשְׁנָן הַשַּׁיָּכוֹת לִקְדֻשָּׁה וְטָהֳרָה, וְיֶשְׁנָן הַנְּהוּגוֹת בְּבָתֵּי דִין סְמוּכִים וְלָנוּ הֲלֹא אֵין בָּתֵּי דִין סְמוּכִים; וְאִם יִצְטָרֵךְ לְבָרֵר בְּעַצְמוֹ אֶת הַמִּצְווֹת שֶׁאֶפְשָׁר לוֹ לְקַיְּמָן, יִקְשֶׁה לוֹ הַדָּבָר.

עַל כֵּן לִקַּטְנוּ פֹּה בְּעֶזְרַת הַשֵּׁם יִתְבָּרַךְ, בְּקוּנְטְרֵס מְיֻחָד, אֶת כָּל הַמִּצְווֹת־עֲשֵׂה שֶׁאֶפְשָׁר לָנוּ בַּזְּמַן הַזֶּה לְקַיְּמָן וְכָל הַלָּאוִין שֶׁיִּמָּנַע הָאָדָם מִלַּעֲשׂוֹתָם בַּזְּמַן הַזֶּה, כְּפִי שֶׁמְּנָאָם הָרַמְבָּ״ם וְהַרְבֵּה מֵהָרִאשׁוֹנִים זִכְרוֹנָם לִבְרָכָה.

וּכְדֵי שֶׁלֹּא יִקְשֶׁה עַל הָאָדָם לִלְמֹד כָּל הַמִּצְווֹת־עֲשֵׂה בְּפַעַם אַחַת, עֲצָתִי לִלְמֹד מַחֲצִיתָם בְּיוֹם ב׳ בַּשָּׁבוּעַ וּמַחֲצִיתָם בְּיוֹם ה׳ בַּשָּׁבוּעַ, וְכֵן יַעֲשֶׂה בְּכָל שָׁבוּעַ וְשָׁבוּעַ, וּבְהֶמְשֵׁךְ הַזְּמַן יִהְיוּ שְׁגוּרִים בְּפִיו כָּל הַמִּצְווֹת־עֲשֵׂה שֶׁאֶפְשָׁר לוֹ לָאָדָם לְקַיְּמָן בַּזְּמַן הַזֶּה. וְאַחַר כָּךְ יַעֲשֶׂה כֵּן בְּהַלָּאוִין, לִלְמֹד מַחֲצִיתָם בְּיוֹם ב׳ בַּשָּׁבוּעַ וּמַחֲצִיתָם בְּיוֹם ה׳ בַּשָּׁבוּעַ, עַד שֶׁבְּהֶמְשֵׁךְ הַזְּמַן יִהְיוּ שְׁגוּרִים בְּפִיו כָּל הַלָּאוִין שֶׁצָּרִיךְ לִזָּהֵר מֵהֶם. וּבְכָל עֵת שֶׁתִּזְדַּמֵּן לְפָנָיו אַחַת מִמִּצְווֹת אֵלּוּ יִזְכֹּר לְקַיְּמָן, וּכְמוֹ שֶׁאָמְרוּ חֲזַ״ל עַל הַפָּסוּק (במדבר טו, לט): ״וּרְאִיתֶם אֹתוֹ וּזְכַרְתֶּם אֶת כָּל מִצְוֹת ה׳ וַעֲשִׂיתֶם אֹתָם״ — שֶׁזְּכִירָה מְבִיאָה לִידֵי עֲשִׂיָּה.

that he possibly can. Yet if a person will set before his eyes all the 248 positive commandments of our holy Torah, he will find that there are many positive mitzvoth that it is not possible for him to keep. For there are many commandments that are in force in the Land of Israel but not in countries outside the Land; and there are mitzvoth in force only at the time that the Sanctuary exists. There are those which are related to ritual holiness and purity; there are those in force only at a *beth din* (a court) of ordained and authorized judges, and we have no *beth din* of men ordained and authorized [in an unbroken chain of such ordination from Talmudic times]. And if one had to select for himself those mitzvoth that it is possible to keep, it would be a difficult matter for him.

We have therefore gathered here, with Hashem's help, in a separate small work, all the positive commandments that we are able to perform at the present time, and all the prohibitions that a man should refrain from doing at the present time, as Rambam and many of the early authorities (of blessed memory) listed them.

Now, in order that it should not be hard for a person to learn all the positive commandments at one time, my advice is to study half of them on Monday and half of them on Thursday, and to do this every single week. So in the course of time he will know fluently all the positive mitzvoth that a person can possibly perform at the present. Afterward the same should be done with the prohibitions: to learn half of them on Monday and half on Thursday, until, in the course of time, all the prohibitions of which we need to be aware will be known fluently. And so whenever one of these mitzvoth will come up [to be observed], he will remember to carry it out. As the Sages of blessed memory said on the verse, *and you shall see it, and you will remember all the commandments of Hashem, and do them* (*Bemidbar* 15:39): remembering leads to doing.

סֵפֶר הַמִּצְווֹת הַקָּצָר
חֵלֶק רִאשׁוֹן
חֵלֶק הַמִּצְווֹת-עֲשֵׂה

א. ◆ מִצְוַת-עֲשֵׂה לְהַאֲמִין שֶׁיֵּשׁ אֱלוֹהַּ נִמְצָא

שֶׁנֶּאֱמַר (שמות כ, ב): "אָנֹכִי ה' אֱלֹהֶיךָ וְגוֹ'" — וְהוּא יִתְבָּרַךְ וְיִתְעַלֶּה הַמַּמְצִיא כָּל הַנִּמְצָאִים וְכָל הָעוֹלָמוֹת, מִכֹּחוֹ וְחֶפְצוֹ יִתְבָּרַךְ, הוּא הַמַּשְׁגִּיחַ עַל כָּל דָּבָר. וְזֶהוּ יְסוֹד הַדָּת. וּמִי שֶׁלֹּא יַאֲמִין זֶה, הוּא כּוֹפֵר בָּעִקָּר, וְאֵין לוֹ חֵלֶק וּזְכוּת בְּיִשְׂרָאֵל. וַחַיָּבִים אָנוּ לִמְסֹר נַפְשֵׁנוּ וּמְאֹדֵנוּ עַל אֱמוּנָה זוֹ. וְהָעִקָּר — שֶׁיִּקָּבַע בְּנַפְשׁוֹ שֶׁהָאֱמֶת כֵּן הוּא, וְאִי אֶפְשָׁר בְּחִלּוּף מִזֶּה.

וְזֶה נוֹהֵג בְּכָל עֵת וָרֶגַע, בִּזְכָרִים וּנְקֵבוֹת.

ב. ◆ מִצְוַת-עֲשֵׂה לְיַחֵד הַשֵּׁם יִתְבָּרַךְ, לְהַאֲמִין אֱמוּנָה שְׁלֵמָה שֶׁהוּא אֶחָד בְּלִי שׁוּם שִׁתּוּף

שֶׁנֶּאֱמַר (דברים ו, ד): "שְׁמַע יִשְׂרָאֵל ה' אֱלֹהֵינוּ ה' אֶחָד" — וְזוֹהִי עִקַּר הָאֱמוּנָה. אַחַר יְדִיעָה רִאשׁוֹנָה שֶׁיֵּשׁ אֱלוֹהַּ נִמְצָא, צָרִיךְ לְהַאֲמִין בֶּאֱמוּנָה שְׁלֵמָה שֶׁהוּא אֶחָד פָּשׁוּט

I

The Positive Commandments

1. It is a positive commandment to believe that there is a God in existence

as Scripture states, *I am Hashem your God*, etc. (*Sh'moth* 20:2); and He — be He blessed and exalted — brought all existing entities into being, and all the worlds, by His power and blessed wish. It is He who watches over everything. This is the foundation of our faith, and whoever does not believe this denies the very main principle [the one and only God], and he has no share or right among the Jewish people. We are duty-bound to be ready to give our life and our might and main for this belief. The main thing, though, is to fix firmly in one's heart and soul that this is the truth, and nothing other than this is possible.

This applies at every occasion and moment, for both man and woman.

2. It is a positive commandment to know the unity of the blessed God, to believe with complete faith that He is one, without any partner or associate

as Scripture states, *Hear, O Israel: Hashem our God, Hashem is one* (*D'varim* 6:4). This is a main principle of our faith; after the first knowledge that there is a God in existence [§1] it is necessary to believe with complete faith that He is simply, utterly one in the utmost degree of unity;

בְּתַכְלִית הָאַחְדוּת, וְאֵינוֹ גוּף, וְלֹא יַשִּׂיגוּהוּ מַשִּׂיגֵי הַגּוּף, וְלֹא יִקְרֵהוּ מִקְרֵי הַגּוּף, וְאֵין שֵׁנִי לוֹ, וּמִבַּלְעָדוֹ אֵין אֱלֹהִים.

אֱמוּנָה זוֹ חַיָּבִים אָנוּ בְּכָל עֵת וּבְכָל רֶגַע, בִּזְכָרִים וּנְקֵבוֹת.

ג. מִצְוַת־עֲשֵׂה לֶאֱהֹב הַשֵּׁם יִתְבָּרַךְ בְּכָל לִבּוֹ וּבְכָל נַפְשׁוֹ וּבְכָל מְאֹדוֹ

שֶׁנֶּאֱמַר (דברים ו, ה): "וְאָהַבְתָּ אֵת ה' אֱלֹהֶיךָ בְּכָל לְבָבְךָ וּבְכָל נַפְשְׁךָ וּבְכָל מְאֹדֶךָ" — וְהַדֶּרֶךְ לְאַהֲבָתוֹ הוּא, כְּשֶׁנִּתְבּוֹנֵן בִּפְעֻלּוֹתָיו עַד שֶׁנַּשִּׂיגֵהוּ כְּפִי יְכָלְתֵּנוּ, וְיִתְלַהֵב הַלֵּב לְאַהֲבָתוֹ. וְזֹאת הָאַהֲבָה מְחֻיֶּבֶת אֵלֵינוּ, וְיָשִׂים כָּל מַחְשְׁבוֹתָיו לְאַהֲבַת הַשֵּׁם יִתְבָּרַךְ. וְאֵין אָדָם אוֹהֵב לְהַקָּדוֹשׁ בָּרוּךְ הוּא אֶלָּא בַדַּעַת שֶׁיֵּדָעֵהוּ, וְעַל פִּי הַדַּעַת תִּהְיֶה הָאַהֲבָה, אִם מְעַט — מְעַט, וְאִם הַרְבֵּה — הַרְבֵּה. לְפִיכָךְ צָרִיךְ הָאָדָם לְיַחֵד עַצְמוֹ לְהָבִין וּלְהַשְׂכִּיל בְּחָכְמוֹת וּתְבוּנוֹת הַמּוֹדִיעִים כְּבוֹד קוֹנוֹ, כְּפִי כֹּחַ שֶׁיֵּשׁ בָּאָדָם לְהָבִין וּלְהַשִּׂיג.

וְהִיא מִן הַמִּצְווֹת שֶׁחַיָּב הָאָדָם בְּכָל עֵת וּבְכָל רֶגַע. וְנִכְלָל בְּמִצְוָה זוֹ לְקָרֵב בְּנֵי אָדָם לַעֲבוֹדָתוֹ יִתְבָּרַךְ וּלְאַהֵב אוֹתוֹ עַל בְּרִיּוֹתָיו, כְּמוֹ אַבְרָהָם אָבִינוּ, עָלָיו הַשָּׁלוֹם, שֶׁנֶּאֱמַר (בראשית יב, ה): "וְאֶת הַנֶּפֶשׁ אֲשֶׁר עָשׂוּ בְחָרָן", וּמִפְּנֵי זֶה קְרָאוֹ הַקָּדוֹשׁ בָּרוּךְ הוּא 'אוֹהֲבוֹ', שֶׁנֶּאֱמַר (ישעיה מא, ח): "אַבְרָהָם אֹהֲבִי".

He is not a physical being; no concepts about a physical being can apply to Him; nothing that can affect a physical being can affect Him; there is none second [like] to Him; and without Him there is no God. We are duty-bound to bear this belief in mind at every occasion and moment — both man and woman.

3. It is a positive commandment to love the blessed God with all one's heart, spirit and might

as Scripture states, *And you shall love Hashem your God with all your heart and with all your soul and with all your might* (*D'varim* 6:5). This is the way toward love for him: When we will meditate on His activities until we comprehend Him to the extent of our ability, the heart will become inflamed with a love for Him; this is the love that is essential for us. So let a person set his entire thought on affection for the blessed God. A man cannot love the Holy One, blessed is He, except through knowledge, by comprehending Him. Through this knowledge the affection comes: if it [the knowledge] is little, then a little [love]; if it is much, then much. Therefore a person needs to set himself solely to understand and grow wise through the fields of wisdom and comprehension that convey the glory of his Maker, to the extent of the ability that a person has to understand and realize.

This is among the commandments that a person has a duty to observe at every occasion and every moment. Included in this mitzvah [is the obligation] to bring human beings closer to His service and worship (blessed is He), and to make Him beloved by His human beings, as Abraham our father did (peace abide with him) — as Scripture states, *and the souls that they had formed in Ḥaran* (*B'réshith* 12:5). For this reason the Holy One, blessed is He, called him His friend, as it says, *Abraham My friend* (*Yesha'yahu* 41:8).

ד. ◆ מִצְוַת־עֲשֵׂה לִירֹא אֶת ה׳

שֶׁנֶּאֱמַר (דברים ו, יג): "אֶת ה׳ אֱלֹהֶיךָ תִּירָא" — וְהַדֶּרֶךְ לְיִרְאָתוֹ הוּא כְּמוֹ הַדֶּרֶךְ לְאַהֲבָתוֹ, וְכַנִּזְכָּר לְעֵיל. וּכְשֶׁבָּאָה עֲבֵרָה לְיָדוֹ, חַיָּב לְהָעִיר רוּחוֹ שֶׁהַקָּדוֹשׁ בָּרוּךְ הוּא מַשְׁגִּיחַ בְּכָל מַעֲשֵׂה בְנֵי אָדָם.

וְזוֹהִי מִן הַמִּצְווֹת שֶׁחַיָּב אָדָם בְּכָל עֵת תָּמִיד. וּבִכְלָל הַיִּרְאָה, שֶׁלֹּא לְהוֹצִיא שֵׁם שָׁמַיִם לְבַטָּלָה.

וְנוֹהֵג בִּזְכָרִים וּבִנְקֵבוֹת.

ה. ◆ מִצְוַת־עֲשֵׂה לְקַדֵּשׁ אֶת ה׳ בָּרַבִּים

שֶׁנֶּאֱמַר (ויקרא כב, לב): "וְנִקְדַּשְׁתִּי בְּתוֹךְ בְּנֵי יִשְׂרָאֵל". וְזֶה צְרִיכִים אֲנַחְנוּ לַעֲשׂוֹת בִּמְסִירַת נַפְשֵׁנוּ לָמוּת, וּבְכָל מְאֹדֵנוּ, לְפַרְסֵם אֱמוּנָתוֹ יִתְבָּרַךְ שְׁמוֹ. שֶׁאִם יִרְצוּ לְהַכְרִיחוֹ לַהֲסִירוֹ מֵהָאֱמוּנָה — לֹא יֹאבֶה וְלֹא יִשְׁמַע, וְיִמְסֹר נַפְשׁוֹ לְמִיתָה בִּשְׁבִיל זֶה. וְלֹא יַטְעֶה אֶת הָאַנָּס שֶׁיַּחְשֹׁב שֶׁכָּפַר — אַף עַל פִּי שֶׁבַּלֵּב הוּא מַאֲמִין בּוֹ יִתְבָּרַךְ שְׁמוֹ — כְּדֵי שֶׁלֹּא יִתֵּן מָקוֹם אֶל הַמַּעֲבִירוֹ לַחֲשֹׁב שֶׁהוּא כָּפַר בְּהַשֵּׁם יִתְבָּרַךְ. וְאִם הָאַנָּס מְכַוֵּן לְהַעֲבִירוֹ עַל דָּת, וְהוּא בְּפַרְהֶסְיָא, דְּהַיְנוּ בִּפְנֵי עֲשָׂרָה מִיִּשְׂרָאֵל — אֲפִלּוּ בְּכָל הָעֲבֵרוֹת וַאֲפִלּוּ שֶׁלֹּא בִּשְׁעַת הַשְּׁמָד, יֵהָרֵג וְאַל יַעֲבֹר; וּבִשְׁעַת הַשְּׁמָד, חַס וְשָׁלוֹם, אֲפִלּוּ בְּצִנְעָה, יֵהָרֵג וְאַל יַעֲבֹר. אֲבָל בַּעֲבוֹדָה זָרָה וְגִלּוּי עֲרָיוֹת וּשְׁפִיכוּת דָּמִים — אֲפִלּוּ בְּצִנְעָא וְשֶׁלֹּא בִּשְׁעַת הַשְּׁמָד, וַאֲפִלּוּ הָאַנָּס

4. It is a positive commandment to fear Hashem

as Scripture states, *You shall fear Hashem your God* (*D'varim* 6:13, 10:20). The way toward reverent fear of Him is like the way to love for Him, as outlined above [§3]. When a sin comes to one's hand, he is duty-bound to arouse his spirit [to know] that the holy One, blessed is He, watches every action of human beings.

This is among the commandments that a person is obligated to observe at every occasion, constantly. And reverent fear includes the requirement not to pronounce the name of Heaven [God] in vain, purposelessly.

It applies to both man and woman.

5. It is a positive commandment to sanctify Hashem openly

as Scripture states, *and I will be hallowed among the children of Israel* (*Va-yikra* 22:32). This we must do by submitting our life to death [if necessary], and with all our might, to make His faith widely known (be His name blessed). Thus if others wish to compel someone to turn away from our faith, he should not want at all to listen, but should submit his life to execution on account of this. Neither should he mislead the one compelling him, to make him think that he has turned heretic, although in his heart he believes in Him (blessed be His name) — so that he should not give the one forcing him to transgress, any grounds to think that he has denied the blessed God. If the one applying the force means to make him change his faith and it is in public, which means before ten Jews, then even over any transgressions, and even if it is not at a time of religious persecution, he is to be killed sooner than transgress. If it is at a time of religious persecution, Heaven forbid, then even in private he is to accept death sooner than transgress. If, however, idol-worship, consanguineous sexual relations or adultery, or bloodshed is involved [as the act he is forced to commit], then even if it is in private

מִתְכַּוֵּן לַהֲנָאָתוֹ וְלֹא לְהַעֲבִירוֹ עַל דָּת, יֵהָרֵג וְאַל יַעֲבֹר. וְאִם הוּא בָרַבִּים, הֲרֵי זֶה מְקַדֵּשׁ הַשֵּׁם בָּרַבִּים שֶׁאֵין לְמַעְלָה הֵימֶנּוּ.

וְהָעוֹבֵר עַל זֶה וְלֹא קִדֵּשׁ הַשֵּׁם בְּמָקוֹם שֶׁחַיָּב לְקַדְּשׁוֹ, בִּטֵּל מִצְוַת־עֲשֵׂה, וְעָבַר עַל לֹא־תַעֲשֶׂה שֶׁלֹּא לְחַלֵּל שֵׁם שָׁמַיִם, שֶׁנֶּאֱמַר (ויקרא כב, לב): "וְלֹא תְחַלְּלוּ". (ועיין בחלק הלאוין, לא־תעשה קנ"ה.)

וְנוֹהֵג בְּכָל מָקוֹם וּבְכָל זְמַן, בִּזְכָרִים וּנְקֵבוֹת.

ו. מִצְוַת־עֲשֵׂה לֵילֵךְ בְּדַרְכֵי הַשֵּׁם יִתְבָּרֵךְ בְּכָל הַיְכֹלֶת

שֶׁנֶּאֱמַר (דברים כח, ט): "וְהָלַכְתָּ בִּדְרָכָיו". וְלָמְדוּ חֲזַ"ל פֵּרוּשׁ מִצְוָה זוֹ (ספרי דברים פ׳ עקב, יא, כב) מָה הַקָּדוֹשׁ בָּרוּךְ הוּא נִקְרָא חַנּוּן, אַף אַתָּה הֱיֵה חַנּוּן; מָה הַקָּדוֹשׁ בָּרוּךְ הוּא נִקְרָא רַחוּם, אַף אַתָּה הֱיֵה רַחוּם; מָה הַקָּדוֹשׁ בָּרוּךְ הוּא נִקְרָא חָסִיד, אַף אַתָּה הֱיֵה חָסִיד. וְכֵן בְּכָל הַמִּדּוֹת שֶׁיִּתְאַר בָּהֶן הַקָּדוֹשׁ בָּרוּךְ הוּא, צָרִיךְ הָאָדָם לְהִדָּמוֹת לוֹ וְלָלֶכֶת בִּדְרָכָיו.

וְנוֹהֵג בְּכָל מָקוֹם וּבְכָל זְמַן, בִּזְכָרִים וּנְקֵבוֹת.

ז. מִצְוַת־עֲשֵׂה לְהִתְפַּלֵּל בְּכָל יוֹם לְהַשֵּׁם יִתְבָּרֵךְ

שֶׁנֶּאֱמַר (דברים ו, יג): "וְאֹתוֹ תַעֲבֹד", וּמִפִּי הַשְּׁמוּעָה לָמְדוּ חֲזַ"ל (תענית ב ע"א) שֶׁעֲבוֹדָה זוֹ הִיא תְפִלָּה, שֶׁנֶּאֱמַר (דברים יא, יג): "וּלְעָבְדוֹ בְּכָל לְבַבְכֶם", אֵיזוֹהִי עֲבוֹדָה שֶׁבַּלֵּב — זוֹ הִיא תְפִלָּה.

and not at a time of religious persecution, and even if the one forcing him is intent only on his own pleasure and not on making him give up his faith, he is to accept death sooner than transgress. And if it is in public, he thus sanctifies the Divine name openly, and there is no deed higher than that.

If someone transgresses this and does not sanctify the Divine name in a situation where he is duty-bound to hallow it, he has disobeyed a positive commandment and transgressed a negative one — not to desecrate the Divine name of Heaven, as Scripture states, *And you shall not profane My holy name* (*Va-yikra* 22:32). (See the section of the negative commandments, §155).

It is in force everywhere and at every time, for both man and woman.

6. It is a positive comandment to walk in the ways of the blessed God with all one's ability

as Scripture says, *and you shall walk in His ways* (*D'varim* 28:9). Our Sages of blessed memory learned (*Sifri, D'varim* 11:22) that this commandment means: As the Holy One, blessed is He, is called gracious, be you also gracious. As the Holy One, blessed is He, is called compassionate, be you also compassionate. As the Holy One, blessed is He, is described as of kindly piety, be you also of kindly piety. And so with all the qualities by which the Holy One, blessed is He, is described: a person needs to model himself after Him and walk in His ways.

It applies everywhere, at every time, for both man and woman.

7. It is a positive precept to pray every day to the blessed God

for Scripture says, *and Him shall you serve* (*D'varim* 6:13); and through the Oral Tradition our Sages of blessed memory learned (Talmud Bavli, *Ta'anith* 2a) that this service means prayer. For Scripture states, *and to serve Him with*

וְהַמִּצְוָה הִיא, שֶׁיַּגִּיד הָאָדָם שִׁבְחוֹ שֶׁל הַקָּדוֹשׁ בָּרוּךְ הוּא, וְאַחַר כָּךְ שׁוֹאֵל צְרָכָיו, וְאַחַר כָּךְ נוֹתֵן שֶׁבַח וְהוֹדָיָה לְהַשֵּׁם יִתְבָּרַךְ. וְצָרִיךְ לְהִתְפַּלֵּל בְּכַוָּנַת הַלֵּב, שֶׁיְּפַנֶּה אֶת לִבּוֹ מִכָּל הַמַּחֲשָׁבוֹת, וְיִרְאֶה עַצְמוֹ כְּאִלּוּ עוֹמֵד לִפְנֵי הַשְּׁכִינָה. וְלֹא יַעֲשֶׂה תְּפִלָּתוֹ כְּמִי שֶׁנּוֹשֵׂא מַשָּׂא וּמַשְׁלִיכוֹ וְהוֹלֵךְ לוֹ, וְלֹא יִתְפַּלֵּל בְּמַחֲשָׁבָה טְרוּדָה וּמְבֻלְבֶּלֶת.

וְנוֹהֵג בְּכָל מָקוֹם וּבְכָל זְמַן, בִּזְכָרִים וּנְקֵבוֹת.

ח. מִצְוַת־עֲשֵׂה לִקְשֹׁר תְּפִלִּין עַל יָדוֹ

שֶׁנֶּאֱמַר (דברים ו, ח): "וּקְשַׁרְתָּם לְאוֹת עַל יָדֶךָ". וּמְקוֹם הַנָּחָתָן הוּא עַל הַקִּבּוֹרֶת בַּמָּקוֹם הַגָּבֹהַּ.

ט. מִצְוַת־עֲשֵׂה לְהָנִיחַ תְּפִלִּין עַל הָרֹאשׁ

שֶׁנֶּאֱמַר (דברים ו, ח): "וְהָיוּ לְטֹטָפֹת בֵּין עֵינֶיךָ". וּמְקוֹם הַנָּחָתָן הוּא בְּמָקוֹם שֶׁמֹּחוֹ שֶׁל תִּינוֹק רוֹפֵס. תְּפִלִּין, כְּתוּבִים בָּהֶן אַרְבַּע פָּרָשִׁיּוֹת: קַדֵּשׁ, וְהָיָה כִּי יְבִיאֲךָ, שְׁמַע, וְהָיָה אִם שָׁמֹעַ, שֶׁיֵּשׁ בָּהֶן קַבָּלַת עֹל מַלְכוּת שָׁמַיִם, זְכִירַת נִסִּים וְנִפְלָאוֹת שֶׁעָשָׂה הַשֵּׁם יִתְבָּרַךְ עִם אֲבוֹתֵינוּ בְּהוֹצִיאָם מִמִּצְרַיִם, וְקֵרַב אוֹתָנוּ לַעֲבוֹדָתוֹ יִתְבָּרַךְ שְׁמוֹ. וְאוֹתָן הָאַרְבַּע פָּרָשִׁיּוֹת — בַּתְּפִלִּין שֶׁל יָד הֵן בְּבַיִת אֶחָד, וּבַתְּפִלִּין שֶׁל רֹאשׁ הֵן בְּאַרְבָּעָה בָּתִּים קְטַנִּים. וּמִי שֶׁאֵינוֹ מַנִּיחַ תְּפִלִּין, עוֹבֵר בִּשְׁמוֹנָה מִצְווֹת־עֲשֵׂה. (לֹא

all your heart (*D'varim* 11:13): What service is with the heart? — prayer.

The commandment is that a person should relate the praises of the Holy One, blessed is He; after that he should ask his needs; and after that he is to give praise and thanks to the blessed God. It is necessary to pray with the focused attention of the heart; one should turn his heart away from every thought, and he should see himself as though standing before the *shechinah*. He should not produce his prayer like someone who is carrying a burden and throws it down and goes his way. Neither should he pray with a troubled and disturbed mind.

It is in force everywhere, at every time, for both man and woman.

8. It is a positive commandment to bind *t'fillin* (phylacteries) upon one's hand

as Scripture says, *And you shall bind them for a sign upon your hand* (*D'varim* 6:8). The place to put them [the leather box] is on the biceps, at the raised part.

9. It is a positive commandment to put *t'fillin* on the head

as Scripture says, *and they shall be for frontlets between your eyes* (*ibid.*). The place to put them [the leather box] is at the spot where an infant's skull is soft. In the *t'fillin* there are four sections of Scripture written [on parchment]: *Sh'moth* 13:1–10 and 11–16; *D'varim* 6:4–9 and 11:13–21. For they contain the acceptance of the yoke of the kingship of Heaven, the remembrance of the miracles and wonders that the blessed God wrought for our forefathers when He took them out of Egypt, and [the fact that] He brought us near to His service and worship, blessed be His name. In the *t'fillin* of the hand [§8] those four sections are in one [overall] compartment; in the *t'fillin* of the head they are in four small [narrow] compartments. Whoever does not put on *t'fillin* transgresses eight positive commandments (he

הַנִּיחַ שְׁמוֹנֶה פָּרָשִׁיּוֹת, וְכָל פָּרָשָׁה הִיא מִצְוַת־עֲשֵׂה בִּפְנֵי עַצְמָהּ).

תְּפִלִּין צְרִיכִין גּוּף נָקִי, הַיְנוּ שֶׁיִּזָּהֵר שֶׁלֹּא יֵצֵא מִמֶּנּוּ רוּחַ מִלְּמַטָּה כָּל זְמַן שֶׁהֵן עָלָיו. כָּל הַקּוֹרֵא קְרִיאַת שְׁמַע בְּלֹא תְּפִלִּין, כְּאִלּוּ מֵעִיד עֵדוּת שֶׁקֶר בְּעַצְמוֹ. וְכָל הָרָגִיל בִּתְפִלִּין בְּגוּף נָקִי, מַאֲרִיךְ יָמִים, שֶׁנֶּאֱמַר (ישעיה לח, טז): "ה' עֲלֵיהֶם יִחְיוּ". וְחַיָּב אָדָם לְמַשְׁמֵשׁ בַּתְּפִלִּין כָּל זְמַן שֶׁהֵן עָלָיו שֶׁלֹּא יַסִּיחַ דַּעְתּוֹ מֵהֶם אֲפִלּוּ רֶגַע אֶחָד, שֶׁקְּדֻשָּׁתָן גְּדוֹלָה לִמְאֹד. וְכָל זְמַן שֶׁתְּפִלִּין עַל זְרוֹעוֹ וְעַל רֹאשׁוֹ, הוּא עָנָו וִירֵא שָׁמַיִם וְאֵינוֹ נִמְשָׁךְ בִּשְׂחוֹק וּבְשִׂיחָה בְּטֵלָה וְאֵינוֹ מְהַרְהֵר מַחֲשָׁבוֹת רָעוֹת, אֶלָּא מְפַנֶּה לִבּוֹ בְּדִבְרֵי הָאֱמֶת.

וּמִצְוַת תְּפִלִּין נוֹהֶגֶת בְּכָל מָקוֹם וּבְכָל זְמַן, בִּזְכָרִים אֲבָל לֹא בִנְקֵבוֹת.

ו

◆ מִצְוַת־עֲשֵׂה לַעֲשׂוֹת צִיצִית עַל כַּנְפֵי בִגְדֵיהֶם

שֶׁנֶּאֱמַר (במדבר טו, לח): "וְעָשׂוּ לָהֶם צִיצִת עַל כַּנְפֵי בִגְדֵיהֶם". וּכְסוּת שֶׁלּוֹבֵשׁ הָאָדָם בַּיּוֹם — שֶׁיֵּשׁ לָהּ אַרְבָּעָה כְּנָפוֹת אוֹ יוֹתֵר, וּתְהִי מִדָּתָהּ שֶׁיִּתְכַּסֶּה בָהּ רֹאשׁוֹ וְרֻבּוֹ שֶׁל קָטָן הַמִּתְהַלֵּךְ לְבַדּוֹ בַּשּׁוּק וְאֵין צָרִיךְ אַחֵר לְשָׁמְרוֹ, וְתִהְיֶה הַכְּסוּת שֶׁל צֶמֶר אוֹ שֶׁל פִּשְׁתִּים — חַיֶּבֶת בְּצִיצִית מִן הַתּוֹרָה. אֲבָל שְׁאָר מִינִים, אֵינָם חַיָּבִים בְּצִיצִית אֶלָּא מִדְּרַבָּנָן.

וְאִם נִתְכַּסָּה בְטַלִּית שֶׁיֵּשׁ לָהּ אַרְבָּעָה כְּנָפוֹת וְלֹא הִטִּיל בָּהּ צִיצִית, בִּטֵּל מִצְוַת־עֲשֵׂה. וְקָטָן הַיּוֹדֵעַ לְהִתְעַטֵּף, חַיָּב בְּצִיצִית מִדִּבְרֵי סוֹפְרִים. וְצָרִיךְ לִזָּהֵר מְאֹד בְּמִצְוַת צִיצִית,

has failed to put on eight sections of Scripture, and every section constitutes a mitzvah by itself).

T'fillin require a clean body: which means that one must be careful not to emit any flatulence as long as they are on him. Whoever recites *Sh'ma yisrael* without *t'fillin* on him, it is as though he gives a false testimony about himself [since he recites the Divine order to wear *t'fillin* while he himself does not]. Whoever is habitual in wearing *t'fillin* with a clean body lengthens his life, as Scripture says, *O Lord, by these things men live* (*Yesha'yahu* 38:16) [*cf.* Rashi, *M'naḥoth*, 44b]. A person has a duty to touch the *t'fillin* [occasionally] the entire time that he is wearing them, so that he should not take his mind off them for even one moment, since their holiness is very great; and as long as the *t'fillin* are on his arm and his head, he should be humble and God-fearing, and should not be drawn into frivolity or idle talk, nor should he entertain bad thoughts, but should only turn his heart to words of truth.

The mitzvah of *t'fillin* is in effect everywhere, at every time, for males but not for females.

10. It is a positive commandment to make tassels (*tzitzith*) "at the corners of their garments"

as Scripture states, *that they shall make themselves tassels on the corners of their garments* (*Bemidbar* 15:38). When it is a garment that a person wears by day, which has four corners or more; and its size is enough for a small boy who can go alone in the street, needing no other person to watch him, to cover his head and most of his body with it; and the garment is of wool or of linen—it must have *tzitzith* (tassels) by the law of the Torah; but other kinds of cloth require *tzitzith* only by the law of the Sages.

If someone clothes himself in a garment that has four corners, and he has not put *tzitzith* on it, he has disobeyed a positive commandment. A youngster who knows how to wrap himself [properly—placing two *tzitzith* before him and two behind him] has the obligation of *tzitzith* by the law of the Sages. It is necessary to be very careful about the

שֶׁהַכָּתוּב שְׁקָלָהּ וְתָלָה בָהּ כָּל הַמִּצְוֹות, שֶׁנֶּאֱמַר (במדבר טו, לט): "וּרְאִיתֶם אֹתוֹ וּזְכַרְתֶּם אֶת כָּל מִצְוֹת ה'".
וְנוֹהֵג בְּכָל מָקוֹם וּבְכָל זְמַן, בִּזְכָרִים אֲבָל לֹא בִנְקֵבוֹת.

יא. מִצְוַת־עֲשֵׂה לִקְרוֹת קְרִיאַת שְׁמַע שַׁחֲרִית וְעַרְבִית

שֶׁנֶּאֱמַר (דברים ו, ז): "וְדִבַּרְתָּ בָּם וְגוֹ' וּבְשָׁכְבְּךָ וּבְקוּמֶךָ", וְהַיְנוּ בִּזְמַן שְׁכִיבָה וּבִזְמַן קִימָה. וְהֵם שָׁלֹשׁ פָּרָשִׁיּוֹת: שְׁמַע, וְהָיָה אִם שָׁמֹעַ, וַיֹּאמֶר. מִפְּנֵי שֶׁיֵּשׁ בְּפָרָשַׁת 'שְׁמַע' יִחוּד הַשֵּׁם וְאַהֲבָתוֹ יִתְבָּרַךְ שְׁמוֹ, וְתַלְמוּד תּוֹרָה, שֶׁהוּא יָתֵד שֶׁהַכֹּל תָּלוּי בּוֹ; וּבְפָרָשַׁת 'וְהָיָה אִם שָׁמֹעַ' יֵשׁ בָּהּ קַבָּלַת עֹל שְׁאָר הַמִּצְוֹות; וּבְפָרָשַׁת 'וַיֹּאמֶר', שֶׁהִיא פָּרָשַׁת צִיצִית, יֵשׁ בָּהּ זְכִירַת כָּל הַמִּצְוֹות, וּמִצְוָה לְהַזְכִּיר יְצִיאַת מִצְרַיִם, שֶׁנֶּאֱמַר (דברים טז, ג): "לְמַעַן תִּזְכֹּר אֶת יוֹם צֵאתְךָ מֵאֶרֶץ מִצְרַיִם כֹּל יְמֵי חַיֶּיךָ".
וְנוֹהֵג בְּכָל מָקוֹם וּבְכָל זְמַן, בִּזְכָרִים וְלֹא בִנְקֵבוֹת.

יב. מִצְוַת־עֲשֵׂה לִקְבֹּעַ מְזוּזָה בְּפֶתַח הַבַּיִת

שֶׁנֶּאֱמַר (דברים ו, ט): "וּכְתַבְתָּם עַל מְזֻזוֹת בֵּיתֶךָ וּבִשְׁעָרֶיךָ". וּבַמְּזוּזָה כְתוּבוֹת שְׁתֵּי פָּרָשִׁיּוֹת: שְׁמַע, וְהָיָה אִם שָׁמֹעַ. וְחַיָּב אָדָם לְהִזָּהֵר בִּמְזוּזָה, וְכָל זְמַן שֶׁיִּכָּנֵס וְיֵצֵא, יִפְגַּע

commandment of *tzitzith*, since Scripture made it equal in importance to all the mitzvoth, attaching them all to it: as Scripture says, *and you shall see it and remember all the commandments of Hashem* (*Bemidbar* 15:39).

It is in effect everywhere, at every time, for males but not for females.

11. It is a positive commandment to recite the *Sh'ma* morning and evening

as Scripture states, *and you shall speak of them . . . when you lie down and when you rise up* (*D'varim* 6:7), which means at the time for lying down and the time for getting up. It consists of the three sections of Scripture: *Hear* (*ibid.* 4–9), *And it shall be if you hearken* (*ibid.* 11:13–21), *And Hashem said* (*Bemidbar* 15:37–41). For the first section contains [the commandments of] the unity of Hashem [§2] and love for Him [§3], blessed be His name, as well as the study of Torah [§14], which is the peg on which everything depends. In the second section there is the acceptance of the yoke of the other commandments, while in the third section, which is about the *tzitzith* (tassels) [§10], there is the remembrance of all the mitzvoth; and it is a religious duty to mention the exodus from Egypt, as Scripture states, *that you may remember the day when you came out of the land of Egypt, all the days of your life* (*D'varim* 16:3).

It applies everywhere, at every time, for males but not for females.

12. It is a positive commandment to affix a *m'zuzah* at the entrance of the home

as Scripture states, *And you shall write them on the doorposts of your house and on your gates* (*D'varim* 6:9). In the *m'zuzah* [a rolled-up piece of parchment generally enclosed in a case] two sections of Scripture are written: *Hear* (*ibid.* 4–9); *And it shall be if you hearken* (*ibid.* 11:13–21). A person has a duty to take care about a *m'zuzah*, so that every time he enters or leaves he will encounter the unity of

בְּיִחוּד הַשֵּׁם יִתְבָּרַךְ וְיִזְכֹּר אַהֲבָתוֹ, וְיֵעוֹר מִשְּׁנָתוֹ וּשְׁגִיאוֹתָיו בְּהַבְלֵי הַזְּמַן, וְיֵדַע שֶׁאֵין דָּבָר עוֹמֵד לְעוֹלְמֵי עוֹלָמִים אֶלָּא יְדִיעַת צוּר הָעוֹלָם, וּמִיָּד הוּא חוֹזֵר לְדַעְתּוֹ וְהוֹלֵךְ בְּדַרְכֵי מֵישָׁרִים.

וְנוֹהֵג בְּכָל מָקוֹם וּבְכָל זְמַן, בִּזְכָרִים וּבִנְקֵבוֹת.

יג. ◆ מִצְוַת־עֲשֵׂה לְבָרֵךְ בִּרְכַּת הַמָּזוֹן אַחַר אֲכִילַת לֶחֶם

שֶׁנֶּאֱמַר (דברים ח, י): "וְאָכַלְתָּ וְשָׂבָעְתָּ וּבֵרַכְתָּ אֶת ה' אֱלֹהֶיךָ". וּמִן הַתּוֹרָה אֵינוֹ חַיָּב לְבָרֵךְ אֶלָּא אִם כֵּן שָׂבַע, וּמִדִּבְרֵי סוֹפְרִים — אֲפִלּוּ אָכַל כְּזַיִת לֶחֶם, חַיָּב לְבָרֵךְ אַחֲרָיו בִּרְכַּת הַמָּזוֹן. וְלִפְנֵי אֲכִילָה, מְבָרֵךְ מִקַּל וָחֹמֶר: כְּשֶׁהוּא שָׂבֵעַ מְבָרֵךְ, כְּשֶׁהוּא רָעֵב לֹא כָל שֶׁכֵּן.

וְנוֹהֵג בְּכָל מָקוֹם וּבְכָל זְמַן, בִּזְכָרִים; וּבִנְקֵבוֹת — סָפֵק אִם הֵן חַיָּבוֹת מִן הַתּוֹרָה.

יד. ◆ מִצְוַת־עֲשֵׂה לִלְמֹד תּוֹרָה וּלְלַמְּדָהּ

שֶׁנֶּאֱמַר (דברים ו, ז): "וְשִׁנַּנְתָּם לְבָנֶיךָ" — מִצְוָה שֶׁיִּהְיוּ דִבְרֵי תוֹרָה מְחֻדָּדִים בְּפִיו שֶׁל אָדָם, שֶׁלֹּא יְגַמְגֵּם בָּהֶם. בֵּין עָנִי וּבֵין עָשִׁיר, בָּחוּר וְזָקֵן, וּבַעַל יִסּוּרִים, וְעָנִי הַמִּתְפַּרְנֵס מִן הַצְּדָקָה וּמְחַזֵּיר עַל הַפְּתָחִים — חַיָּב לִקְבֹּעַ לוֹ זְמַן לַתּוֹרָה בַּיּוֹם וּבַלַּיְלָה, שֶׁנֶּאֱמַר (יהושע א, ח): "וְהָגִיתָ

the blessed God [written in the *m'zuzah*] and will remember his love for Him, and so he will awaken from his slumber and his errors in the vapid, empty matters of the present; and he will realize that nothing endures forever and ever except a knowledge of the Divine Rock-foundation of the world [God]. So he will return at once to his good sense and walk in the straightforward paths of decency.

It is in effect everywhere, at all times, for both man and woman.

13. It is a positive commandment to say the blessing of the grace after meals, after eating bread

as Scripture says, *And you shall eat and be satisfied, and bless Hashem your God* (*D'varim* 8:10). By the law of the Torah one does not have to say the grace unless he has eaten his fill; but by the enactment of the Sages, even if he ate an olive's amount of bread he is duty-bound to say afterwards the grace after meals. Before eating one is also to say a benediction, as we can infer by *kal va-ḥomer*, reasoning from the less to the more: If one says a blessing when he is satisfied, how much more certainly when he is hungry.

It is in effect everywhere, at all times, for men. For women it is a matter of doubt if they have the obligation by the law of the Torah.

14. It is a positive commandment to learn Torah and to teach it

as Scripture states, *and you shall teach them diligently to your children* (*D'varim* 6:7). It is a religious duty that the words of the Torah should be sharp and clear in a person's mouth, that he should not stammer over them. Whether one is poor or rich, or young or old; whether he is a man laden with suffering, a poor person sustained by charity who makes the rounds knocking on doors for alms — he is duty-bound to set himself a fixed time for Torah study both by day and at night; for Scripture says, *but you shall*

בּוֹ יוֹמָם וָלַיְלָה". וְחַיָּב לִלְמֹד עַד יוֹם מוֹתוֹ, שֶׁנֶּאֱמַר (דברים ד, ט): "וּפֶן יָסוּרוּ מִלְּבָבְךָ כֹּל יְמֵי חַיֶּיךָ".

וּמִצְוָה עַל הָאָב לִלְמֹד עִם בְּנוֹ, וְהוּא קוֹדֵם לַאֲחֵרִים. גַּם מְחֻיָּב לִלְמֹד עִם בֶּן בְּנוֹ, שֶׁנֶּאֱמַר (שם): "וְהוֹדַעְתָּם לְבָנֶיךָ וְלִבְנֵי בָנֶיךָ". וּמִשֶּׁיַּתְחִיל הַתִּינוֹק לְדַבֵּר, אָבִיו מְלַמְּדוֹ תּוֹרָה, וְלוֹמַר (עִמּוֹ) פָּסוּק: "תּוֹרָה צִוָּה לָנוּ מֹשֶׁה" (דברים לג, ד), וְחַיָּב לִשְׂכֹּר לוֹ מְלַמֵּד. וְאִשָּׁה פְּטוּרָה מִתַּלְמוּד תּוֹרָה; מִכָּל מָקוֹם, רָאוּי לָהּ שֶׁתִּשְׁתַּדֵּל שֶׁלֹּא יִהְיוּ בָנֶיהָ עַמֵּי הָאָרֶץ. וְתַלְמוּד תּוֹרָה שָׁקוּל כְּנֶגֶד כָּל הַמִּצְווֹת, שֶׁתַּלְמוּד מֵבִיא לִידֵי מַעֲשֶׂה.

וְנוֹהֵג בְּכָל מָקוֹם וּבְכָל זְמַן.

טו. מִצְוַת־עֲשֵׂה שֶׁכָּל אֶחָד מִיִּשְׂרָאֵל יִכְתֹּב לוֹ סֵפֶר תּוֹרָה

שֶׁנֶּאֱמַר (דברים לא, יט): "כִּתְבוּ לָכֶם אֶת הַשִּׁירָה הַזֹּאת", וּפֵרְשׁוּ: כִּתְבוּ אֶת הַתּוֹרָה שֶׁיֵּשׁ בָּהּ שִׁירָה זֹאת; שֶׁאֵין כּוֹתְבִין אֶת הַתּוֹרָה פָּרָשִׁיּוֹת פָּרָשִׁיּוֹת. וְאִם כְּתָבוֹ בְּיָדוֹ, מַעֲלֶה עָלָיו הַכָּתוּב כְּאִלּוּ קִבְּלָהּ מֵהַר סִינַי; וְאִם אִי אֶפְשָׁר לוֹ לִכְתֹּב בְּעַצְמוֹ, צָרִיךְ לִקְנוֹתָהּ אוֹ שֶׁיִּשְׂכֹּר מִי שֶׁיִּכְתְּבֶנָּה לוֹ. וְאַף עַל פִּי שֶׁיֵּשׁ לוֹ סֵפֶר תּוֹרָה מֵאֲבוֹתָיו, מִצְוָה לִכְתֹּב מִשֶּׁלּוֹ. וְאִם הִגִּיהַּ בְּסֵפֶר תּוֹרָה אוֹת אַחַת, הֲרֵי זֶה כְּאִלּוּ כָּתַב כָּל הַתּוֹרָה.

וְכָתַב הָרֹא"ש זִכְרוֹנוֹ לִבְרָכָה, דְּכָל זֶה בַּדּוֹרוֹת הָרִאשׁוֹנִים, שֶׁהָיוּ כּוֹתְבִין סֵפֶר תּוֹרָה וְלוֹמְדִין מִתּוֹכָהּ, אֲבָל בְּיָמֵינוּ, שֶׁכּוֹתְבִין סֵפֶר תּוֹרָה וּמַנִּיחִין אוֹתָהּ בְּבֵית הַכְּנֶסֶת לִקְרוֹת בָּהּ בָּרַבִּים — מִצְוַת־עֲשֵׂה עַל כָּל אִישׁ מִיִּשְׂרָאֵל שֶׁיָּדוֹ מַשֶּׂגֶת, לִקְנוֹת חֻמָּשִׁים, מִשְׁנָיוֹת וְשַׁ"ס

meditate in it day and night (*Yehoshu'a* 1:8). And he is duty-bound to study till the day of his death, for Scripture states, *and lest they depart from your heart all the days of your life* (*D'varim* 4:9).

A religious duty lies on a father to study [Torah] with his son; he [the son] takes precedence over others. He also has an obligation to study with the son of his son, as Scripture says, *and you shall make them known to your children and your children's children* (*ibid.*). From the time a small child begins to speak, his father is to teach him Torah, saying (with him) the verse, *Moses commanded us Torah* (*ibid.* 33:4); and he has a duty to hire a teacher for him. A woman is free of the obligation of Torah study. Nevertheless, it is fitting for her to strive that her children should not be ignoramuses. The study of Torah is equal in importance to all the mitzvoth, since learning leads to action.

It applies everywhere, at every time.

15. It is a positive commandment that everyone in Jewry should write a Torah scroll for himself

for Scripture states, *Now therefore write this song* (*D'varim* 31:19), which they [the Sages] explained to mean: write the Torah that contains this song; for one is not to write the Torah in separate sections. If a person writes it with his own hand, Scripture reckons it for him as though he received it from Mount Sinai. If it is not possible for him to write it himself, he has to buy it or hire someone to write it for him. Even if he has a Torah scroll from his forefathers, it is a religious duty to write his own. However, if a person corrects one letter in a Torah scroll, it is as though he wrote the entire Torah.

Now, R. Ashér of blessed memory wrote that all this applied in the early generations, when they would write a Torah scroll and study from it. In our days, however, when a Torah scroll is written and placed in the synagogue, to read from it in public [during congregational prayer], it is a positive commandment for everyone in Jewry who has the means, to buy *chumashim* [volumes of the Pentateuch],

וּפֵרוּשֵׁיהֶן, כְּדֵי לַהֲגוֹת בָּהֶם הוּא וּבָנָיו. כִּי מִצְוַת כְּתִיבַת הַתּוֹרָה הִיא כְּדֵי לִלְמֹד בָּהּ, וְעַל יְדֵי הַגְּמָרָא וּפֵרוּשֶׁיהָ, יֵדַע פֵּרוּשׁ הַמִּצְווֹת וְהַדִּינִים עַל בֻּרְיָם; עַל כֵּן, הֵן הֵן הַסְּפָרִים שֶׁאָדָם מְצֻוֶּה עַל כְּתִיבָתָן.

וּמִי שֶׁיֵּשׁ בְּכֹחוֹ לְקַיֵּם שְׁנֵיהֶם כִּפְשׁוּטוֹ, אַשְׁרֵי חֶלְקוֹ.

וְנוֹהֵג בְּכָל מָקוֹם וּבְכָל זְמַן, בִּזְכָרִים וְלֹא בִנְקֵבוֹת.

טז. מִצְוַת-עֲשֵׂה לְהִתְדַּבֵּק בַּחֲכָמִים וְתַלְמִידֵיהֶם

שֶׁנֶּאֱמַר (דברים י, כ): ״וּבוֹ תִדְבָּק״. וְאָמְרוּ חֲזַ״ל (כתובות קיא ע״ב): הַדָּבוּק בַּחֲכָמִים כְּאִלּוּ דָבוּק בַּשְּׁכִינָה. לָכֵן יִשָּׂא בַת תַּלְמִיד חָכָם, וְיַשִּׂיא בִתּוֹ לְתַלְמִיד חָכָם, וְיֹאכַל עִמּוֹ וִיהַנֵּהוּ מִנְּכָסָיו, וְיִתְאַבֵּק בַּעֲפַר רַגְלֵיהֶם שֶׁל תַּלְמִידֵי חֲכָמִים וְיִשְׁתֶּה בְצָמָא אֶת דִּבְרֵיהֶם.

וְנוֹהֵג בְּכָל מָקוֹם וּבְכָל זְמַן, בִּזְכָרִים וּבִנְקֵבוֹת.

יז. מִצְוַת-עֲשֵׂה לָקוּם מִפְּנֵי שֵׂיבָה וּלְכַבֵּד תַּלְמִיד חָכָם וְלָקוּם מִפָּנָיו

שֶׁנֶּאֱמַר (ויקרא יט, לב): ״מִפְּנֵי שֵׂיבָה תָּקוּם וְהָדַרְתָּ פְּנֵי זָקֵן״. שֵׂיבָה — הוּא זָקֵן הַמֻּפְלָג בְּזִקְנָה אֲפִלּוּ אֵינוֹ חָכָם; וְחַיָּב לַעֲמֹד לְפָנָיו אֲפִלּוּ חָכָם שֶׁהוּא יֶלֶד, אֲבָל אֵינוֹ חַיָּב לַעֲמֹד לְפָנָיו מְלֹא קוֹמָתוֹ, אֶלָּא כְּדֵי לְהַדְּרוֹ. וְזָקֵן — הוּא

Mishnah and Talmud, and their commentaries, so that he and his sons may meditate in them. For the religious duty of writing a Torah scroll is in order to have it studied; and through the Talmud and its commentaries he will know the meaning of the mitzvoth and the laws thoroughly. Therefore *these* are the volumes that a man is commanded to have written [or printed, in our time].

Well, whoever has it in his power to fulfill both of them [both interpretations of the commandment] in its plain sense, fortunate is his lot. It applies in every place and time, for men, but not for women.

16. It is a positive commandment to be attached to Torah scholars and their disciples

for Scripture says, *and to Him shall you cling* (*D'varim* 10:20); and the Sages of blessed memory explained (Talmud Bavli, *K'thuboth* 111b): Whoever adheres to Torah scholars, it is as though he were attached to the *shechinah* (Divine Presence). Therefore a person should marry a daughter of a Torah scholar, and he should give his daughter in marriage to a Torah scholar. He should eat with him and have him benefit from his wealth. He should wallow in the dust of the feet of Torah scholars, and drink in their words thirstily.

This applies everywhere, at every time, for both man and woman.

17. It is a positive commandment to rise up before an aged man, and to honor a Torah scholar, getting up before him

as Scripture says, *You shall rise up before* sévah, *a man of hoary head, and honor the presence of* zakén, *an old man* (*Va-yikra* 19:32). The term *sévah* ("a man of hoary head") means someone of very advanced age, even if he is not a man of wisdom. One is duty-bound to stand before him — even a wise scholar who is very young; but he is not obligated to stand up to his full height before him [the old

זֶה שֶׁקָּנָה חָכְמָה; אֲפִלּוּ הוּא יֶלֶד, עוֹמְדִין לְפָנָיו מְלֹא קוֹמָתוֹ, מִשֶּׁקָּרַב בְּאַרְבַּע אַמּוֹתָיו עַד שֶׁיַּעֲבֹר מִכְּנֶגֶד פָּנָיו. וְחַיָּב גַּם כֵּן לַחֲלֹק כָּבוֹד לְרַבּוֹ, אַף שֶׁלֹּא לָמַד רֹב חָכְמָתוֹ מִמֶּנּוּ. וְהָרַב שֶׁמָּחַל עַל כְּבוֹדוֹ, כְּבוֹדוֹ מָחוּל. וְעָוֹן גָּדוֹל הוּא לְבַזּוֹת אֶת הַחֲכָמִים אוֹ לִשְׂנֹא אוֹתָם; וְכָל הַמְבַזֶּה חֲכָמִים אֵין לוֹ חֵלֶק לָעוֹלָם הַבָּא.

וְנוֹהֵג בְּכָל מָקוֹם וּבְכָל זְמַן, בִּזְכָרִים וּבִנְקֵבוֹת.

יח. ◆ מִצְוַת-עֲשֵׂה לִירֹא מִן הַמִּקְדָּשׁ

שֶׁנֶּאֱמַר (ויקרא יט, ל): "וּמִקְדָּשִׁי תִּירָאוּ". וּבָתֵּי כְנֵסִיּוֹת וּבָתֵּי מִדְרָשׁוֹת שֶׁלָּנוּ, נִקְרָאִים 'בָּתֵּי מִקְדָּשׁ מְעַט', שֶׁנֶּאֱמַר (יחזקאל יא, טז): "וָאֱהִי לָהֶם לְמִקְדָּשׁ מְעַט". וְיֵשׁ לִזָּהֵר בָּהֶם מִשְּׂחוֹק וְהִתּוּל וְשִׂיחָה בְטֵלָה, וְאֵין מְחַשְּׁבִין בָּהֶם חֶשְׁבּוֹנוֹת, וְאֵין יְשֵׁנִים בָּהֶם. וּקְדֻשָּׁתָם חֲמוּרָה מְאֹד.

וְנוֹהֵג בְּכָל מָקוֹם וּבְכָל זְמַן, בִּזְכָרִים וּבִנְקֵבוֹת.

יט. ◆ מִצְוַת-עֲשֵׂה לְקַדֵּשׁ אֶת יוֹם הַשַּׁבָּת בִּדְבָרִים

שֶׁנֶּאֱמַר (שמות כ, ח): "זָכוֹר אֶת יוֹם הַשַּׁבָּת לְקַדְּשׁוֹ", וְאָמְרוּ חֲזַ"ל (תורת כהנים, פרשת בחקתי): קַדְּשֵׁהוּ בִּדְבָרִים — בִּכְנִיסָתוֹ בְקִדּוּשׁ, וּבִיצִיאָתוֹ בְהַבְדָּלָה. וּמִדִּבְרֵי סוֹפְרִים, שֶׁיְּקַדֵּשׁ עַל הַיַּיִן אוֹ עַל הַפַּת. וְכֵן מִדִּבְרֵי סוֹפְרִים

man], but only enough to honor him. The term *zakén* means *zeh she-kanah ḥochmah*, one who has acquired wisdom. Even if he is very young, one is to stand up to his full height before him, from the time he [the scholar] comes within four cubits until he has left his presence. One is likewise duty-bound to give honor to his Torah teacher, even if he has not learned most of his knowledge [of Torah] from him. If a Torah teacher is willing to overlook his honor, it may be left aside. But it is a great wrong to disparage or disgrace Torah scholars, or to hate them. Whoever disgraces such scholars will have no share in the world-to-come.

It applies in every place and time, for both man and woman.

18. It is a positive commandment to have a reverent fear of the Sanctuary

as Scripture says, *and reverence My sanctuary* (*Va-yikra* 19:30, 26:2). Now, our synagogues and houses of Torah study are called "little sanctuaries", as Scripture states, *yet have I been to them as a little sanctuary* (*Yeḥezkel* 11:16). We have to beware in them from any frivolous laughter or levity, or any idle talk. No calculations are to be reckoned there, nor are they to be slept in. Their holiness is very severe.

It is in force everywhere, at every time, for both man and woman.

19. It is a positive commandment to declare the Sabbath holy, with words

for Scripture says, *Remember the Sabbath day, to keep it holy* (*Sh'moth* 20:8); and the Sages of blessed memory said (*Sifra, b'ḥukothai* 1; Rambam, *Yad, h. shabbath* xxix 1): Hallow it with words — on its arrival, with *kiddush* (the benediction of sanctification), and at its departure with *havdalah* (the benediction of separation). It is a law of the Sages to recite the *kiddush* over wine or over bread; and it is likewise a law

— לְהַבְדִּיל בִּיצִיאָתוֹ עַל הַיַּיִן, אוֹ עַל שְׁאָר מַשְׁקֶה שֶׁהוּא חֲמַר מְדִינָה. וְאָסוּר לִטְעֹם כְּלוּם קֹדֶם קִדּוּשׁ וְהַבְדָּלָה.

וְעַל יְדֵי הַנְּבִיאִים נִצְטַוִּינוּ שְׁתֵּי מִצְווֹת, שֶׁהֵם: עֹנֶג וְכִבּוּד, שֶׁנֶּאֱמַר (ישעיה נח, יג): "וְקָרָאתָ לַשַּׁבָּת עֹנֶג לִקְדוֹשׁ ה' מְכֻבָּד". כִּבּוּד הוּא — שֶׁיִּרְחַץ פָּנָיו וְיָדָיו בְּחַמִּין, וּלְבוּשׁ וּכְסוּת נְקִיָּה. עֹנֶג הוּא — שֶׁיִּתְעַנֵּג בְּמַאֲכָל וּמַשְׁקֶה. וְחַיָּב בְּשָׁלֹשׁ סְעוּדוֹת בְּשַׁבָּת. וְכָל הַמַּרְבֶּה בְּהוֹצָאוֹת שַׁבָּת הֲרֵי זֶה מְשֻׁבָּח [וְהַיְנוּ לְפִי כֹחוֹ]. הַמְעַנֵּג שַׁבָּת, נוֹתְנִים לוֹ נַחֲלָה בְּלִי מְצָרִים, וְנוֹתְנִים לוֹ מִשְׁאֲלוֹת לִבּוֹ, וְנִצּוֹל מִשִּׁעְבּוּד מַלְכֻיּוֹת.

גַּם מִצְוָה לַעֲרֹךְ שֻׁלְחָנוֹ בְּמוֹצָאֵי שַׁבָּת, אַף עַל פִּי שֶׁאֵינוֹ צָרִיךְ אֶלָּא לִכְזַיִת — לְלַוּוֹת הַמַּלְכָּה.

וְכָתַב הָרַמְבָּ"ן, שֶׁנִּכְלָל בְּמִצְוַת-עֲשֵׂה שֶׁל זְכִירָה זוֹ, גַּם כֵּן לִזְכֹּר שַׁבָּת בְּכָל יוֹם. לָכֵן כְּשֶׁיַּזְכִּיר אֶת יְמוֹת הַשָּׁבוּעַ, יֹאמַר: אֶחָד בְּשַׁבָּת, שֵׁנִי בְּשַׁבָּת וְכוּ'. גַּם בִּשְׁאָר עִנְיָנִים, כְּשֶׁיִּזְדַּמֵּן לוֹ דָּבָר טוֹב יְזַמְּנֵהוּ לְשַׁבָּת, וְיֹאמַר בְּפִיו: הֲרֵי זֶה לְשַׁבָּת.

וְנוֹהֵג בְּכָל מָקוֹם וּבְכָל זְמַן, בִּזְכָרִים וּבִנְקֵבוֹת.

כ. מִצְוַת-עֲשֵׂה לִשְׁבֹּת בַּשַּׁבָּת מִמְּלָאכָה

שֶׁנֶּאֱמַר (שמות כג, יב): "וּבַיּוֹם הַשְּׁבִיעִי תִּשְׁבֹּת". וּמִצְוַת-עֲשֵׂה זוֹ אָנוּ מְצֻוִּין וּמֻזְהָרִים גַּם עַל בַּהֲמוֹתֵינוּ שֶׁיִּשְׁבְּתוּ מִמְּלָאכָה. וַאֲמִירָה לְגוֹי לַעֲשׂוֹת מְלָאכָה, אָסוּר מִדִּבְרֵי סוֹפְרִים, וְנִקְרָא 'שְׁבוּת'. (ועיין בחלק הלאוין, לא-תעשה ו.)

of the Sages to recite the *havdalah*, at its departure, over wine or some other drink which is an accepted beverage in the region. It is forbidden to taste anything before *kiddush* or *havdalah*.

Through the Prophets we were commanded two [further] mitzvoth, namely delight and honor. For Scripture says, *and call the Sabbath a delight, the holy day of Hashem honored* (*Yesha'yahu* 58:13). One honors it by washing his face and hands with warm water and by putting on clean clothing. He makes it a delight by having enjoyable food and drink. There is a duty to have three meals on the Sabbath; and the more one spends for the Sabbath, the more praiseworthy he is [but this means within his capacity]. Whoever makes the Sabbath a delight will be given a boundless heritage, and will be granted his heart's wishes; and he will be saved from the servitude of foreign powers.

It is also a mitzvah to arrange the table for a meal after the departure of the Sabbath, even though no more than an olive's amount is necessary for the meal to "escort the Sabbath queen" [on her way].

Ramban (R. Moses b. Naḥman, Naḥmanides) wrote that it is also part of this positive commandment, of remembering the day, to remember the Sabbath every day. Therefore, when one mentions the days of the week he is to say "the first day of the Sabbath, the second day of the Sabbath", and so on. So also in other matters, if he chances to get something good, he should designate it for the Sabbath, saying explicitly, "This is for the Sabbath."

It is in effect everywhere, at every time, for both man and woman.

20. It is a positive commandment to rest from work on the Sabbath

as Scripture says, *but on the seventh day you shall rest* (*Sh'moth* 23:12). By this commandment we are also ordered and enjoined about our domestic animals, that they should rest from work. To tell a non-Jew to do some work is

וְנוֹהֵג בְּכָל מָקוֹם וּבְכָל זְמַן, בִּזְכָרִים וּבִנְקֵבוֹת.

כא. מִצְוַת־עֲשֵׂה לִשְׂמֹחַ בָּרְגָלִים

שֶׁנֶּאֱמַר (דברים טז, יד): "וְשָׂמַחְתָּ בְּחַגֶּךָ". וּכְשֶׁהָיָה בֵּית הַמִּקְדָּשׁ קַיָּם, הָיָה הַשִּׂמְחָה, שֶׁיַּקְרִיב שְׁלָמִים יוֹתֵר עַל שַׁלְמֵי חֲגִיגָה, וְנִקְרָאִים 'שַׁלְמֵי שִׂמְחָה'. וְגַם נָשִׁים חַיָּבוֹת בְּשִׂמְחָה זוֹ. וּבַזְּמַן הַזֶּה, אֵין שִׂמְחָה אֶלָּא בְּבָשָׂר וָיַיִן. וְחַיָּב לְשַׂמֵּחַ אִשְׁתּוֹ בִּבְגָדִים נָאִים, וּלְחַלֵּק לִבְנֵי בֵיתוֹ מִינֵי מְתִיקָה, וְחַיָּב לְשַׂמֵּחַ עֲנִיִּים. וּמִי שֶׁאֵינוֹ מְשַׂמֵּחַ עֲנִיִּים, אֵין זוֹ שִׂמְחַת מִצְוָה אֶלָּא שִׂמְחַת כְּרֵסוֹ, וְשִׂמְחָה כָּזוֹ, קָלוֹן הוּא לָהֶם, שֶׁנֶּאֱמַר (מלאכי ב, ג): "וְזֵרִיתִי פֶרֶשׁ עַל פְּנֵיכֶם פֶּרֶשׁ חַגֵּיכֶם".

וְאַף עַל פִּי שֶׁאֲכִילָה וּשְׁתִיָּה בַּמּוֹעֲדִים מִכְּלַל מִצְוַת־עֲשֵׂה — לֹא יִמָּשֵׁךְ בְּיַיִן וּבִשְׂחוֹק וּבְקַלּוּת רֹאשׁ, שֶׁזֶּה הוֹלֵלוּת וְסִכְלוּת; וְלֹא נִצְטַוִּינוּ אֶלָּא עַל שִׂמְחָה שֶׁיֵּשׁ בָּהּ עֲבוֹדַת הַשֵּׁם יִתְבָּרַךְ, וְאִי אֶפְשָׁר לַעֲבֹד אֶת הַשֵּׁם, לֹא מִתּוֹךְ שְׂחוֹק וְלֹא מִתּוֹךְ קַלּוּת רֹאשׁ וְלֹא מִתּוֹךְ שִׁכְרוּת, אֶלָּא מִתּוֹךְ שִׂמְחָה שֶׁל מִצְוָה. וְהַשִּׂמְחָה שֶׁיִּשְׂמַח אָדָם בַּעֲשִׂיַּת הַמִּצְוָה, עֲבוֹדָה גְדוֹלָה הִיא.

וְנוֹהֵג בְּכָל מָקוֹם וּבְכָל זְמַן.

כב. מִצְוַת־עֲשֵׂה לְהַשְׁבִּית חָמֵץ בְּאַרְבָּעָה־עָשָׂר בְּנִיסָן

שֶׁנֶּאֱמַר (שמות יב, טו): "אַךְ בַּיּוֹם הָרִאשׁוֹן תַּשְׁבִּיתוּ שְׂאֹר

forbidden by a rule of the Sages, and is called *sh'vuth* (see the section of negative commandments, §6).

It is in effect everywhere, at every time, for both man and woman.

21. It is a positive commandment to be happy on the festivals

as Scripture says, *and you shall rejoice in your festival* (*D'varim* 16:14). When the Sanctuary was in existence, the rejoicing was that an extra *sh'lamim* (peace offering) was brought in addition to the festival *sh'lamim*; and this was called the *sh'lamim* of rejoicing; and women were also obligated in this joy. At the present time, though, happiness is only through meat and wine. Then one has a duty to make his wife happy with pretty clothing, and to distribute sweet tidbits to the members of his household; and he is also obligated to make the poor people happy. If someone does not bring happiness to any poor people, his is no rejoicing in a mitzvah but only the joy of his belly; and a joy like that is a disgrace for him; as Scripture says, *and I will spread dung upon your faces, the very dung of your festival* (*Malachi* 2:3).

Now, even though eating and drinking on the religious holidays is part of the positive commandment, one should not spend a long time with wine, amusement and frivolity, since that is wild foolishness and silly behavior, whereas we were commanded only about rejoicing that contains in it the worship of the blessed God; and it is impossible to worship Hashem amid unbridled amusement, frivolity or drunkenness, but only amid the happiness of a mitzvah. The happiness that a person enjoys while doing a mitzvah is a great form of worship.

It applies in every place and at every time.

22. It is a positive commandment to clear away *ḥamétz* (leavened food) on the fourteenth of Nissan

for Scripture says, *only, on the first day you shall put away*

מִבָּתֵּיכֶם", מִפִּי הַשְּׁמוּעָה לָמְדוּ, שֶׁזֶּה הָרִאשׁוֹן הוּא י"ד בְּנִיסָן קֹדֶם זְמַן אִסּוּר אֲכִילַת חָמֵץ. וְהַהַשְׁבָּתָה הִיא — שֶׁיְּבָעֵר הֶחָמֵץ הַיָּדוּעַ מֵרְשׁוּתוֹ; וְשֶׁאֵינוֹ יָדוּעַ, מְבַטְּלוֹ בְלִבּוֹ וְיַחֲשֹׁב אוֹתוֹ לְאַיִן, וְשֶׁאֵין בּוֹ צֹרֶךְ כְּלָל.

וּמִדִּבְרֵי סוֹפְרִים, שֶׁבּוֹדְקִין וּמַשְׁבִּיתִין מִתְּחִלַּת לֵיל י"ד, לְאוֹר הַנֵּר, מִפְּנֵי שֶׁכָּל הָעָם מְצוּיִים בְּבָתֵּיהֶם בַּלַּיְלָה, וְאוֹר הַנֵּר יָפֶה לִבְדִיקָה.

וְנוֹהֵג בְּכָל מָקוֹם וּבְכָל זְמַן, בִּזְכָרִים וּבִנְקֵבוֹת.

כג. מִצְוַת-עֲשֵׂה לֶאֱכֹל מַצָּה בְּלֵיל רִאשׁוֹן שֶׁל פֶּסַח

שֶׁנֶּאֱמַר (שמות יב, יח): "בָּעֶרֶב תֹּאכְלוּ מַצֹּת". מַצָּה צְרִיכָה שֶׁתִּהְיֶה מֵאֶחָד מִינֵי דָּגָן, וְהֵם: חִטָּה, שְׂעוֹרָה, כֻּסְּמִין, שִׁבֹּלֶת שׁוּעָל וְשִׁפּוֹן (הוּא קָארֶן). וְנָשִׁים חַיָּבוֹת גַּם כֵּן בְּמַצָּה. וְקָטָן שֶׁיָּכוֹל לֶאֱכֹל, מְחַנְּכִין אוֹתוֹ בִכְזַיִת.

וְאָסוּר, מִדִּבְרֵי סוֹפְרִים, לֶאֱכֹל מַצָּה בְּעֶרֶב פֶּסַח, כְּדֵי שֶׁיֹּאכַל מַצָּה לְתֵאָבוֹן. מָרוֹר וַחֲרֹסֶת — מִצְוָה מִדִּבְרֵי סוֹפְרִים. עַל מָרוֹר צָרִיךְ לְבָרֵךְ: אֲשֶׁר קִדְּשָׁנוּ בְּמִצְוֹתָיו וְצִוָּנוּ עַל אֲכִילַת מָרוֹר, וְעַל חֲרֹסֶת אֵינוֹ צָרִיךְ לְבָרֵךְ כְּלָל.

וְנוֹהֵג בְּכָל מָקוֹם וּבְכָל זְמַן, בִּזְכָרִים וּבִנְקֵבוֹת.

leaven out of your houses (*Sh'moth* 12:15); and by the Oral Tradition it was learned that this "first" means the fourteenth of Nissan, before the time that it becomes forbidden to eat *ḥamétz*. Now, clearing away means that one is to destroy the known *ḥamétz* in his possession; and what he does not know about, he renders null and void in his heart, and considers it as nothing — that he has no use whatever for it.

By the law of the Sages one is to search and examine [his premises] and clear away [all *ḥamétz*] at the beginning of the night of [before] the fourteenth, by the light of a candle: because all people are to be found in their homes at night, and candlelight is good for searching.

It is in force everywhere, at every time, for both man and woman.

23. It is a positive commandment to eat matzah (unleavened bread) on the first night of Passover

as Scripture says, *in the evening you shall eat unleavened bread* (*Sh'moth* 12:18). The matzah needs to be of one of the species of grain, which are wheat, barley, spelt, oats and rye. Women also have the duty to eat matzah. A young child who is able to eat is to be trained to have an olive's amount.

By the law of the Sages it is forbidden to eat matzah the day before Passover, so that the matzah will be eaten at night with appetite. It is [likewise] a religious duty by the law of the Sages to have *maror* (bitter herbs) and *ḥaroseth* (a mixture simulating mud) [on the night of Passover]. Over the *maror* it is necessary to say the benediction, "Blessed are You, Hashem our God, Sovereign of the world, who hallowed us with his mitzvoth and commanded us on eating *maror*." Over the *ḥaroseth* there is no need to say any benediction at all.

It is in effect everywhere, for both man and woman.

כד. ♦ מִצְוַת־עֲשֵׂה לְסַפֵּר בִּיצִיאַת מִצְרַיִם בְּלֵיל חֲמִשָּׁה־עָשָׂר בְּנִיסָן

שֶׁנֶּאֱמַר (שמות יג, ח): "וְהִגַּדְתָּ לְבִנְךָ בַּיּוֹם הַהוּא". וּמִצְוָה לְהוֹדִיעַ לַבָּנִים לְפִי דַעְתָּם. וְאַף עַל פִּי שֶׁאֵין לוֹ בֵּן, מִצְוָה לְסַפֵּר. וְכָל הַמַּרְבֶּה לְסַפֵּר בִּיצִיאַת מִצְרַיִם, הֲרֵי זֶה מְשֻׁבָּח.

וְנוֹהֵג בְּכָל מָקוֹם וּבְכָל זְמַן, בִּזְכָרִים וּבִנְקֵבוֹת.

כה. ♦ מִצְוַת־עֲשֵׂה לִשְׁבֹּת מִמְּלָאכָה בְּיוֹם רִאשׁוֹן שֶׁל פֶּסַח

שֶׁנֶּאֱמַר (ויקרא כג, ז): "בַּיּוֹם הָרִאשׁוֹן מִקְרָא קֹדֶשׁ". וּמְלֶאכֶת אֹכֶל נֶפֶשׁ מֻתָּר בִּשְׁבִיל יִשְׂרָאֵל, אֲבָל לֹא בִּשְׁבִיל עַכּוּ"ם, שֶׁנֶּאֱמַר (שמות יב, טז): "אַךְ אֲשֶׁר יֵאָכֵל לְכָל נֶפֶשׁ הוּא לְבַדּוֹ יֵעָשֶׂה לָכֶם". וְהָעוֹשֶׂה מְלָאכָה שֶׁלֹּא לְצֹרֶךְ אֹכֶל נֶפֶשׁ, בִּטֵּל מִצְוַת־עֲשֵׂה זוֹ, וְעָבַר עַל לֹא־תַעֲשֶׂה שֶׁלֹּא לַעֲשׂוֹת מְלָאכָה, שֶׁנֶּאֱמַר (ויקרא כג, ז): "כָּל מְלֶאכֶת עֲבֹדָה לֹא תַעֲשׂוּ". (ועיין בחלק הלאוין, לא־תעשה קמ"ז.) וְהַבְעָרָה וְהוֹצָאָה מֻתָּר אֲפִלּוּ שֶׁלֹּא לְצֹרֶךְ אֹכֶל נֶפֶשׁ.

וּמִדִּבְרֵי סוֹפְרִים, לַעֲשׂוֹת בְּחוּץ לָאָרֶץ כָּל יוֹם־טוֹב שְׁנֵי יָמִים. וּבְאֶרֶץ יִשְׂרָאֵל עוֹשִׂים רַק יוֹם אֶחָד, אֲבָל רֹאשׁ הַשָּׁנָה עוֹשִׂים שְׁנֵי יָמִים גַּם בְּאֶרֶץ יִשְׂרָאֵל.

וְנוֹהֵג בְּכָל מָקוֹם וּבְכָל זְמַן, בִּזְכָרִים וּבִנְקֵבוֹת.

24. It is a positive commandment to tell about the exodus from Egypt on the night of [before] the fifteenth of Nissan

as Scripture says, *And you shall tell your son on that day* (*Sh'moth* 13:8). It is a religious duty to tell the children according to their ability to understand. But even if one has no son, it is a religious duty to tell of it; and the more one tells about the exodus from Egypt, the more praiseworthy he is.

It is in force everywhere, for both man and woman.

25. It is a positive commandment to rest from work on the first day of Passover

since Scripture states, *On the first day you shall have a holy convocation* (*Va-yikra* 23:7). Work is permitted, however, to prepare sustaining food for Jews, although not for non-Jews; as Scripture says, *only that which every person must eat, that alone may be done by you* (*Sh'moth* 12:16). Whoever does work not needed for preparing sustaining food disobeys this positive commandment, and transgresses the negative commandment to do no work, as Scripture says, *you shall do no manner of laboring work* (*Va-yikra* 23:7). (See the section of negative commandments, §147.) Burning a fire and carrying things out into the public domain are permissible, even if not for the purpose of preparing food.

By the law of the Sages, every festival day is to be observed in lands outside Israel for two days; but in the Land of Israel only one day is observed. Rosh haShanah, however, is observed for two days in the Land of Israel also.

It is in force everywhere, at every time, for both man and woman.

כו. מִצְוַת־עֲשֵׂה לִסְפֹּר שֶׁבַע שַׁבָּתוֹת תְּמִימוֹת מִיּוֹם שֶׁהֵבִיאוּ הָעֹמֶר בַּמִּקְדָּשׁ

שֶׁנֶּאֱמַר (ויקרא כג, טו): "וּסְפַרְתֶּם לָכֶם וְגוֹ' שֶׁבַע שַׁבָּתוֹת תְּמִימֹת". וּמִצְוָה לִמְנוֹת הַיָּמִים עִם הַשָּׁבוּעוֹת, שֶׁנֶּאֱמַר (שם שם, טז): "תִּסְפְּרוּ חֲמִשִּׁים יוֹם". וּמַתְחִילִין לִמְנוֹת מִתְּחִלַּת לֵיל שִׁשָּׁה־עָשָׂר בְּנִיסָן. וּסְפִירָה זוֹ צְרִיכָה בְרָכָה; וְאִם סָפַר וְלֹא בֵרַךְ, יָצָא. וּמוֹנִין מְעֻמָּד; וְאִם מָנָה מְיֻשָּׁב, יָצָא.

וְנוֹהֵג בְּכָל מָקוֹם וּבְכָל זְמַן, בִּזְכָרִים, אֲבָל לֹא בִנְקֵבוֹת.

כז. מִצְוַת־עֲשֵׂה לִשְׁבֹּת מִמְּלָאכָה בְּיוֹם שְׁבִיעִי שֶׁל פֶּסַח

שֶׁנֶּאֱמַר (ויקרא כג, ח): "בַּיּוֹם הַשְּׁבִיעִי מִקְרָא קֹדֶשׁ". וְדִינוֹ כְּמוֹ יוֹם טוֹב רִאשׁוֹן שֶׁל פֶּסַח, וְכַנִּזְכָּר לְעֵיל (מצות־עשה כ"ה).

וְנוֹהֵג בְּכָל מָקוֹם וּבְכָל זְמַן, בִּזְכָרִים וּבִנְקֵבוֹת.

כח. מִצְוַת־עֲשֵׂה לִשְׁבֹּת מִמְּלָאכָה בְּחַג הַשָּׁבוּעוֹת

שֶׁנֶּאֱמַר (ויקרא כג, כא): "וּקְרָאתֶם בְּעֶצֶם הַיּוֹם הַזֶּה מִקְרָא קֹדֶשׁ".

וְנוֹהֵג בְּכָל מָקוֹם וּבְכָל זְמַן, בִּזְכָרִים וּבִנְקֵבוֹת.

כט. מִצְוַת־עֲשֵׂה לִשְׁבֹּת מִמְּלָאכָה בְּיוֹם א' בְּתִשְׁרֵי וְהוּא רֹאשׁ הַשָּׁנָה

שֶׁנֶּאֱמַר (ויקרא כג, כד): "בַּחֹדֶשׁ הַשְּׁבִיעִי בְּאֶחָד לַחֹדֶשׁ יִהְיֶה

26. It is a positive commandment to count seven whole weeks from the day that the *Omer* was brought at the Sanctuary

as Scripture says, *and you shall count for yourselves... seven complete weeks* (*Va-yikra* 23:15). It is a religious duty to count the days along with the weeks, as Scripture says, *you shall number fifty days* (*ibid.* 16). We begin the counting from the start of the night of the sixteenth of Nissan; and this counting requires a benediction. However, if one counted without saying the benediction, he acquits himself of the obligation. We count while standing; but if one has counted while sitting, he has fulfilled his obligation.

It is in effect everywhere, at every time, for males but not for females.

27. It is a positive commandment to rest from work on the seventh day of Passover

as Scripture says, *on the seventh day there is a holy convocation* (*Va-yikra* 23:8). The law for it is the same as for the first day of Passover, as written above (§25).

It is in effect everywhere, at every time, for both man and woman.

28. It is a positive commandment to rest from work on the festival of *Shavu'oth*

as Scripture states, *And you shall proclaim on the selfsame day a holy convocation* (*Va-yikra* 23:21). It is in force everywhere, in every time, for both man and woman.

29. It is a positive commandment to rest from work on the first day of Tishri, which is Rosh haShanah

as Scripture says, *in the seventh month, on the first day of the month, you shall have a sabbath... a holy convocation*

לָכֶם שַׁבָּתוֹן זִכְרוֹן תְּרוּעָה מִקְרָא קֹדֶשׁ". וְדִינוֹ כְּיוֹם רִאשׁוֹן שֶׁל פֶּסַח לְעִנְיַן מְלָאכָה. וּמִדִּבְרֵי סוֹפְרִים — לַעֲשׂוֹת רֹאשׁ הַשָּׁנָה שְׁנֵי יָמִים, בֵּין בְּאֶרֶץ יִשְׂרָאֵל וּבֵין בְּחוּץ לָאָרֶץ.

וְנוֹהֵג בְּכָל מָקוֹם וּבְכָל זְמַן, בִּזְכָרִים וּבִנְקֵבוֹת.

ל. מִצְוַת־עֲשֵׂה לִשְׁמֹעַ קוֹל שׁוֹפָר בְּא׳ בְּתִשְׁרֵי שֶׁהוּא רֹאשׁ הַשָּׁנָה

שֶׁנֶּאֱמַר (במדבר כט, א): "יוֹם תְּרוּעָה יִהְיֶה לָכֶם". וְשׁוֹפָר הוּא קֶרֶן כֶּבֶשׂ כָּפוּף, וּשְׁאָר שׁוֹפָרוֹת פְּסוּלִין. וְחַיָּבִים לִשְׁמֹעַ בְּרֹאשׁ הַשָּׁנָה תֵּשַׁע תְּקִיעוֹת: שָׁלֹשׁ פְּעָמִים תְּקִיעָה, תְּרוּעָה, תְּקִיעָה. וַאֲנַחְנוּ מְסֻפָּקִים מָה הוּא תְּרוּעָה, עַל כֵּן אָנוּ תוֹקְעִים שָׁלֹשׁ פְּעָמִים תשר"ת (תקיעה, שברים־תרועה, תקיעה), וְשָׁלֹשׁ פְּעָמִים תש"ת (תקיעה, שברים, תקיעה), וְשָׁלֹשׁ פְּעָמִים תר"ת (תקיעה, תרועה, תקיעה), כְּדֵי לְהִסְתַּלֵּק מִן הַסָּפֵק.

וְנוֹהֵג בְּכָל מָקוֹם וּבְכָל זְמַן, בִּזְכָרִים, אֲבָל לֹא בִנְקֵבוֹת.

לא. מִצְוַת־עֲשֵׂה לִשְׁבֹּת מִמְּלָאכָה בְּיוֹם הַכִּפּוּרִים

שֶׁנֶּאֱמַר (ויקרא כג, לב): "שַׁבַּת שַׁבָּתוֹן הוּא לָכֶם". וְכָל הָעוֹשֶׂה מְלָאכָה בְּיוֹם הַכִּפּוּרִים, בִּטֵּל מִצְוַת־עֲשֵׂה וְעָבַר עַל לֹא־תַעֲשֶׂה, (עיין בחלק הלאוין, לא־תעשה קנ"א.) וְחַיָּב עַל זְדוֹנוֹ כָּרֵת וְעַל שִׁגְגָתוֹ חַטָּאת. וְכָל מְלָאכָה הָאֲסוּרָה בְּשַׁבָּת אֲסוּרָה גַּם בְּיוֹם הַכִּפּוּרִים.

וְנוֹהֵג בְּכָל מָקוֹם וּבְכָל זְמַן, בִּזְכָרִים וּבִנְקֵבוֹת.

(*Va-yikra* 23:24). The law for it is the same as for the first day of Passover, as regards work. By the ruling of the Sages, Rosh haShanah is to be observed for two days both in the Land of Israel and outside the Land.

It is in effect in every place and time, for both man and woman.

30. It is a positive commandment to hear the sound of the *shofar* (ram's horn) on the first of Tishri, which is Rosh haShanah

as Scripture says, *it shall be for you a day of blowing the horn* (*Bemidbar* 29:1). The *shofar* is the horn of a sheep, which is curved; other kinds of *shofar* are not acceptable. One has the duty to hear nine sounds of the *shofar* on Rosh haShanah: three times, [the series of] *t'ki'ah* (a clear, straight sound), *t'ru'ah* (a series of short, broken sounds), *t'ki'ah*. We are not certain, however, what the *t'ru'ah* should be; and therefore we blow three times *t'ki'ah, sh'varim* (a series of moderately short sounds), *t'ru'ah* (a series of very short sounds), *t'ki'ah*; then three times *t'ki'ah, sh'varim, t'ki'ah*; and then three times *t'ki'ah, t'ru'ah, t'ki'ah* — so as to be free of any doubt.

It applies everywhere, in every time, for males but not for females.

31. It is a positive commandment to rest from work on Yom Kippur (the Day of Atonement)

as Scripture states, *It shall be for you a day of solemn rest* (*Va-yikra* 23:32). Whoever does work on Yom Kippur disobeys a positive commandment and violates a negative one (see the section of prohibitions, §151). If it is done willfully, the punishment is *karéth* [Divine severance of existence]; if unintentionally, a *ḥattath* (sin-offering) must be brought. Whatever labor is forbidden on the Sabbath is likewise forbidden on Yom Kippur.

It is in force everywhere, in every time, for both man and woman.

לב. מִצְוַת־עֲשֵׂה לְהִתְעַנּוֹת בְּיוֹם הַכִּפּוּרִים

שֶׁנֶּאֱמַר (ויקרא כג, כז): "אַךְ בֶּעָשׂוֹר לַחֹדֶשׁ הַשְּׁבִיעִי הַזֶּה יוֹם הַכִּפֻּרִים הוּא וְגוֹ' וְעִנִּיתֶם אֶת נַפְשֹׁתֵיכֶם". וְצָרִיךְ לְהִתְעַנּוֹת מֵעֶרֶב עַד עֶרֶב, וּלְהוֹסִיף מֵחֹל עַל הַקֹּדֶשׁ. וְכָל הַמַּרְבֶּה בִסְעֻדָּה בְּעֶרֶב יוֹם הַכִּפּוּרִים, כְּאִלּוּ הִתְעַנָּה תְשִׁיעִי וַעֲשִׂירִי. (ועיין בחלק הלאוין, לא־תעשה קנ"ב.)

וְנוֹהֵג בְּכָל מָקוֹם וּבְכָל זְמַן, בִּזְכָרִים וּבִנְקֵבוֹת.

לג. מִצְוַת־עֲשֵׂה שֶׁהַחוֹטֵא יָשׁוּב מֵחֶטְאוֹ וְיִתְוַדֶּה חֲטָאָיו לִפְנֵי הַשֵּׁם יִתְבָּרַךְ

שֶׁנֶּאֱמַר (במדבר ה, ו־ז): "אִישׁ אוֹ אִשָּׁה וְגוֹ' וְהִתְוַדּוּ אֶת חַטָּאתָם", וְזֶהוּ וִדּוּי דְּבָרִים לִפְנֵי הַשֵּׁם יִתְבָּרַךְ. וְיֹאמַר מִמַּעֲמַקֵּי הַלֵּב: אָנָּא הַשֵּׁם, חָטָאתִי, עָוִיתִי וּפָשַׁעְתִּי לְפָנֶיךָ וְכָךְ וְכָךְ עָשִׂיתִי (וִיפָרֵט הַחֵטְא), וַהֲרֵי נִחַמְתִּי וּבֹשְׁתִּי מִמַּעֲשַׂי, וּלְעוֹלָם אֵין אֲנִי חוֹזֵר לַעֲשׂוֹת הַדָּבָר הַזֶּה. וְהָעִקָּר — חֲרָטָה בַלֵּב, בֶּאֱמֶת, עַל הֶעָבָר, וּלְקַבֵּל עָלָיו שֶׁלֹּא יַעֲשֶׂה כַּזֹּאת לְעוֹלָם, וְזֶהוּ עִקָּרָהּ שֶׁל תְּשׁוּבָה. וְכָל הַמַּרְבֶּה לְהִתְוַדּוֹת, הֲרֵי זֶה מְשֻׁבָּח. וַאֲפִלּוּ מִיתָה וְוִדּוּי שֶׁל יוֹם הַכִּפּוּרִים, אֵינָן מְכַפְּרִין אֶלָּא עִם הַתְּשׁוּבָה.

וְנוֹהֵג בְּכָל מָקוֹם וּבְכָל זְמַן, בִּזְכָרִים וּבִנְקֵבוֹת.

32. It is a positive commandment to fast on Yom Kippur

as Scripture states, *Also on the tenth day of this seventh month there shall be a day of atonement...and you shall afflict your souls* (*Va-yikra* 23:27). It is necessary to fast from evening to evening, and to add on from non-holy time to the holy period [to begin a bit before the first evening and end the fast a bit after the end of the day]. If one eats more on the day before Yom Kippur, it is as though he fasts on both the ninth and tenth of Tishri [both Yom Kippur and the day before it]. (See the section of negative commandments, § 152.)

It is in effect everywhere, in every time, for both man and woman.

33. It is a positive commandment that a sinner should turn back from his sin, and should confess his misdeeds before the blessed God

as Scripture says, *When a man or woman commit any sin... then they shall confess their sin* (*Bemidbar* 5:6–7). This means an avowal in words before the blessed God. He is to say, from the depths of his heart, "I beseech You Hashem: I have sinned, done wrong, and acted criminally before You. This-and-this I did (and he is to describe the sin in detail); and here I have regretted my deed and become ashamed of it. Never will I go back and do this thing again." The main element [of repentance] is remorse in the heart, in truth, over the past; and one must take it upon himself not to do such a thing ever again. This [confession] is the essential part of repentance; but the more one confesses, the more praiseworthy he is. Even death and the confession on Yom Kippur, however, bring no atonement [and forgiveness] unless they are with repentance.

This applies in every place and time, for both man and woman.

לד. מִצְוַת־עֲשֵׂה לִשְׁבֹּת מִמְּלָאכָה בְּיוֹם רִאשׁוֹן שֶׁל סֻכּוֹת

שֶׁנֶּאֱמַר (ויקרא כג, לה): "בַּיּוֹם הָרִאשׁוֹן מִקְרָא קֹדֶשׁ". וְדִינוֹ כְּיוֹם רִאשׁוֹן שֶׁל פֶּסַח (מצות־עשה כ״ה).

וְנוֹהֵג בְּכָל מָקוֹם וּבְכָל זְמַן, בִּזְכָרִים וּבִנְקֵבוֹת.

לה. מִצְוַת־עֲשֵׂה לֵישֵׁב בַּסֻּכָּה בְּשִׁבְעַת יְמֵי הֶחָג

שֶׁנֶּאֱמַר (ויקרא כג, מב): "בַּסֻּכֹּת תֵּשְׁבוּ שִׁבְעַת יָמִים". וְכָל שִׁבְעַת יְמֵי הֶחָג הוּא אוֹכֵל וְשׁוֹתֶה וְדָר בַּסֻּכָּה, בֵּין בַּיּוֹם בֵּין בַּלַּיְלָה, וְכָל שִׁבְעָה יָמִים עוֹשֶׂה אָדָם בֵּיתוֹ אֲרַעִי וְסֻכָּתוֹ קֶבַע, וְאָסוּר לֶאֱכֹל סְעֻדָּה חוּץ לַסֻּכָּה. בַּלַּיְלָה הָרִאשׁוֹנָה, חוֹבָה לֶאֱכֹל בַּסֻּכָּה לְפָחוֹת כְּזַיִת פַּת; מִכָּאן וָאֵילָךְ, רָצָה לֶאֱכֹל פַּת — אוֹכֵל בַּסֻּכָּה, רָצָה לֶאֱכֹל פֵּרוֹת — אוֹכְלָן חוּץ לַסֻּכָּה. וְקָטָן שֶׁהִגִּיעַ לְחִנּוּךְ, חַיָּב מִדִּבְרֵי סוֹפְרִים.

וְנוֹהֵג בְּכָל מָקוֹם וּבְכָל זְמַן, בִּזְכָרִים, אֲבָל לֹא בִנְקֵבוֹת.

לו. מִצְוַת־עֲשֵׂה לִטֹּל בְּחַג הַסֻּכּוֹת אַרְבָּעָה מִינִים

שֶׁנֶּאֱמַר (ויקרא כג, מ): "וּלְקַחְתֶּם לָכֶם בַּיּוֹם הָרִאשׁוֹן פְּרִי עֵץ הָדָר כַּפֹּת תְּמָרִים וַעֲנַף עֵץ עָבֹת וְעַרְבֵי נָחַל", וְהֵם: לוּלָב אֶחָד וְאֶתְרוֹג אֶחָד וּשְׁלֹשָׁה בַּדֵּי הֲדַס וּשְׁנֵי בַּדֵּי עֲרָבָה. וְצָרִיךְ לִטְּלָן כְּדֶרֶךְ גְּדִילָתָן; וּמִשֶּׁהִגְבִּיהָן, יָצָא יְדֵי חוֹבָה. וְכָל הַיּוֹם כָּשֵׁר לִנְטִילָתָן. וּמִדִּבְרֵי סוֹפְרִים, לִטֹּל אַרְבָּעָה

34. It is a positive commandment to rest from work on the first day of *Sukkoth*

as Scripture says, *On the first day, a holy convocation* (*Va-yikra* 23:35). The law on it is the same as the law for the first day of Passover (§25). It applies in every place and time, for both man and woman.

35. It is a positive commandment to dwell in a *sukkah* [hut or booth with a roof of branches, etc.] all the seven days of the festival

as Scripture says, *You shall dwell in booths seven days* (*Va-yikra* 23:42). The entire seven days of the festival, one is to eat, drink and live in the *sukkah*, both by day and at night. All the seven days a man is to make his home an occasional place and his *sukkah* his fixed place. It is forbidden to eat a regular meal outside the *sukkah*; on the first night it is a duty to eat at least an olive's amount of bread in the *sukkah*. Thereafter, if one wants to eat bread, he is to eat it in the *sukkah*; if he wants to eat fruit, he may eat it outside the *sukkah*. A young child who has reached the age of training has the obligation by the law of the Sages.

It apples everywhere, at every time, for males but not for females.

36. It is a positive commandment to take up the four species on the festival of *Sukkoth*

as Scripture says, *And you shall take for yourselves on the first day the fruit of splendid trees, branches of palm trees, and boughs of thick leaved trees, and willows of the brook* (*Va-yikra* 23:40). This means one *lulav* (palm-branch), one *ethrog* (citron), three myrtle branches, and two willow branches. One must take them up in the way [position] that they grow; and once he has lifted them up he has fulfilled the obligation. The entire day is a proper time for taking them up. By the law of the Sages the four species are to be

מִינִים כָּל שִׁבְעַת יְמֵי הֶחָג, לְבַד בְּשַׁבָּת, שֶׁאָסְרוּ חֲזַ״ל לְטָלְןָ אֲפִלּוּ כְּשֶׁחָל יוֹם רִאשׁוֹן בְּשַׁבָּת — שֶׁמָּא יַעֲבִירֶנּוּ אַרְבַּע אַמּוֹת בִּרְשׁוּת הָרַבִּים. וְאַרְבָּעָה מִינִין מְעַכְּבִין זֶה אֶת זֶה. וּשְׁאוּלִין, פְּסוּלִין בְּיוֹם רִאשׁוֹן וּכְשֵׁרִים בִּשְׁאָר יָמִים. וּגְזוּלִין, פְּסוּלִין לְעוֹלָם. וְקָטָן הַיּוֹדֵעַ לְנַעְנֵעַ, חַיָּב מִדִּבְרֵי סוֹפְרִים, כְּדֵי לְחַנְּכוֹ בְּמִצְווֹת.

וְנוֹהֵג בְּכָל מָקוֹם וּבְכָל זְמַן, בִּזְכָרִים, אֲבָל לֹא בִּנְקֵבוֹת.

לז. מִצְוַת־עֲשֵׂה לִשְׁבֹּת מִמְּלָאכָה בְּיוֹם שְׁמִינִי עֲצֶרֶת

שֶׁנֶּאֱמַר (ויקרא כג, לו): "בַּיּוֹם הַשְּׁמִינִי מִקְרָא קֹדֶשׁ". וְדִינוֹ כְּיוֹם רִאשׁוֹן שֶׁל פֶּסַח (מצות־עשה כ״ה).

וְנוֹהֵג בְּכָל מָקוֹם וּבְכָל זְמַן, בִּזְכָרִים וּבִנְקֵבוֹת.

לח. מִצְוַת־עֲשֵׂה לִתֵּן צְדָקָה לַעֲנִיֵּי יִשְׂרָאֵל

שֶׁנֶּאֱמַר (דברים טו, ח): "פָּתֹחַ תִּפְתַּח אֶת יָדְךָ וְגוֹ׳", וְדָרְשׁוּ חֲזַ״ל (ספרי שם): "פָּתֹחַ תִּפְתַּח" — אֲפִלּוּ כַּמָּה פְּעָמִים. וְעוֹד נֶאֱמַר (ויקרא כה, לה): "וְהֶחֱזַקְתָּ בּוֹ גֵּר וְתוֹשָׁב [הַיְנוּ מִי שֶׁקִּבֵּל עָלָיו לְקַיֵּם שֶׁבַע מִצְווֹת בְּנֵי נֹחַ, שֶׁמְּחֻיָּבִים אָנוּ לְהַחֲיוֹתוֹ] וָחַי עִמָּךְ". וְנֶאֱמַר עוֹד (שם שם, לו): "וְחֵי אָחִיךָ עִמָּךְ".

taken up all the seven days of the festival [and not the first day alone], except on the Sabbath, since the Sages of blessed memory forbade taking them up then, even when the first day occurs on the Sabbath — for fear that one may carry them four cubits in the public domain [which is absolutely forbidden on the Sabbath]. The four species can prevent one another [from being acceptable: if one is disqualified or missing, all are considered unacceptablel]. If they are borrowed, they are unacceptable the first day but satisfactory on the other days. If they were stolen they are always disqualified. A young child who knows how to wave them properly has the obligation by the law of the Sages, in order to train him in the mitzvoth.

It is in effect everywhere, in every time, for males but not for females.

37. It is a positive commandment to rest from work on the day of *Sh'mini Atzereth* (the Eighth Day of Assembly)

as Scripture states, *On the eighth day there shall be a holy convocation* (*Va-yikra* 23:36). The law on it is the same as for the first day of Passover (§25).

It is in effect everywhere, in every time, for both man and woman.

38. It is a positive commandment to give charity to the poor in Jewry

as Scripture states, *You shall surely open your hand*, etc. (*D'varim* 15:8); and the Sages of blessed memory interpreted (*Sifri, ad loc.*): "you shall surely open" — even many times [when necessary]. And Scripture states further, *then you shall uphold him, the stranger and the sojourner* [which means one who accepted the seven commandments imposed on all descendants of Noah — that we have duty to sustain him] *that he may live along with you* (*Va-yikra* 25:35). And it is stated further, *that your brother may live along with you* (*ibid.* 36).

וְצָרִיךְ לִתֵּן כְּפִי מַה שֶּׁרָאוּי לֶעָנִי, וּלְפִי מַה שֶּׁחָסֵר לוֹ — אִם אֵין לוֹ כְסוּת, מְכַסִּים אוֹתוֹ, וּשְׁאָר דְּבָרִים הַצְּרִיכִים לוֹ. וְאִם אֵין יַד הַנּוֹתֵן מַשֶּׂגֶת, נוֹתֵן לוֹ כְּפִי הַשָּׂגַת יָדוֹ. וַאֲפִלּוּ עָנִי הַמִּתְפַּרְנֵס מִן הַצְּדָקָה, חַיָּב לִתֵּן צְדָקָה לְאַחֵר.

עָנִי שֶׁהוּא קְרוֹבוֹ קוֹדֵם לְכָל אָדָם; עֲנִיֵּי בֵיתוֹ קוֹדְמִין לַעֲנִיֵּי עִירוֹ; עֲנִיֵּי עִירוֹ קוֹדְמִין לַעֲנִיֵּי עִיר אַחֶרֶת, שֶׁנֶּאֱמַר (דברים טו, יא): ״לְאָחִיךָ לַעֲנִיֶּךָ וּלְאֶבְיֹנְךָ בְּאַרְצֶךָ״.

וְכָל הָרוֹאֶה עָנִי מְבַקֵּשׁ, וְהֶעְלִים עֵינוֹ מִמֶּנּוּ וְלֹא נָתַן לוֹ צְדָקָה, בִּטֵּל מִצְוַת־עֲשֵׂה וְעָבַר עַל לֹא־תַעֲשֶׂה. (עיין בחלק הלאוין, לא־תעשה ס״ב.) וַעֲבֵרָה חֲמוּרָה הִיא מְאֹד, וְנִקְרָא בְלִיַּעַל, חוֹטֵא וְרָשָׁע.

וּמְחֻיָּבִים אָנוּ לְהִזָּהֵר בְּמִצְוַת צְדָקָה יוֹתֵר מִכָּל מִצְוַת־עֲשֵׂה, שֶׁהַצְּדָקָה סִימָן לְזֶרַע אַבְרָהָם. וְאֵין כִּסֵּא יִשְׂרָאֵל מִתְכּוֹנֵן וְדַת הָאֱמֶת עוֹמֶדֶת — אֶלָּא בִצְדָקָה, שֶׁנֶּאֱמַר (ישעיה א, כז): ״צִיּוֹן בְּמִשְׁפָּט תִּפָּדֶה וְשָׁבֶיהָ בִּצְדָקָה״. וְכָל מִי שֶׁהוּא אַכְזָר, יֵשׁ לָחוּשׁ לְיִחוּסוֹ, שֶׁאֵין הָאַכְזְרִיּוּת מְצוּיָה אֶלָּא בְעַכּוּ״ם, שֶׁנֶּאֱמַר (ירמיה נ, מב): ״אַכְזָרִי הֵמָּה וְלֹא יְרַחֵמוּ״. וְכָל יִשְׂרָאֵל כְּאַחִים, שֶׁנֶּאֱמַר (דברים יד, א): ״בָּנִים אַתֶּם לַה׳ אֱלֹהֵיכֶם״, וְאִם לֹא יְרַחֵם הָאָח עַל אָחִיו, מִי יְרַחֵם עָלָיו?! וּלְמִי עֲנִיֵּי יִשְׂרָאֵל נוֹשְׂאִים עֵינֵיהֶם? הַאִם לַעַכּוּ״ם שֶׁשּׂוֹנְאִים אוֹתָם וְרוֹדְפִים אַחֲרֵיהֶם?! הָא, אֵין עֵינֵיהֶם תְּלוּיוֹת אֶלָּא לַאֲחֵיהֶם!

וְצָרִיךְ לִתֵּן בְּסֵבֶר פָּנִים יָפוֹת וּבְשִׂמְחָה. אֵין דָּבָר רַע יוֹרֵד מִן הַצְּדָקָה, וְאֵין אָדָם נַעֲשָׂה עָנִי מִן הַצְּדָקָה,

One has to give according to what is suitable for the needy man and according to what he is lacking. If he has no clothing, he is to be clothed, and so provided with other things that he needs. If the donor's means are not enough, he is to give him as he is able to; and even a poor man who is sustained by charity has a duty to give charity to someone else.

A poor man who is related to him takes precedence over everyone else. The poor of one's house take precedence over the poor of his town; the poor of his town have precedence over the poor of another town — for Scripture says, *you shall surely open your hand to your brother, your poor man, and to your needy person in your land* (*D'varim* 15:11).

If someone sees a penniless person seeking alms and he hides his eye from him and gives him no charity, he disobeys a positive commandment and violates a negative one (see the section of prohibitions §62). This is a very severe transgression, and he is called a scoundrel, a sinner and a wicked person.

We are duty-bound to be more careful about the mitzvah of charity than about all the other positive commandments: for charity is a distinguishing characteristic of the descendants of Abraham. The throne of Jewry is not properly established, nor can the faith of truth endure, except through charity; for Scripture says, *Zion shall be redeemed with Judgment, and those of her that return, with charity* (*Yesha'yahu* 1:27). So if anyone is merciless, his lineage has to be suspected; for the cruel lack of mercy is found only among the heathen, as Scripture says, *they are cruel, and have no compassion* (*Yirmeyahu* 50:42). All members of Jewry are as brothers, however: as Scripture says, *You are the children of Hashem your God* (*D'varim* 14:1); and if a person won't have compassion on his own brother, who will take pity on him? To whom should the poor in Jewry lift up their eyes beseeching help — to the heathen who hate them and persecute them? So their eyes look only to their brethren.

Now, it is necessary to give charity with a cheerful face, happily. Nothing bad ever results from charity. No one

שֶׁנֶּאֱמַר (ישעיה לב, יז): "וְהָיָה מַעֲשֵׂה הַצְּדָקָה שָׁלוֹם". וְצָרִיךְ לְפַיֵּס הֶעָנִי בִּדְבָרִים, וְאָסוּר לִגְעֹר בּוֹ אוֹ לְהַגְבִּיהַּ קוֹלוֹ עָלָיו בִּצְעָקָה, מִפְּנֵי שֶׁלִּבּוֹ נִשְׁבָּר. וְאוֹי לוֹ לְמִי שֶׁהִכְלִים לֶעָנִי.

הַכּוֹפֶה אֲחֵרִים לִתֵּן צְדָקָה, שְׂכָרוֹ גָּדוֹל מִשְּׂכַר הַנּוֹתֵן. וְכָל הַמְרַחֵם, מְרַחֲמִין עָלָיו, שֶׁנֶּאֱמַר (דברים יג, יח): "וְנָתַן לְךָ רַחֲמִים וְרִחַמְךָ וְהִרְבֶּךָ". פִּדְיוֹן שְׁבוּיִים — אֵין מִצְוָה גְּדוֹלָה מִמֶּנָּה, וְהַמַּעֲלִים עֵינוֹ מִמֶּנָּה, עוֹבֵר בְּכַמָּה מִצְוֹת־עֲשֵׂה וְלֹא־תַעֲשֶׂה.

וְנוֹהֵג בְּכָל מָקוֹם וּבְכָל זְמַן, בִּזְכָרִים וּבִנְקֵבוֹת.

לט. מִצְוַת־עֲשֵׂה לְקַיֵּם מוֹצָא שְׂפָתָיו מַה שֶּׁקִּבֵּל עָלָיו בְּנֶדֶר אוֹ שְׁבוּעָה

שֶׁנֶּאֱמַר (דברים כג, כד): "מוֹצָא שְׂפָתֶיךָ תִּשְׁמֹר וְעָשִׂיתָ כַּאֲשֶׁר נָדַרְתָּ", וְנֶאֱמַר (במדבר ל, ג): "כְּכָל הַיֹּצֵא מִפִּיו יַעֲשֶׂה".

וְנוֹהֵג בְּכָל מָקוֹם וּבְכָל זְמַן, בִּזְכָרִים וּבִנְקֵבוֹת.

מ. מִצְוַת־עֲשֵׂה לָדוּן דִּין הֲפָרַת נְדָרִים וּשְׁבוּעוֹת

שֶׁנֶּאֱמַר (במדבר ל, ג): "אִישׁ כִּי יִדֹּר נֶדֶר לַה׳ וְגוֹ׳". וְהַיְנוּ, דְּאִם נִחַם הַנּוֹדֵר וְנִתְחָרֵט עַל מַה שֶּׁעָבַר, שֶׁיָּבוֹא לְחָכָם הַמֻּבְהָק, אוֹ לִשְׁלֹשָׁה הֶדְיוֹטוֹת אִם אֵין שָׁם מֻמְחֶה, וְאוֹמֵר: אֲנִי נִשְׁבַּעְתִּי אוֹ נָדַרְתִּי עַל כָּךְ וְכָךְ, וְנִחַמְתִּי. וְאִלּוּ הָיִיתִי יוֹדֵעַ שֶׁאֲנִי מִצְטַעֵר בְּדָבָר זֶה עַד כֹּה אוֹ

becomes poor from giving it; as Scripture says, *the work of righteousness shall be peace* (*Yesha'yahu* 32:17). It is necessary to calm and cheer a poor man with words, and it is forbidden to rebuke him or raise one's voice to him in shouting, because his heart is broken. And woe to anyone who shames a poor man.

If a person coerces (persuades) others to give charity, his reward is greater than the reward of the one who gives. And whoever acts with compassion will be treated with compassion; as Scripture says, *He shall show you mercy and have compassion upon you, and shall multiply you* (*D'varim* 13:18).

As for redeeming people in captivity, there is no greater religious duty than that. Whoever hides his eye from that transgresses many positive and negative commandments.

It is in force everywhere, at every time, for both man and woman.

39. It is a positive commandment to fulfill the words that come from one's lips — whatever he takes upon himself by a vow or an oath

for Scripture states, *Whatever has passed your lips you shall keep and do, as you have vowed* (*D'varim* 23:24); and it says further, *he shall do according to all that proceeds out of his mouth* (*Bemidbar* 30:3).

It applies everywhere, at every time, for both man and woman.

40. It is a positive commandment to deal with cases of nullifying vows and oaths

as Scripture says, *When a man vows a vow to Hashem,* etc. (*Bemidbar* 30:3). This means that if the one who made the vow regrets it and is sorry for what has happened, he is to come to an expert scholar, or to three ordinary persons if there is no learned expert there; and he says, "I swore, or vowed, about this-and-that, and I have come to regret it. Had I known that I would suffer about the matter to such an

שֶׁיֶּאֱרַע לִי כָךְ, לֹא הָיִיתִי נוֹדֵר אוֹ נִשְׁבַּע. וְהֶחָכָם אוֹ שְׁלֹשָׁה הֶדְיוֹטוֹת אוֹמְרִים לוֹ: כְּבָר נִחַמְתָּ? וְהוּא אוֹמֵר: הֵן. אוֹמְרִים לוֹ: שָׁרוּי לְךָ, אוֹ: מָחוּל לְךָ, אוֹ: מֻתָּר לְךָ.

וְנוֹהֵג בְּכָל מָקוֹם וּבְכָל זְמַן.

מא. מִצְוַת-עֲשֵׂה לְכַבֵּד אָב וָאֵם

שֶׁנֶּאֱמַר (שמות כ, יב): "כַּבֵּד אֶת אָבִיךָ וְאֶת אִמֶּךָ". אֵיזֶהוּ כִבּוּד — מַאֲכִיל וּמַשְׁקֶה וּמַלְבִּישׁ וּמְכַסֶּה, מִשֶּׁל אָב; אֵין לוֹ לָאָב וְיֵשׁ לוֹ לַבֵּן — כּוֹפִין אֶת הַבֵּן לָזוּן אֶת אָבִיו כְּפִי כֹחוֹ. וּמְשַׁמֵּשׁ אוֹתָם כְּדֶרֶךְ שֶׁעֶבֶד מְשַׁמֵּשׁ לְרַבּוֹ. וּמְכַבְּדוֹ אֲפִלּוּ לְאַחַר מוֹתוֹ.

אִם אָמַר לוֹ אָבִיו: "הַשְׁקֵנִי מַיִם", וְיֵשׁ לְפָנָיו אֵיזֶה מִצְוָה לַעֲשׂוֹת — [אִם אֶפְשָׁר לַמִּצְוָה שֶׁתֵּעָשֶׂה עַל יְדֵי אֲחֵרִים, יַעֲסֹק בִּכְבוֹד אָבִיו]; אִם אֵין הַמִּצְוָה יְכוֹלָה לְהֵעָשׂוֹת עַל יְדֵי אַחֵר, יַעֲשֶׂה הַמִּצְוָה. מַה שֶּׁאֵין כֵּן אִם אָמַר לוֹ אָבִיו לַעֲשׂוֹת עֲבֵרָה — אֲפִלּוּ מִדִּבְרֵי סוֹפְרִים — לֹא יִשְׁמַע לוֹ, שֶׁכֻּלָּם חַיָּבִים בִּכְבוֹד הַשֵּׁם יִתְבָּרַךְ.

כִּבּוּד אָב קוֹדֵם לִכְבוֹד אֵם — שֶׁהוּא וְאִמּוֹ חַיָּבִים בִּכְבוֹד אָבִיו. וּמִי שֶׁמֵּקֵל בִּכְבוֹד אָבִיו וְאִמּוֹ, בִּטֵּל מִצְוַת-עֲשֵׂה זוֹ, אֶלָּא אִם כֵּן עָשָׂה מִדַּעְתָּם וּבִמְחִילָתָם. גַּם אִשָּׁה חַיֶּבֶת בָּזֶה; וּמַה שֶּׁבַּעְלָהּ מוֹנֵעַ אוֹתָהּ מִזֶּה, פְּטוּרָה.

וְנוֹהֵג בְּכָל מָקוֹם וּבְכָל זְמַן.

extent, or that this would happen to me, I would not have taken the vow, or the oath." Then the scholar or the three ordinary men tell him, "Have you already been sorry for it?" whereupon he answers, "Yes." At that they say to him, "It is allowed for you," or "It is forgiven you," or "It is permissible for you."

It is in effect everywhere, at every time.

41. **It is a positive commandment to respect one's father and mother**

as Scripture says, *Honor your father and your mother* (*Sh'moth* 20:12). Now, what is the honor [meant here]? — One is to provide food and drink and clothing, out of the father's money. But if the father has no money and the son does, the son is compelled to sustain his father according to his means. And he is to attend upon them [his parents] in the way that a bondservant attends upon his master. He is to honor him [his father] even after his death.

If one's father tells him, "Get me water to drink," and there is some other religious duty for him to do, [if that duty can be done by someone else, he should occupy himself with honoring his father, but] if that duty cannot be done by someone else he is to carry it out. It is quite a different matter, though, if his father tells him to commit a sin — even if it is a misdeed only by the law of the Sages, he is not to listen to him: for all have the duty of honoring the blessed God.

Honoring one's father takes precedence over honoring his mother, since both he and his mother are obligated to honor his father. If anyone slights the honor of his father or mother, he disobeys this positive commandment, unless he acts with their knowledge and consent. A woman also bears this obligation; but what her husband prevents her from doing in this regard, she is free of doing.

It applies everywhere and always.

מב. מִצְוַת־עֲשֵׂה לִירֹא מֵאָב וָאֵם

שֶׁנֶּאֱמַר (ויקרא יט, ג): "אִישׁ אִמּוֹ וְאָבִיו תִּירָאוּ". אֵיזֶהוּ מוֹרָא — לֹא יַעֲמֹד וְיֵשֵׁב בִּמְקוֹמוֹ; וְלֹא יִסְתֹּר אֶת דְּבָרָיו; וְלֹא יַכְרִיעַ אֶת דְּבָרָיו; וְלֹא יִקְרָאֶנּוּ בִּשְׁמוֹ, לֹא בְחַיָּיו וְלֹא בְמוֹתוֹ, אֶלָּא יֹאמַר "אַבָּא מָרִי". וְאָב וָאֵם, שְׁנֵיהֶם שְׁקוּלִים בְּכָבוֹד וּבְמוֹרָא, וְהִשְׁוָה הַכָּתוּב כְּבוֹדָם וּמוֹרָאָם לִכְבוֹד וּמוֹרָא הַשֵּׁם יִתְבָּרַךְ. וְהָעוֹבֵר עַל זֶה וְהַמֵּקֵל בְּיִרְאָתָם, בִּטֵּל מִצְוַת־עֲשֵׂה, אֶלָּא אִם כֵּן עָשָׂה מִדַּעְתָּם; שֶׁהָאָב שֶׁמָּחַל עַל כְּבוֹדוֹ, כְּבוֹדוֹ מָחוּל.

וְנוֹהֵג בְּכָל מָקוֹם וּבְכָל זְמַן, בִּזְכָרִים וּבִנְקֵבוֹת.

מג. מִצְוַת־עֲשֵׂה לִשָּׂא אִשָּׁה לִפְרוֹת וְלִרְבּוֹת

שֶׁנֶּאֱמַר (בראשית א, כח): "וַיֹּאמֶר לָהֶם אֱלֹהִים פְּרוּ וּרְבוּ". וִיכַוֵּן לְקִיּוּם הַמִּין. וְהָאִישׁ שֶׁהוּא בִּשְׁנַת שְׁמוֹנֶה־עֶשְׂרֵה, נִתְחַיֵּב בִּפְרִיָּה וּרְבִיָּה. וְאִם עָבַר עָלָיו עֶשְׂרִים שָׁנָה וְלֹא נָשָׂא, הֲרֵי זֶה עוֹבֵר וּמְבַטֵּל מִצְוַת־עֲשֵׂה זוֹ. וְאִם עוֹסֵק בַּתּוֹרָה, וּמִתְיָרֵא שֶׁלֹּא יִבָּטֵל מֵחֲמַת טִרְדַת מְזוֹנוֹת, מֻתָּר לְהִתְאַחֵר, וְעַל כָּל פָּנִים, לֹא יוֹתֵר מִן עֶשְׂרִים וְחָמֵשׁ שָׁנָה.

וְנוֹהֵג בְּכָל מָקוֹם וּבְכָל זְמַן.

42. **It is a positive commandment to have a reverent fear of one's father and mother**

as Scripture states, *You shall fear every man his mother and his father* (*Va-yikra* 19:3). Now, what is the reverent fear [meant here]? One is not to stand or sit in his [the father's] place; he is not to contradict his words or express a deciding opinion about his words; nor is he to call him by his name either during his lifetime or after his death, but is only to say, "My father, my master." The father and mother are both equally [in importance] entitled to honor [§41] and reverent fear; and Scripture equated in importance the honor and reverent fear due them with the honor and fear due the blessed God. If someone transgresses this and is disparaging about reverent fear for them, he disobeys a positive commandment, unless he acts by their knowledge. For if a father is willing to forego his honor, it may be overlooked.

It applies everywhere, at every time, for both man and woman.

43. **It is a positive commandment to marry a wife in order to be fruitful and multiply (have children)**

as Scripture states, *And God said to them: Be fruitful and multiply* (*B'réshith* 1:28). One's intention should be the continuation of the human species. When a man is eighteen, he becomes subject to the duty of begetting children; and if he passes the age of twenty without having married, he thus transgresses and disobeys this positive commandment. If he is occupied in Torah study and he fears that the problem of earning a livelihood will interfere, he is permitted to delay — but in any event not beyond the age of twenty-five.

It applies everywhere, in every time.

מד. ♦ מִצְוַת-עֲשֵׂה לִשָּׂא אִשָּׁה בְקִדּוּשִׁין

שֶׁנֶּאֱמַר (דברים כד, א): "כִּי יִקַּח אִישׁ אִשָּׁה". וְהַבָּא לִשָּׂא אִשָּׁה, צָרִיךְ לְקַדְּשָׁהּ תְּחִלָּה לִקְנוֹתָהּ לוֹ לְאִשָּׁה. וּמְקַדְּשָׁהּ בְּכֶסֶף שֶׁיִּתֵּן לָהּ מִשֶּׁלּוֹ, פְּרוּטָה אוֹ שָׁוֶה פְּרוּטָה, וְיֹאמַר לָהּ: "הֲרֵי אַתְּ מְקֻדֶּשֶׁת לִי בָּזֶה כְּדַת מֹשֶׁה וְיִשְׂרָאֵל". וְצָרִיךְ לִהְיוֹת בִּפְנֵי עֵדִים כְּשֵׁרִים.

וְקֹדֶם הַקִּדּוּשִׁין צָרִיךְ לְבָרֵךְ בִּרְכַּת אֵרוּסִין, וְהִיא בִּרְכַּת "אֲשֶׁר קִדְּשָׁנוּ בְּמִצְווֹתָיו וְצִוָּנוּ עַל הָעֲרָיוֹת, וְאָסַר לָנוּ אֶת הָאֲרוּסוֹת, וְהִתִּיר לָנוּ אֶת הַנְּשׂוּאוֹת לָנוּ עַל יְדֵי חֻפָּה וְקִדּוּשִׁין" וְחוֹתֵם: "מְקַדֵּשׁ עַמּוֹ יִשְׂרָאֵל עַל יְדֵי חֻפָּה וְקִדּוּשִׁין".

וְהַמְקַדֵּשׁ אִשָּׁה נִקְרֵאת "אֲרוּסָה", וְאָסוּר מִדִּבְרֵי סוֹפְרִים לָבוֹא עָלֶיהָ עַד שֶׁתִּכָּנֵס לַחֻפָּה וּלְבָרֵךְ שֶׁבַע בְּרָכוֹת. וְקֹדֶם כְּנִיסָה לַחֻפָּה, צָרִיךְ לִכְתֹּב לָהּ כְּתֻבָּה. וּמִשֶּׁתִּכָּנֵס לַחֻפָּה נִקְרֵאת "נְשׂוּאָה", אַף עַל פִּי שֶׁלֹּא נִבְעֲלָה, וְהוּא שֶׁתְּהֵא רְאוּיָה לְבִיאָה; אֲבָל אִם הִיא נִדָּה — אַף עַל פִּי שֶׁנִּכְנְסָה לַחֻפָּה וְנִתְיַחֵד עִמָּהּ — לֹא גָּמְרוּ הַנִּשּׂוּאִין, וַהֲרֵי הִיא כַּאֲרוּסָה לְכָל דָּבָר.

וְנוֹהֵג בְּכָל מָקוֹם וּבְכָל זְמַן.

וְנִצְטַוִּינוּ בְּתוֹרָתֵנוּ הַקְּדוֹשָׁה, שֶׁהָרוֹצֶה לְגָרֵשׁ אֶת אִשְׁתּוֹ מִפְּנֵי שֶׁמָּצָא בָהּ עֶרְוַת דָּבָר — שֶׁצָּרִיךְ לְגָרְשָׁהּ בְּגֵט וְכַנָּהוּג בְּיִשְׂרָאֵל, שֶׁנֶּאֱמַר (שם): "וְהָיָה אִם לֹא תִמְצָא חֵן

44. It is a positive commandment to marry a wife by *kiddushin* (consecration, the ceremony of marriage)

for Scripture states, *When a man takes a wife* (*D'varim* 24:1). So when someone comes to wed a wife, he needs to consecrate her first, to acquire her for his wife. He is to consecrate her with money of his [or its equivalent] that he gives her — either a *p'rutah* [a minimal amount, at least] or something worth a *p'rutah*; and he is to say to her, "You are hereby consecrated to me with this, according to the law of Moses and Israel." And it has to take place before qualified witnesses.

Before the *kiddushin* (ceremony of marriage) it is necessary to say the benediction of *érusin* (betrothal), which is this: ". . . Who hallowed us with His mitzvoth and commanded us about forbidden conjugal relations, forbade us those betrothed to us, but permitted us those married to us by the ceremony of the bridal canopy and consecration." He then concludes, "Blessed are You, Hashem, Who hallows His people Israel through the ceremony of the bridal canopy and consecration."

When one consecrates a wife [as described above] she is called *arusah* (betrothed), and he is forbidden by the law of the Sages to be conjugally intimate with her until she undergoes the ceremony of the bridal canopy, and the seven benedictions [of marriage] are recited. Before she enters upon the ceremony of the bridal canopy, he has to write a *k'thubah* (marriage contract) for her; and once she undergoes the bridal-canopy ceremony she is called married, even if the marriage has not been consummated — but this if she is fit for conjugal intimacy. If she is ritually unclean from the menses, however, then even if she has undergone the bridal-canopy ceremony and he has been alone with her, the marriage has not been carried through, and she is [legally] like an *arusah* (betrothed) in every respect.

It is in effect everywhere, in every time.

Now, we were commanded in our holy Torah that if someone wishes to divorce his wife, because he has found

בְּעֵינָיו כִּי מָצָא בָהּ עֶרְוַת דָּבָר וְכָתַב לָהּ סֵפֶר כְּרִיתֻת" [וְהַיְנוּ גֵט]. וְכָל עִנְיְנֵי הַגֵּט אֵינָם נַעֲשִׂים אֶלָּא עַל פִּי רַבָּנִים מֻבְהָקִים הַיּוֹדְעִים בְּטִיב גִּטִּין. וְכָל שֶׁאֵינוֹ יוֹדֵעַ בְּטִיב גִּטִּין, אֲפִלּוּ הוּא לַמְדָן גָּדוֹל בִּשְׁאָר עִנְיְנֵי הַתּוֹרָה, לֹא יִתְעַסֵּק בָּזֶה; כִּי בַגֵּט יֶשְׁנָם הַרְבֵּה פְּרָטִים עִקָּרִיִּים, וּמִי שֶׁאֵינוֹ בָקִי הֵיטֵב בָּהֶם, עָלוּל לִהְיוֹת נִכְשָׁל בָּהֶם.

וְאִשָּׁה רָעָה בְדֵעוֹתֶיהָ, הַיְנוּ שֶׁכּוֹפֶרֶת בֶּאֱמוּנַת ה׳ וְתוֹרָתוֹ וְשֶׁאֵינָהּ צְנוּעָה כִבְנוֹת יִשְׂרָאֵל, וְכָל שֶׁכֵּן אִם נִתְבָּרֵר לוֹ שֶׁאֵינָהּ הוֹלֶכֶת לִטְבֹּל לְנִדָּתָהּ כַּדִּין — מִצְוָה לְגָרְשָׁהּ, שֶׁנֶּאֱמַר (משלי כב, י): "גָּרֵשׁ לֵץ וְיֵצֵא מָדוֹן".

וְנוֹהֵג בְּכָל מָקוֹם וּבְכָל זְמַן.

מה. מִצְוַת־עֲשֵׂה לִשָּׂא אֵשֶׁת אָחִיו שֶׁמֵּת בְּלֹא בָנִים

שֶׁנֶּאֱמַר (דברים כה, ה): "כִּי יֵשְׁבוּ אַחִים יַחְדָּו וּמֵת אַחַד מֵהֶם וְגוֹ׳ יְבָמָהּ יָבֹא עָלֶיהָ וּלְקָחָהּ לוֹ לְאִשָּׁה". וּבִזְמַנֵּנוּ, שֶׁאֵינָם מְכַוְּנִים לְשֵׁם מִצְוָה לְהָקִים שֵׁם לְאָחִיו הַמֵּת, אֵין דִּין יִבּוּם נוֹהֵג, רַק חֲלִיצָה, וּכְדִלְקַמָּן.

some aspect of indecency about her, he needs to send her away with a *get*, a bill of divorcement, as the custom is in Jewry. For Scripture says, *And it shall be, if she does not find favor in his eyes, because he has found some unseemly thing in her, that he shall write her a bill of divorcement* (*D'varim* 24:1) [which means a *get*]. All matters concerning a *get* are to be carried out only through expert learned rabbis who are familiar with the subject of bills of divorce. Whoever is not familiar with the nature of a *get*, even if he is a great scholar in other areas of the Torah, should not occupy himself with this. For in a *get* there are many basic, important details; and whoever is not very well versed in them is likely to come to grief over them.

If a woman is bad in her concepts, which is to say that she denies faith in Hashem and His Torah, and she is not modest in her ways like the daughters of Jewry; and certainly if he [the husband] becomes sure that she does not go to have ritual immersion [in the *mikveh*, to purify herself] from the menses — it is a religious duty for him to divorce her; as Scripture says, *Cast out the scorner, and the contention will go out* (*Mishley* 22:10).

This is in force everywhere, in every time.

45. It is a positive commandment to marry the wife of one's brother who has died without children

as Scripture states, *If brothers dwell together, and one of them dies . . . her husband's brother shall go in to her and take her to him for a wife* (*D'varim* 25:5). In our time, however, when there is no intention [in this] for the sake of the religious duty to establish a name for one's dead brother, the law of the levirate mariage is not in force, but only *ḥalitzah*, described below.

מו. מִצְוַת־עֲשֵׂה שֶׁתַּחֲלֹץ הַיְבָמָה נַעַל הַיָּבָם אִם אֵינוֹ רוֹצֶה לְיַבְּמָהּ

שֶׁנֶּאֱמַר (דברים כה, ז־ט): ״וְאִם לֹא יַחְפֹּץ הָאִישׁ לָקַחַת אֶת יְבִמְתּוֹ וְגוֹ׳ וְחָלְצָה נַעֲלוֹ מֵעַל רַגְלוֹ וְגוֹ׳״. וְסֵדֶר הַחֲלִיצָה אֵינוֹ נַעֲשֶׂה אֶלָּא עַל יְדֵי רַבָּנִים מֻבְהָקִים הַבְּקִיאִים בְּעִנְיָנִים אֵלּוּ. וְכָל מִי שֶׁאֵינוֹ חוֹלֵץ לִיבִמְתּוֹ, בִּטֵּל מִצְוַת־עֲשֵׂה זוֹ. וְיֵשׁ אֲנָשִׁים שֶׁנִּמְנָעִים לַחֲלֹץ לְיִבְמוֹתֵיהֶם, בְּאָמְרָם שֶׁיִּהְיֶה לָהֶם סַכָּנָה עַל יְדֵי זֶה, וְהוּא טָעוּת גָּדוֹל; וִישָׁרִים דַּרְכֵי ה׳, וְלֹא יְאֻנֶּה לָהֶם כָּל אָוֶן אִם יְקַיְּמוּ הַמִּצְוָה; וּלְהֵפֶךְ, אִם לֹא יִרְצוּ לְקַיֵּם הַמִּצְוַת־עֲשֵׂה, עֲוֹנָם גָּדוֹל לִמְאֹד.

וְנוֹהֵג בְּכָל מָקוֹם וּבְכָל זְמַן.

מז. מִצְוַת־עֲשֵׂה לָמוּל כָּל בֵּן זָכָר בֶּן שְׁמוֹנָה יָמִים

שֶׁנֶּאֱמַר (בראשית יז, יב): ״וּבֶן שְׁמֹנַת יָמִים יִמּוֹל לָכֶם כָּל זָכָר״. וְדַוְקָא בַּיּוֹם, שֶׁנֶּאֱמַר (ויקרא יב, ג): ״וּבַיּוֹם הַשְּׁמִינִי יִמּוֹל בְּשַׂר עָרְלָתוֹ״. וְיָמוּל אַחַר עֲלוֹת הַשֶּׁמֶשׁ; וְאִם מָל מִשֶּׁעָלָה עַמּוּד הַשַּׁחַר, יָצָא. וּמִילָה שֶׁחִיּוּבָהּ וַדַּאי וּזְמַנָּהּ וַדַּאי, דּוֹחָה אֶת הַשַּׁבָּת. מִילָה הִיא מִצְוַת־עֲשֵׂה שֶׁיֵּשׁ בָּהּ כָּרֵת, שֶׁנֶּאֱמַר (בראשית יז, יד): ״וְעָרֵל זָכָר אֲשֶׁר לֹא יִמּוֹל אֶת בְּשַׂר עָרְלָתוֹ וְנִכְרְתָה״. וּמִצְוָה עַל הָאָב לָמוּל אֶת בְּנוֹ,

46. It is a positive commandment that a *yevamah* (a childless widow) should remove the shoe of the *yavam* (her husband's brother) if he does not want to take her in levirate marriage

as Scripture says, *And if the man does not wish to take his brother's widow . . . then she shall remove his shoe from his foot*, etc. (*D'varim* 25:7, 9). This ritual of *ḥalitzah* (removal of the shoe) is to be carried out only through learned rabbis who are expert in these matters. Whoever does not allow his brother's widow *ḥalitzah* disobeys this positive commandment. There are men who refuse to grant their brothers' widows *ḥalitzah*, saying that through this there will be some danger for them. But that is a great mistake. The ways of Hashem are right (*Hoshe'a* 14:10), and no evil will befall them if they fulfill this religious duty. On the contrary: if they will not want to observe the positive commandment, their sinfulness is enormously great.

It is in effect everywhere, at every time.

47. It is a positive commandment to circumcise every male at the age of eight days

as Scripture says, *And he that is eight days old shall be circumcised among you, every male* (*B'reshith* 17:12). It must be specifically by day, as Scripture says, *And on the eighth day the flesh of his foreskin shall be circumcised* (*Va-yikra* 12:3); and the circumcision is to be done after sunrise. But if one did the circumcision after the dawn came up, he fulfilled the duty. When both the obligation and the time of the circumcision are certain, it thrusts aside the Sabbath [it may be done on the Sabbath, although making a wound which draws blood is ordinarily forbidden then]. Circumcision is a positive commandment that [for its violation] entails *karéth* [Divine severance of existence], since Scripture says, *And any uncircumcised male who is not circumcised in the flesh of his foreskin, shall be cut off* (*B'reshith* 17:14). It is a religious duty for the father to

וְאִם עָבַר הָאָב וְלֹא מָלוֹ, בִּטֵּל מִצְוַת־עֲשֵׂה זוֹ, אֲבָל אֵינוֹ חַיָּב כָּרֵת, שֶׁאֵין כָּרֵת אֶלָּא בְּהֶעָרֵל עַצְמוֹ, דְּאִם לֹא מָלוֹ הָאָב, מְחֻיָּב בְּעַצְמוֹ לָמוּל כְּשֶׁיַּגְדִּיל. וּבְכָל יוֹם שֶׁיַּעֲבֹר עָלָיו מִשֶּׁיַּגְדִּיל וְלֹא מָל אֶת עַצְמוֹ, בִּטֵּל מִצְוַת־עֲשֵׂה זוֹ, וְחַיָּב כָּרֵת אִם מֵת וְלֹא מָל אֶת עַצְמוֹ בְּמֵזִיד. וְכָל הַמֵּפֵר בְּרִית, אַף עַל פִּי שֶׁיֵּשׁ בְּיָדוֹ תּוֹרָה וּמַעֲשִׂים טוֹבִים, אֵין לוֹ חֵלֶק לָעוֹלָם הַבָּא. וּגְדוֹלָה מִצְוָה זוֹ — שֶׁנִּכְרְתוּ עָלֶיהָ שְׁלֹשׁ־עֶשְׂרֵה בְּרִיתוֹת.

וְנוֹהֵג בְּכָל מָקוֹם וּבְכָל זְמַן.

מח. מִצְוַת־עֲשֵׂה לִשְׁחֹט בְּהֵמָה חַיָּה וָעוֹף אִם יִרְצֶה לֶאֱכֹל מִבְּשָׂרָם

שֶׁנֶּאֱמַר (דברים יב, כא): "וְזָבַחְתָּ מִבְּקָרְךָ וּמִצֹּאנְךָ וְגוֹ' כַּאֲשֶׁר צִוִּיתִךָ", מְלַמֵּד שֶׁנִּצְטַוָּה מֹשֶׁה רַבֵּנוּ, עָלָיו הַשָּׁלוֹם, בְּעַל־פֶּה, הִלְכוֹת שְׁחִיטָה — עַל הַוֶּשֶׁט וְעַל הַקָּנֶה; וְרֹב סִימָן אֶחָד בָּעוֹף וְעַל רֹב שְׁנַיִם בַּבְּהֵמָה; וְעַל שְׁהִיָּה, דְּרָסָה, חֲלָדָה, הַגְרָמָה וְעִקּוּר.

וְנוֹהֵג בְּכָל מָקוֹם וּבְכָל זְמַן, בִּזְכָרִים וּבִנְקֵבוֹת.

מט. מִצְוַת־עֲשֵׂה לְכַסּוֹת דַּם שְׁחִיטָה שֶׁל חַיָּה אוֹ עוֹף הַטְּהוֹרִים

שֶׁנֶּאֱמַר בְּחַיָּה אוֹ עוֹף (ויקרא יז, יג): "וְשָׁפַךְ אֶת דָּמוֹ וְכִסָּהוּ בֶּעָפָר". וְצָרִיךְ לִתֵּן עָפָר לְמַטָּה, וְאַחַר כָּךְ יִשְׁחֹט וְאַחַר כָּךְ

circumcise his son; and if the father transgresses and does not have him circumcised, he disobeys this positive commandment; but he is not punishable by *karéth*, since *karéth* is meted out to none but the uncircumcised person himself. For if the father did not circumcise him, he himself has the duty to circumcise himself when he grows up, and every day that passes by from the time he is grown, and he does not circumcise himself, he disobeys this positive commandment, and he deserves *karéth* if he dies having deliberately not circumcised himself. Whoever [thus] violates the covenant, even if he has Torah learning and good deeds to his credit, has no share in the world-to-come. And how great this religious duty is, since thirteen covenants were made over it.

It is in effect everywhere, in every time.

48. **It is a positive commandment to ritually slaughter a domestic or untamed animal, or fowl, if one wishes to eat of their flesh**

for Scripture says, *then you shall slaughter some of your herd and your flock as I have commanded* (*D'varim* 12:21) — which teaches us that Moses our teacher was instructed orally the laws of *sheḥittah* (ritual slaughtering): [that it must be] at the gullet and the windpipe, [cutting] most of one tube in fowl and most of both in an animal; and about pausing, pressing the knife, inserting it under cover, cutting at a slant, and tearing loose [that these disqualify *sheḥittah*].

It is in force everywhere and always, for both man and woman.

49. **It is a positive commandment to cover the blood of the *sheḥittah* (ritual slaughtering) of pure [kosher] untamed animals, or fowl**

for Scripture says, about an untamed animal or a fowl, *he shall pour out its blood and cover it with earth* (*Va-yikra* 17:13). It is necessary to put earth underneath, then do the ritual slaughtering, and then cover it: For the term "with earth"

יְכַסֶּה; כִּי "בֶּעָפָר", מַשְׁמָעוּתוֹ: עָפָר לְמַטָּה וְעָפָר לְמַעְלָה.
וְנוֹהֵג בְּכָל מָקוֹם וּבְכָל זְמַן, בִּזְכָרִים וּבִנְקֵבוֹת.

נ. מִצְוַת-עֲשֵׂה לַחֲלֹק כָּבוֹד לְכֹהֵן

שֶׁנֶּאֱמַר (ויקרא כא, ח): "וְקִדַּשְׁתּוֹ", הַיְנוּ לְקַדְּשׁוֹ וּלַהֲכִינוֹ שֶׁיִּהְיֶה רָאוּי וּמוּכָן לְהַקְרִיב קָרְבָּנוֹת, וְגַם לִנְהֹג בּוֹ כָבוֹד, לְהַקְדִּימוֹ לְכָל דָּבָר שֶׁבִּקְדֻשָּׁה: לִפְתֹּחַ רִאשׁוֹן בַּתּוֹרָה, וּלְבָרֵךְ רִאשׁוֹן בִּסְעֻדָּה, וְלִטֹּל מָנָה יָפָה רִאשׁוֹן. וּמְחֻיָּבִים אָנוּ לְקַדְּשׁוֹ אֲפִלּוּ בְּעַל כָּרְחוֹ אִם אֵינוֹ רוֹצֶה, שֶׁנֶּאֱמַר: "וְקִדַּשְׁתּוֹ", אֲפִלּוּ בְּעַל כָּרְחוֹ. וַאֲפִלּוּ כֹּהֵן בַּעַל מוּם, וְשֶׁאֵינוֹ רָאוּי לַעֲבוֹדָה, חַיָּבִים אָנוּ לְכַבְּדוֹ.
וְנוֹהֵג בְּכָל מָקוֹם וּבְכָל זְמַן, בִּזְכָרִים וּבִנְקֵבוֹת.

נא. מִצְוַת-עֲשֵׂה שֶׁכָּל זוֹבֵחַ בְּהֵמָה טְהוֹרָה יִתֵּן לַכֹּהֵן זְרוֹעַ וּלְחָיַיִם וְקֵבָה

שֶׁנֶּאֱמַר (דברים יח, ג): "וְנָתַן לַכֹּהֵן הַזְּרֹעַ וְהַלְּחָיַיִם וְהַקֵּבָה". וְהֵן: זְרוֹעַ — יָמִין, מִן הַשּׁוֹק שֶׁל יָדוֹ, שֶׁהֵן שְׁנֵי אֵבָרִים מְעֹרִים זֶה בָּזֶה; וּלְחָיַיִם — מִן הַפֶּרֶק שֶׁל לֶחִי עַד פִּיקָה שֶׁל גַּרְגֶּרֶת (טַבַּעַת גְּדוֹלָה), עִם הַלָּשׁוֹן שֶׁבֵּינֵיהֶם. וְאֵין מוֹלְגִין אוֹתוֹ וְאֵין מַפְשִׁיטִין, אֶלָּא יִתְּנוּ לַכֹּהֵן בְּעוֹרָן וּצִמְרָן; וְהַקֵּבָה — בַּחֵלֶב שֶׁעָלֶיהָ וּבַחֵלֶב שֶׁבְּתוֹכָהּ. וְנָהֲגוּ הַכֹּהֲנִים לְהַנִּיחַ הַחֵלֶב לַבְּעָלִים. וְאֵלּוּ הֵם נִקְרָאִים 'מַתָּנוֹת' בְּכָל מָקוֹם. וְכֹהֵן רַשַּׁאי לִמְכֹּר הַמַּתָּנוֹת אוֹ לְהַאֲכִילָם לִכְלָבִים,

[lit. "in earth" *cf.* Rashi, *Ḥullin* 83b] denotes earth underneath and above.

It is in effect everywhere, at every time, for both man and woman.

50. It is a positive commandment to accord honor to a *kohen* [a direct male descendant of Aaron]

since Scripture says, *You shall hallow him* (*Va-yikra* 21:8) — which means to make him holy and prepare him, that he should be fit and ready to offer up sacrifices [at the Sanctuary], and also to treat him with honor, making him first in every matter of holiness: to begin as the first at the reading of the Torah, to be the first to say the benediction at a meal, and to take a fine portion at the start. We are duty-bound to hallow him [thus] even against his will if he does not wish it, since Scripture states, *You shall hallow him*—even against his will. Even if a *kohen* has a disfiguring defect, and thus is not fit for Temple service, we are obligated to honor him.

It applies in every place and time, for both man and woman.

51. It is a positive commandment that whoever ritually slaughters a pure [kosher] animal is to give the *kohen* the foreleg, cheeks and maw

for Scripture says, *he shall give the* kohen *the foreleg and the two cheeks and the maw* (*D'varim* 18:3). This means the right foreleg from the shank, this being two parts joined to each other; and the cheeks, from the joint of the jawbone till the knob of the windpipe (the large ring), with the tongue between them; they are not to be plucked or skinned, but given to the *kohen* with their skin and wool; and the maw — with the fat that is on it and the fat within it; but the *kohanim* had the practice of leaving the fat for the owner. These are called the "gifts" everywhere [in the Talmudic literature]. A *kohen* has the right to sell the "gifts" or to feed them to dogs, since there is no holiness

שֶׁאֵין בָּהֶם קְדֻשָּׁה כְּלָל. וְכֹהֵן יָכוֹל לְזַכּוֹתָן לְיִשְׂרָאֵל חֲבֵרוֹ דִּדְחִיקָא לֵיהּ שַׁעְתָּא.

וּבַזְּמַן הַזֶּה [כַּוָּנַת רַבֵּנוּ בְּחוּץ לָאָרֶץ, אֲבָל בְּאֶרֶץ יִשְׂרָאֵל נוֹהֵג גַּם בַּזְּמַן הַזֶּה], נוֹהֲגִין כְּרַבִּי אִלְעַי (חולין קלו ע״א) וְאֵין נוֹתְנִים. וְיֵשׁ מִיחִידֵי סְגֻלָּה שֶׁמַּחְמִירִין, וְרָאוּי וְנָכוֹן לַעֲשׂוֹת כֵּן, כְּדֵי לְקַיֵּם מִצְוַת־עֲשֵׂה זוֹ.

נב. מִצְוַת־עֲשֵׂה לִתֵּן לַכֹּהֵן רֵאשִׁית הַגֵּז

שֶׁנֶּאֱמַר (דברים יח, ד): ״וְרֵאשִׁית גֵּז צֹאנְךָ תִּתֶּן לוֹ״. וְשִׁעוּרוֹ מִדִּבְרֵי סוֹפְרִים, אֶחָד מִשִּׁשִּׁים. וְאֵינוֹ חַיָּב בָּזֶה אֶלָּא כְּבָשִׂים, וְהוּא שֶׁיִּהְיוּ חָמֵשׁ צֹאן, וְיִהְיֶה בַגִּיזָה שֶׁלָּהֶם לֹא פָּחוֹת מִמִּשְׁקַל כָּל אֶחָד שְׁנֵים־עָשָׂר סְלָעִים, שֶׁבֵּין הַכֹּל מִשְׁקָל שִׁשִּׁים סְלָעִים.

וְנוֹהֵג כְּמוֹ מַתָּנוֹת, וְכַנִּזְכָּר לְעֵיל בְּמִצְוַת־עֲשֵׂה נ״א.

נג. מִצְוַת־עֲשֵׂה לְקַדֵּשׁ בְּכוֹרוֹת פֶּטֶר רֶחֶם הַזְּכָרִים

שֶׁנֶּאֱמַר (שמות יג, ב): ״קַדֶּשׁ לִי כָל בְּכוֹר פֶּטֶר כָּל רֶחֶם בִּבְנֵי יִשְׂרָאֵל בָּאָדָם וּבַבְּהֵמָה״. וּמִצְוָה לְהַקְדִּישׁ בְּכוֹר בְּהֵמָה טְהוֹרָה, וְיֹאמַר: הֲרֵי זֶה קָדוֹשׁ, שֶׁנֶּאֱמַר (דברים טו, יט): ״תַּקְדִּישׁ לַה׳ אֱלֹהֶיךָ״. וְאִם לֹא הִקְדִּישׁוֹ, הֲרֵי זֶה מִתְקַדֵּשׁ מֵאֵלָיו.

וּבַזְּמַן הַזֶּה, הַבְּכוֹר יִרְעֶה עַד שֶׁיִּפֹּל בּוֹ מוּם, וְשַׁיָּךְ לַכֹּהֵן.

וְנוֹהֵג בִּזְכָרִים וּבִנְקֵבוֹת.

whatever in them. A *kohen* may also transmit them to an Israelite friend of his [a non-*kohen*] who is in pressing circumstances.

In the present time we follow R. Ila'i (Talmud Bavli, *Ḥullin* 136a) in practice and do not give them [to a *kohen* — i.e. in other lands; in Israel, though, it is observed in the present too]. There are certain exceptional individuals, however, who act stringently [and give them, in the Diaspora]; and it is fit and proper to do so, in order to fulfill this positive commandment.

52. It is a positive commandment to give the *kohen* the first of the wool

as Scripture says, *and the first of the fleece of your sheep you shall give him* (*D'varim* 18:4). Its proper measure by the law of the Sages is one part in sixty; and one has no duty for this except with sheep, and this provided there are five sheep [at least] each of which has a fleece not less in weight than twelve *s'la'im*, so that among them all there is a weight of sixty *s'la'im*.

It is in effect to the same extent as the "gifts," as written above, in §51.

53. It is a positive commandment to hallow firstborn males, that open a womb

as Scripture says, *Consecrate to Me every firstborn, whatever opens the womb among the children of Israel, both of man and of beast* (*Sh'moth* 13:2). And it is a religious duty to consecrate a firstborn pure [kosher] animal, saying, "This is hereby holy"; as Scripture states, *All the firstling males . . . you shall consecrate to Hashem your God* (*D'varim* 15:19). If one did not consecrate it, it is hallowed of itself.

At the present time [when there is no Sanctuary where it may be offered up] a firstling is to graze until it develops a defect, and it then belongs to a *kohen*. It applies to both man and woman.

נד. ◆ מִצְוַת־עֲשֵׂה שֶׁיִּפְדֶּה הַיִּשְׂרָאֵל אֶת בְּנוֹ הַבְּכוֹר לְאִמּוֹ הַיִּשְׂרְאֵלִית

שֶׁנֶּאֱמַר (במדבר יח, טו): ״אַךְ פָּדֹה תִפְדֶּה אֵת בְּכוֹר הָאָדָם״. וְהַפִּדְיוֹן הַזֶּה הוּא חָמֵשׁ סְלָעִים אוֹ מִטַּלְטְלִין שְׁוֵה חָמֵשׁ סְלָעִים, וְנוֹתֵן הַפִּדְיוֹן לַכֹּהֵן, וּדְמֵי הַפִּדְיוֹן הֵם חֻלִּין גְּמוּרִים. וְאִם אֲבִי הַבְּכוֹר הוּא כֹּהֵן אוֹ לֵוִי, אוֹ אִמּוֹ שֶׁל הַבְּכוֹר הִיא בַּת כֹּהֵן אוֹ בַת לֵוִי, פָּטוּר מִפִּדְיוֹן הַבֵּן. וּזְמַן פִּדְיוֹנוֹ הוּא לְאַחַר שְׁלֹשִׁים יוֹם לְלֵדָתוֹ, שֶׁנֶּאֱמַר (שם שם, טז): ״וּפְדוּיָו מִבֶּן חֹדֶשׁ תִּפְדֶּה״. וְאִם אֵין לוֹ אָב, מְחֻיָּב הוּא לִפְדּוֹת אֶת עַצְמוֹ לִכְשֶׁיַּגְדִּיל.

וְנוֹהֵג בְּכָל מָקוֹם וּבְכָל זְמַן.

נה. ◆ מִצְוַת־עֲשֵׂה לִפְדּוֹת פֶּטֶר חֲמוֹר זָכָר בְּשֶׂה

שֶׁנֶּאֱמַר (שמות לד, כ): ״וּפֶטֶר חֲמוֹר תִּפְדֶּה בְשֶׂה״. וְנוֹתֵן הַשֶּׂה לַכֹּהֵן, שֶׁנֶּאֱמַר (במדבר יח, טו): ״כָּל פֶּטֶר רֶחֶם וְגוֹ׳ יִהְיֶה לָּךְ״. וְכֹהֲנִים וּלְוִיִּם, פְּטוּרִים. וְאִם אֵין לוֹ שֶׂה לִפְדּוֹתוֹ, פּוֹדֵהוּ בְּשָׁוְיוֹ וְנוֹתֵן דָּמָיו לַכֹּהֵן. וְאִם הָיָה הַפֶּטֶר חֲמוֹר שָׁוֶה עֶשֶׂר סְלָעִים, יָכוֹל לִפְדּוֹתוֹ בְּשֶׂה שָׁוֶה דִינָר. וְכֹהֲנִים וּלְוִיִּם פְּטוּרִים מִזֶּה.

וְנוֹהֵג בְּכָל מָקוֹם וּבְכָל זְמַן, בִּזְכָרִים וּבִנְקֵבוֹת.

נו. ◆ מִצְוַת־עֲשֵׂה לַעֲרֹף פֶּטֶר חֲמוֹר זָכָר אִם לֹא פְּדָאָהוּ

שֶׁנֶּאֱמַר (שמות לד, כ): ״וְאִם לֹא תִפְדֶּה וַעֲרַפְתּוֹ״. עֲרִיפָה

54. It is a positive commandment that an Israelite is to redeem his son who is a firstborn to his Israelite mother

as Scripture says, *however, the firstborn son of a man you shall redeem* (*Bemidbar* 18:15). This redemption is for five *s'la'im* [shekels] or movable goods worth five *s'la'im*. The redemption fee is to be given to the *kohen*, and the money for the redemption is entirely non-holy. If the father of the firstborn son is a *kohen* or a Levite, or the mother of the firstborn is the daughter of a *kohen* or a Levite, he is free of the obligation of redeeming the son. The time for his redemption is after thirty days from his birth, as Scripture says, *And their redemption — from a month old you shall redeem them* (*Bemidbar* 18:16). If someone has no father, he has a duty to redeem himself when he grows up.

It is in effect everywhere, in every time.

55. It is a positive commandment to redeem a firstling male donkey for a lamb

as Scripture says, *And the firstling of a donkey you shall redeem with a lamb* (*Sh'moth* 34:20); and he gives the lamb to the *kohen*, since Scripture says, *Everything that opens the womb . . . shall be yours* (*Bemidbar* 18:15). *Kohanim* and Levites, however, are free of this obligation. If one has no lamb with which to redeem it, he may redeem it for its monetary value, giving its price to the *kohen*. If the firstling donkey was worth ten *s'la'im*, he may redeem it with a lamb worth a *dinar*; but *kohanim* and Levites are free of this obligation [too].

It is in effect everywhere, in every time, for both man and woman.

56. It is a positive commandment to break the neck of a firstling male donkey if it has not been redeemed

as Scripture says, *and if you will not redeem it, then you shall break its neck* (*Sh'moth* 34:20). "Breaking its neck" means

הוּא, שֶׁמַּכֵּהוּ בְּקוֹפִיץ בְּעָרְפּוֹ עַד שֶׁיָּמוּת. וְדַוְקָא בְּקוֹפִיץ, וְלֹא בְדָבָר אַחֵר וְלֹא בְמִיתָה אַחֶרֶת. וְאָסוּר בַּהֲנָאָה אַף לְאַחַר עֲרִיפָתוֹ; וְטָעוּן קְבוּרָה; וְאֶפְרוֹ אָסוּר.

וְנוֹהֵג בְּכָל מָקוֹם וּבְכָל זְמַן, בִּזְכָרִים וּבִנְקֵבוֹת. וְכֹהֲנִים וּלְוִיִּם, פְּטוּרִים.

נז. ♦ מִצְוַת־עֲשֵׂה לְהַפְרִישׁ חַלָּה מֵעִסָּה וּלְתִתָּהּ לַכֹּהֵן

שֶׁנֶּאֱמַר (במדבר טו, כ): "רֵאשִׁית עֲרִסֹתֵכֶם חַלָּה תָּרִימוּ". וְאֶחָד מֵחֲמִשָּׁה מִינֵי דָגָן, אִם יֵשׁ בְּעִסָּתוֹ מ"ג בֵּיצִים וְחֹמֶשׁ בֵּיצָה, חַיָּב בְּחַלָּה. וּבְחוּץ לָאָרֶץ מַפְרִישִׁין חַלָּה מִדִּבְרֵי סוֹפְרִים, שֶׁלֹּא תִשְׁתַּכַּח תּוֹרַת חַלָּה, וְשׂוֹרְפִין אוֹתָהּ. וּמִן הַתּוֹרָה, אֵין לָהּ שִׁעוּר, אֶלָּא כָל שֶׁהוּא חֲתִיכַת עִסָּה — פּוֹטֵר.

נח. ♦ מִצְוַת־עֲשֵׂה שֶׁהַכֹּהֲנִים יְבָרְכוּ אֶת יִשְׂרָאֵל

שֶׁנֶּאֱמַר (במדבר ו, כג־כו): "כֹּה תְבָרְכוּ אֶת בְּנֵי יִשְׂרָאֵל וְגוֹ' יְבָרֶכְךָ וְגוֹ' יָאֵר וְגוֹ' יִשָּׂא וְגוֹ'". וְאִם הוֹסִיף הַכֹּהֵן אֵיזֶה בְּרָכָה אַחֶרֶת, עוֹבֵר עַל לָאו דְ"לֹא תֹסֵף" (דברים יג, א; עיין בחלק הלאוין, לא־תעשה קנ"ט). וְאִם לֹא עָלָה הַכֹּהֵן בְּשָׁעָה שֶׁהַשְּׁלִיחַ צִבּוּר קוֹרֵא "כֹּהֲנִים", בִּטֵּל מִצְוַת־עֲשֵׂה זוֹ, וְעוֹבֵר עַל שָׁלֹשׁ מִצְווֹת: "כֹּה תְבָרְכוּ", "אָמוֹר לָהֶם", "וְשָׂמוּ אֶת

striking it with a butcher's hatchet at the back of its neck until it dies. It must be specifically with a butcher's hatchet and nothing else, and not by any other form of death. Any benefit from it is forbidden even after its neck is broken, and it requires burial, its ash being forbidden.

It is in effect everywhere, in every time, for both man and woman. *Kohanim* and Levites, though, are free of the obligation.

57. It is a positive commandment to separate a dough-cake from a batch of dough and give it to the *kohen*

as Scripture says, *Of the first of your dough you shall set apart ḥallah (a cake)* (*Bemidbar* 15:20). If it is one of the five species of grain [see §23] and in his dough there is the bulk of forty-three and a fifth eggs, one has the duty of separating *ḥallah*, a portion of the dough. In countries other than Israel, *ḥallah* has to be separated by the law of the Sages, so that the procedure of *ḥallah* should not be forgotten; and it is burned. By the law of the Torah there is no set amount for it, but any piece of dough whatever frees one of the obligation.

58. It is a positive commandment that the *kohanim* are to bless the Jewish people

as Scripture says, *Thus you shall bless the children of Israel . . . May Hashem bless you . . . May Hashem make His face shine upon you . . . May Hashem lift up His countenance . . .* (*Bemidbar* 6:23–26). If a *kohen* adds some other blessing, he transgresses the prohibition, *You shall not add* (*D'varim* 13:1) (see the section of the prohibitions, §159). If a *kohen* did not go up [before the holy ark to give the blessing] when the reader called out, "*kohanim*," he would disobey this positive commandment and violate three religious charges: *Thus you shall bless; you shall say to them; So they shall put My name* (*Bemidbar* 6:23, 27). But any *kohen* who gives the blessing will be blessed, as Scripture

שְׁמִי". וְכָל כֹּהֵן הַמְּבָרֵךְ — מִתְבָּרֵךְ, שֶׁנֶּאֱמַר (בראשית יב, ג): "וַאֲבָרְכָה מְבָרְכֶיךָ".

וְנוֹהֵג בְּכָל מָקוֹם וּבְכָל זְמַן.

נט. מִצְוַת־עֲשֵׂה שֶׁיִּטַּמֵּא כֹּהֵן לַקְּרוֹבִים

שֶׁנֶּאֱמַר (ויקרא כא, ב־ג): "לְאִמּוֹ וּלְאָבִיו וְלִבְנוֹ וּלְבִתּוֹ וּלְאָחִיו. וְלַאֲחֹתוֹ הַבְּתוּלָה וְגוֹ' לָהּ יִטַּמָּא". וְאַף שֶׁאָסוּר לַכֹּהֵן לִטַּמֵּא לִשְׁאָר מֵתִים, אֲבָל לַקְּרוֹבִים מְחֻיָּב לִטַּמֵּא. וּמִטַּמֵּא גַּם לְאִשְׁתּוֹ הַנְּשׂוּאָה. וְאָחִיו וַאֲחוֹתוֹ, הַיְנוּ דַּוְקָא מֵאָבִיו. וְנָשִׁים אֵינָן מְחֻיָּבוֹת לְהִטַּמְּאוֹת לַקְּרוֹבִים, אֶלָּא רְשׁוּת הוּא אֶצְלָן; וּצְרִיכוֹת לִנְהֹג אֲבֵלוּת. וְזֶה בְּעַצְמוֹ מִצְוַת אֵבֶל — שֶׁכָּל אֶחָד מִיִּשְׂרָאֵל חַיָּב לְהִתְאַבֵּל עַל אֶחָד מִשִּׁבְעָה קְרוֹבִים הַנִּזְכָּרִים לְעֵיל. וְיוֹם הָרִאשׁוֹן הוּא מִן הַתּוֹרָה, וּשְׁאָר יְמֵי אֲבֵלוּת הֵם מִדְּרַבָּנָן.

וְנוֹהֵג בְּכָל מָקוֹם וּבְכָל זְמַן.

ס. מִצְוַת־עֲשֵׂה לֶאֱהֹב כָּל אֶחָד מִיִּשְׂרָאֵל כְּגוּפוֹ

שֶׁנֶּאֱמַר (ויקרא יט, יח): "וְאָהַבְתָּ לְרֵעֲךָ כָּמוֹךָ". לָכֵן צָרִיךְ לָחוּס עַל גּוּף חֲבֵרוֹ וּמָמוֹנוֹ וּכְבוֹדוֹ, כְּמוֹ עַל עַצְמוֹ. וְהַמִּתְכַּבֵּד בִּקְלוֹן חֲבֵרוֹ, אֵין לוֹ חֵלֶק לָעוֹלָם הַבָּא. וּבִכְלַל מִצְוַת־עֲשֵׂה זוֹ — הֲבָאַת שָׁלוֹם בֵּין אָדָם לַחֲבֵרוֹ.

וְנוֹהֵג בְּכָל מָקוֹם וּבְכָל זְמַן, בִּזְכָרִים וּבִנְקֵבוֹת.

says, *And I will bless those who bless you* (*B'reshith* 12:3).

It is in effect everywhere, in every time.

59. It is a positive commandment that a *kohen* is to defile himself for close kin [in attending to their burial]

as Scripture says, *for his mother, and for his father, and for his son, and for his daughter, and for his brother. And for his virgin sister . . . for her he shall defile himself* (*Va-yikra* 21:2–3). Although a *kohen* is forbidden to become ritually unclean for other dead persons, for close kin however he has a duty to become defiled [in attending their burial]; and he is to defile himself also for his wife who is married [to him]. As for his brother and his sister, it applies specifically to those from the same father. Women are not duty-bound to become defiled for close kin, but the right to do so is theirs; and they have to observe mourning. This [commandment includes] within itself the religious duty of mourning: that everyone in Jewry has an obligation to mourn for each of the seven relations listed above. The first day [of mourning] is by the law of the Torah, while the other days of mourning are by the rule of the Sages.

It is in effect everywhere, in every time.

60. It is a positive commandment to bear affection for everyone in Jewry as for oneself

as Scripture says, *and you shall love your fellow as yourself* (*Va-yikra* 19:18). It is therefore necessary to have as much protective concern for another person's physical self, his items of monetary value and his esteem, as for one's own. If someone derives honor from another's disgrace, he has no share in the world-to-come. And included in this positive commandment is [the religious duty of] making peace between a man and his friend.

It is in effect everywhere, at every time, for both man and woman.

סא. מִצְוַת־עֲשֵׂה לֶאֱהֹב אֶת הַגֵּר

שֶׁנֶּאֱמַר (דברים י, יט): "וַאֲהַבְתֶּם אֶת הַגֵּר". וְזוֹהִי מִצְוָה נוֹסֶפֶת עַל "וְאָהַבְתָּ לְרֵעֲךָ כָּמוֹךָ" (ויקרא יט, יח), (שֶׁהֲרֵי הַגֵּר הוּא גַּם כֵּן בִּכְלַל יִשְׂרָאֵל). וְהַקָּדוֹשׁ בָּרוּךְ הוּא אוֹהֵב אֶת הַגֵּר, דִּכְתִיב (דברים י, יח): "וְאֹהֵב גֵּר לָתֶת לוֹ לֶחֶם וְשִׂמְלָה", וְנֶאֱמַר (שמות כג, ט): "וְאַתֶּם יְדַעְתֶּם אֶת נֶפֶשׁ הַגֵּר", וּפֵרוּשׁ "גֵּר" כָּאן, הוּא: שֶׁבָּא מֵאֶרֶץ אַחֶרֶת וּמֵעִיר אַחֶרֶת לָגוּר אִתָּנוּ*, וּמִכָּל שֶׁכֵּן גֵּר שֶׁנִּתְגַּיֵּר.

וְנוֹהֵג בְּכָל מָקוֹם וּבְכָל זְמַן, בִּזְכָרִים וּבִנְקֵבוֹת.

סב. מִצְוַת־עֲשֵׂה לְהַלְווֹת לַעֲנִיֵּי יִשְׂרָאֵל

שֶׁנֶּאֱמַר (שמות כב, כד): "אִם כֶּסֶף תַּלְוֶה אֶת עַמִּי", וְזֶה חוֹבָה. וּמִצְוָה זוֹ גְּדוֹלָה מִן הַצְּדָקָה וּמְחֻיֶּבֶת יוֹתֵר. וְהַתּוֹרָה הִקְפִּידָה עַל מִי שֶׁיִּמָּנַע מֵהַלְווֹת לֶעָנִי, שֶׁנֶּאֱמַר (דברים טו, ט): "וְרָעָה עֵינְךָ בְּאָחִיךָ הָאֶבְיוֹן וְגוֹ' וְהָיָה בְךָ חֵטְא". (ועיין בחלק הלאוין, לא־תעשה נ"ו.)

וְנוֹהֵג בְּכָל מָקוֹם וּבְכָל זְמַן, בִּזְכָרִים וּבִנְקֵבוֹת.

סג. מִצְוַת־עֲשֵׂה לְהָשִׁיב מַשְׁכּוֹן לִבְעָלָיו בְּעֵת צָרְכּוֹ

שֶׁנֶּאֱמַר (דברים כד, יג): "הָשֵׁב תָּשִׁיב לוֹ אֶת הָעֲבוֹט". וְאֶחָד

*הערת המו"ל: בספר החינוך, מצות אהבת הגר (מצוה תל"א), משמע שאין זו מצוה גמורה, אלא רק מדה טובה הנלמדת מן המצוה.

61. It is a positive commandment to bear affection for a *gér* (stranger, convert, proselyte)

as Scripture says, *You shall therefore love the* gér *(stranger)* (*D'varim* 10:19). This is a religious duty in addition to the precept, *you shall love your fellow as yourself* (*Va-yikra* 19:18) [§60] (since, plainly, a *gér* is also included in general Jewry). The Holy One, blessed is He, loves the *gér*, since it is written, *He loves the stranger, in giving him food and clothing* (*D'varim* 10:18); and it says, *and you know the heart of a stranger* (*Sh'moth* 23:9). The meaning of *gér* here is one who has come from another land or another city to live with us,* and all the more certainly a proselyte who has converted to Judaism.

It is in force everywhere and always, for both man and woman.

62. It is a positive commandment to lend money to the poor of Jewry

for Scripture says, *If you lend money to any of My people, to the poor with you* (*Sh'moth* 22:24), and this is a duty. This mitzvah is greater than charity, and more obligatory. The Torah disapproves severely of anyone who refuses to lend to a poor person, since it says, *and your eye may be evil against your needy brother . . . and it will be a sin for you* (*D'varim* 15:9) (and see the section of prohibitions, §56).

It applies in every place and time, for both man and woman.

63. It is a positive commandment to give a pledged (pawned) object back to its owner at the time that he needs it

as Scripture says, *you shall surely restore to him the pledge*

* *Séfer haḤinnuch*, §431 (the precept of love for converts) seems to present this not as an actual mitzvah, but rather as a good mode of behavior which is learned from the mitzvah. [Ed.]

הַמְּמַשְׁכֵּן חֲבֵרוֹ בְּבֵית דִּין, אוֹ שֶׁמַּשְׁכְּנוֹ בְּיָדוֹ בִּזְרוֹעַ, אוֹ מִדַּעַת הַלּוֹוֶה, חַיָּב בָּזֶה. וּמַחֲזִיר לוֹ אֶת הַכַּר בַּלַּיְלָה; וְכֵלִים שֶׁעוֹשֶׂה בָּהֶם מְלַאכְתּוֹ, אוֹ בְגָדִים שֶׁלּוֹבְשָׁם בַּיּוֹם — מַחֲזִירָם לוֹ בַּיּוֹם, עַל כָּל הַיּוֹם. וּמִי שֶׁעָבַר וְלֹא הֵשִׁיב הַמַּשְׁכּוֹן בִּזְמַנּוֹ, בִּטֵּל מִצְוַת־עֲשֵׂה זוֹ, וְעוֹבֵר עַל לָאו אֶחָד.

(ועיין בחלק הלאוין, לא־תעשה ס״א.)

סד. מִצְוַת־עֲשֵׂה לְהַשְׁמִיט מִלְוֶה בִּשְׁנַת הַשְּׁמִיטָּה

שֶׁנֶּאֱמַר (דברים טו, ב): ״שָׁמוֹט כָּל בַּעַל מַשֵּׁה יָדוֹ״. וְאִם הֶחֱזִיר לוֹ חוֹב שֶׁעָבְרָה עָלָיו שְׁבִיעִית לֹא יְקַבֵּל מִמֶּנּוּ, אֶלָּא יֹאמַר לוֹ: ״מְשַׁמֵּט אֲנִי״, שֶׁנֶּאֱמַר (שם): ״וְזֶה דְּבַר הַשְּׁמִטָּה״. וְאִם אָמַר לוֹ הַלּוֹוֶה: ״אַף עַל פִּי כֵן קַח״, יְקַבֵּל מִמֶּנּוּ.

וּמִן הַתּוֹרָה, שְׁמִיטַּת כְּסָפִים אֵינוֹ נוֹהֵג אֶלָּא בִזְמַן שֶׁיּוֹבֵל נוֹהֵג; וּמִדִּבְרֵי סוֹפְרִים, שֶׁיְּהֵא שְׁמִטַּת כְּסָפִים נוֹהֵג גַּם בַּזְּמַן הַזֶּה — שֶׁלֹּא תִשָּׁכַח תּוֹרַת שְׁמִטָּה מִיִּשְׂרָאֵל. וּפְרֶזְבּוּל מוֹעִיל לִשְׁמִטַּת כְּסָפִים בַּזְּמַן הַזֶּה, שֶׁלֹּא תְשַׁמֵּט.

וְנוֹהֵג בִּזְכָרִים וּבִנְקֵבוֹת.

סה. מִצְוַת־עֲשֵׂה שֶׁבַּעַל הַבַּיִת יַנִּיחַ לַפּוֹעֵל לֶאֱכֹל מִמַּה שֶּׁהוּא עוֹשֶׂה בְּדָבָר שֶׁגִּדּוּלוֹ מִן הָאָרֶץ

שֶׁנֶּאֱמַר (דברים כג, כה): ״כִּי תָבֹא בְּכֶרֶם רֵעֶךָ וְאָכַלְתָּ וְגוֹ׳״,

(*D'varim* 24:13). It is all one whether a person takes an object in pledge (pawn) from his fellow-man through the court or he takes it with his own hand (directly), by force or with the borrower's consent — he has this duty, and is to return him a pillow at night; and tools with which he does his work, or clothes that he wears in the daytime, he is to return him by day for the entire day. Whoever transgresses and does not return a pledged object at its proper time disobeys this positive commandment and violates one prohibition (see the section of negative commandments, §61).

64. It is a positive commandment to release (cancel) a loan in the year of *sh'mittah* (release)

as Scripture says, *every creditor shall release what he has lent his fellow* (*D'varim* 15:2). If he [a borrower] repays him [the creditor] a loan over which the seventh [*sh'mittah*] year has passed, he is not to take it from him but is rather to tell him, "I release it"; for Scripture says, *And this is the manner* [literally, *the spoken word*] *of the release* (*ibid.*). If the borrower then says, "Nevertheless, take it," he may accept it from him.

By the law of the Torah, the release of money obligations is in effect only at the time that the law of the jubilee year is in effect. But it is a decree of the Sages that the release of money obligations should be in force also in the present time, so that the law of release should not be forgotten by Jewry. However, a *prosbul* [a declaration in court after a loan is given, that the *sh'mittah* year is not to cancel it] is effective against the law of released money obligations at the present time, that [this loan] should not be cancelled.

It applies to both man and woman.

65. It is a positive commandment that an owner should allow the laborer to eat of what he is working at, when it is something that grows from the ground

since Scripture says, *When you come into your fellow's vineyard, then you may eat,* etc. (*D'varim* 23:25); and it says,

וְנֶאֱמַר (שם שם, כו): "כִּי תָבֹא בְּקָמַת רֵעֶךָ וְקָטַפְתָּ מְלִילֹת וְגוֹ'", וּמִפִּי הַשְּׁמוּעָה לָמְדוּ שֶׁבְּפוֹעֵל הַכָּתוּב מְדַבֵּר.

וְאוֹכֵל בֵּין בְּתָלוּשׁ בֵּין בִּמְחֻבָּר שֶׁעֲדַיִן לֹא נִגְמְרָה מְלַאכְתָּן, וְעַל יְדֵי מַעֲשֶׂה זֶה נִגְמְרָה הַמְּלָאכָה [לְמַעֲשֵׂר אוֹ לְחַלָּה]; וְהַיְנוּ, לֹא קֹדֶם גְּמַר מְלָאכָה, וְלֹא לְאַחַר גְּמַר מְלָאכָה, אֶלָּא בִּשְׁעַת גְּמַר מְלָאכָה. וּמִפְּנֵי הֲשָׁבַת אֲבֵדָה לַבְּעָלִים, אָמְרוּ חֲכָמִים (בבא מציעא צא ע"ב): שֶׁיִּהְיוּ הַפּוֹעֲלִים אוֹכְלִים בַּהֲלִיכָתָם מֵאוּמָן לְאוּמָן, וּבַחֲזִירָתָם מִן הַגַּת, כְּדֵי שֶׁלֹּא יִבָּטְלוּ מִמְּלַאכְתָּן וְיֵשְׁבוּ לֶאֱכֹל; אֶלָּא אוֹכְלִים בְּתוֹךְ הַמְּלָאכָה כְּשֶׁהֵם מְהַלְּכִים, וְאֵינָם מְבַטְּלִים מִמְּלַאכְתָּם.

הַשּׁוֹמֵר אֶת הַמְחֻבָּר אֵינוֹ אוֹכֵל כְּלָל, שֶׁהַשּׁוֹמֵר אֵינוֹ כְּעוֹשֶׂה מַעֲשֶׂה. וְהַשּׁוֹמֵר בְּתָלוּשׁ, אֵינוֹ אוֹכֵל מִדִּין תּוֹרָה אֶלָּא מֵהִלְכוֹת מְדִינָה.

וְנוֹהֵג בְּכָל מָקוֹם וּבְכָל זְמַן, בִּזְכָרִים וּבִנְקֵבוֹת.

סו. מִצְוַת-עֲשֵׂה לִתֵּן שְׂכַר שָׂכִיר בְּיוֹמוֹ

שֶׁנֶּאֱמַר (דברים כד, טו): "בְּיוֹמוֹ תִתֵּן שְׂכָרוֹ". וְגֵר תּוֹשָׁב [שֶׁקִּבֵּל עָלָיו לְקַיֵּם שֶׁבַע מִצְוֹת בְּנֵי נֹחַ], יֵשׁ בּוֹ גַּם כֵּן מִשּׁוּם "בְּיוֹמוֹ תִתֵּן שְׂכָרוֹ".

וְנוֹהֵג בְּכָל מָקוֹם וּבְכָל זְמַן, בִּזְכָרִים וּבִנְקֵבוֹת. (ועיין בחלק הלאוין, לא-תעשה ל"ח.)

When you come into your fellow's standing grain, you may pluck the ears, etc. (*ibid.* 26); and by the Oral Tradition it was learned that Scripture speaks here of a laborer.

He may eat produce that either was plucked or is attached, whose work has not been completed yet, and by this act [of his labor] the work is completed [to make it bear the obligation of tithes or of *ḥallah* — §57]. This means, then, not before the completion of the work nor after the completion of the work, but only during the completion of the work. And for the purpose of returning a loss [lost working time] to the owner, the Sages taught (Talmud, *Bava M'tzi'a* 91b) that the workers should eat while walking from one furrow to another, and while returning from the winepress [even though they are not actually working then], so that they should not stop their work and sit down to eat, but should rather eat during the labor while they are walking, and thus not be idle from their work.

If someone is guarding produce attached to the soil, he is not to eat [of it] at all, since a watchman is not like one doing actual labor. If a person is guarding reaped produce, he may eat [of it] not by the law of the Torah, but by the norms of the land.

It applies everywhere, in every time, for both man and woman.

66. It is a positive commandment to give the wages of a hired man on the same day

as Scripture says, *On his day you shall give him his hire* (*D'varim* 24:15). To a "resident stranger" [who undertook to observe the seven commandments imposed on all descendants of Noah] this law also applies, that "on his day you shall give him his hire."

It is in effect everywhere and always, for both man and woman. (See the section of prohibitions, §38.)

סז. מִצְוַת-עֲשֵׂה לָדוּן דִּינֵי מִקָּח וּמִמְכָּר בָּעִנְיָן שֶׁצִּוְּתָה הַתּוֹרָה עָלָיו

כְּלוֹמַר, שֶׁיֵּשׁ צְדָדִין שֶׁיִּתְקַיֵּם הַמֶּכֶר בֵּין מוֹכֵר לְלוֹקֵחַ, וְיֵשׁ צְדָדִין שֶׁאֵין לוֹ קִיּוּם — וְהִיא חוֹבָה עָלֵינוּ לָדוּן בֵּינֵיהֶם כְּמִצְוַת הַתּוֹרָה. וּבָאָה מִצְוָה מְיֻחֶדֶת עַל זֶה בְּפָרָשָׁה מְיֻחֶדֶת (ויקרא כה, יד): "וְכִי תִמְכְּרוּ מִמְכָּר לַעֲמִיתֶךָ אוֹ קָנֹה מִיַּד עֲמִיתֶךָ וְגוֹ'", מִפְּנֵי שֶׁהוּא דָבָר תְּמִידִי אֶל הַבְּרִיּוֹת, שֶׁאִי אֶפְשָׁר לִבְנֵי אָדָם לִחְיוֹת אֲפִלּוּ יוֹם אֶחָד זוּלָתוֹ. וְקַרְקַע נִקְנֵית בְּכֶסֶף וּבִשְׁטָר וּבַחֲזָקָה; וּמִטַּלְטְלִין וּבְהֵמָה בִּמְשִׁיכָה, וְכָל שֶׁכֵּן בְּהַגְבָּהָה וְכַיּוֹצֵא בָזֶה.

וְנוֹהֵג בְּכָל מָקוֹם וּבְכָל זְמַן.

סח. מִצְוַת-עֲשֵׂה לְהָשִׁיב גְּזֵלָה אֲשֶׁר גָּזַל

שֶׁנֶּאֱמַר (ויקרא ה, כג): "וְהֵשִׁיב אֶת הַגְּזֵלָה אֲשֶׁר גָּזָל". הַגּוֹזֵל מִשָּׁוֶה פְּרוּטָה וּלְמַעְלָה — יַחֲזִיר לַנִּגְזָל; וְאִם מֵת הַנִּגְזָל — יַחֲזִיר הַגְּזֵלָה לַיּוֹרְשִׁים; וְאִם נֶאֶבְדָה הַגְּזֵלָה — נוֹתֵן דָּמֶיהָ. וּבִכְלַל מִצְוָה זוֹ, גַּם הַחְזָרַת גְּנֵבָה וְאוֹנָאָה.

וְנוֹהֵג בְּכָל מָקוֹם וּבְכָל זְמַן, בִּזְכָרִים וּבִנְקֵבוֹת.

סט. מִצְוַת-עֲשֵׂה לְהָשִׁיב אֲבֵדָה לְיִשְׂרָאֵל

שֶׁנֶּאֱמַר (דברים כב, א): "הָשֵׁב תְּשִׁיבֵם לְאָחִיךָ". וְאִם הִתְעַלֵּם,

67. **It is a positive commandment to render judgment on matters of buying and selling**

by the rule that the Torah ordained about it. This is to say that there are situations where a transaction between seller and buyer remains valid, and situations where it has no validity; and an obligation lies upon us to judge between them according to the instruction of the Torah. A specific commandment is given about this in a specific portion [of Scripture]: *And if you sell something to your fellow or buy from your fellow's hand,* etc. (*Va-yikra* 25:14) — because it [trade] is a constant thing among human beings, without which it is impossible for people to live even one day.

Land can be acquired as one's possession through money, a document, or demonstration of ownership; and movable goods or a domestic animal, by drawing [it to oneself] and all the more certainly by lifting it, and so forth.

It applies everywhere, in every time.

68. **It is a positive commandment to return whatever one has taken in robbery**

as Scripture says, *he shall restore what he took by robbery* (*Va-yikra* 5:23). If a person seizes by robbery something worth from a *p'rutah* [the smallest coin] and up, he is to return it to the robbed person. If the robbed man has died, he is to return the seized object to the heirs. If the seized object is lost, he is to give its value in money. Included in this commandment there is also the duty of returning anything gained by theft or swindle.

It applies in every place and time, for both man and woman.

69. **It is a positive commandment to return something lost to a member of Jewry**

as Scripture says, *you shall surely bring them back to your*

בִּטֵּל מִצְוַת־עֲשֵׂה וְעָבַר עַל לֹא־תַעֲשֶׂה (עיין בחלק הלאוין, לא־תעשה קפ״ב). לָקַח הָאֲבֵדָה וְלֹא הֱשִׁיבָהּ — בִּטֵּל גַּם כֵּן מִצְוַת־עֲשֵׂה זוֹ, וְעוֹבֵר עַל שְׁנֵי לָאוִין [לֹא־תַעֲשֶׂה ל״ה וקפ״ב]. אֲפִלּוּ לְרָשָׁע מִצְוָה לְהַחֲזִיר אֲבֵדָה, אֲבָל אוֹכֵל נְבֵלוֹת לְהַכְעִיס וּמְחַלֵּל שַׁבָּת בְּפַרְהֶסְיָא, הֲרֵי הוּא אֶפִּיקוֹרוֹס, וְאָסוּר לְהַחֲזִיר לוֹ אֲבֵדָה. אִם מָצָא דָּבָר שֶׁאֵינוֹ לְפִי כְבוֹדוֹ לְהִטַּפֵּל בָּהּ, וְאִלּוּ הָיָה שֶׁלּוֹ לֹא הָיָה מִטַּפֵּל בָּהּ — אֵינוֹ חַיָּב לְהִטַּפֵּל בָּהּ; וְאִם רוֹצֶה לַעֲשׂוֹת לִפְנִים מִשּׁוּרַת הַדִּין, עוֹשֶׂה, וְתָבוֹא עָלָיו בְּרָכָה.

וְכָתַב רַבֵּנוּ יוֹנָה: אִם מִצְוָה לְהִשְׁתַּדֵּל בְּהַצָּלַת מָמוֹן חֲבֵרוֹ, קַל וָחֹמֶר לְהִשְׁתַּדֵּל בְּהַצָּלַת חֲבֵרוֹ, לְהַצִּילוֹ בְּעֵת צָרָתוֹ.

וְנוֹהֵג בְּכָל מָקוֹם וּבְכָל זְמַן, בִּזְכָרִים וּבִנְקֵבוֹת.

ע. מִצְוַת־עֲשֵׂה לִפְרֹק מִבְּהֵמַת חֲבֵרוֹ הָרוֹבֶצֶת תַּחַת מַשָּׂאָהּ

שֶׁנֶּאֱמַר (שמות כג, ה): ״כִּי תִרְאֶה חֲמוֹר שֹׂנַאֲךָ רֹבֵץ תַּחַת מַשָּׂאוֹ וְגוֹ׳ עָזֹב תַּעֲזֹב עִמּוֹ״. אֲפִלּוּ הָיָה עָלֶיהָ מַשָּׂא יוֹתֵר מִן הָרָאוּי לָהּ. וְחַיָּב לִפְרֹק בְּחִנָּם וְלֹא בְשָׂכָר. זָקֵן וְאֵינוֹ לְפִי כְבוֹדוֹ, פָּטוּר. פָּרַק וְטָעַן וְחָזְרָה וְנָפְלָה, חַיָּב לִפְרֹק וְלִטְעֹן עוֹד פַּעַם אַחֶרֶת, וַאֲפִלּוּ מֵאָה פְעָמִים, שֶׁנֶּאֱמַר: ״עָזֹב תַּעֲזֹב עִמּוֹ״. וְצָרִיךְ לָלֶכֶת עִמּוֹ עַד פַּרְסָה, אֶלָּא אִם כֵּן אָמַר לוֹ בַּעַל הַמַּשָּׂא: אֵינֶנִּי צָרִיךְ לְךָ.

brother (*D'varim* 22:1). If one turned a blind eye to it, he disobeyed a positive commandment and violated a negative one (see the section of prohibitions, §182). If he took the lost object and did not return it, he also disobeyed this positive commandment, and violated two prohibitions (negative commandments §35 and §182). It is a religious duty to return a lost object even to a wicked person. But if someone eats carcasses [non-kosher meat] out of spite and defiance, or he violates the Sabbath openly, he is a heretic, and it is forbidden to return a lost object to him. If a person finds something with which it would be beneath his dignity to bother, and were it his own he would not trouble himself with it, he has no duty to bother with this. If, however, he wishes to act beyond the strict line or letter of the law, he may do so, and may blessing come upon him. Now, Rabbénu Yonah wrote: If it is a religious duty to devote effort to rescue another person's items of monetary value, how much more certainly must we expend effort to rescue him himself, to do something to save him in his time of distress.

It is in force everywhere, at every time, for both man and woman.

70. It is a positive commandment to unload from the domestic animal of one's fellow-man that is lying under its burden

as Scripture says, *If you see the donkey of one that you hate lying under its burden . . . you shall surely help with him* (*Sh'moth* 23:5) — even if there was on it a larger load than was fit for it. It is one's duty to unload it for nothing, without payment. However, an elder for whom it is beneath his dignity is free of the obligation. If one unloaded and reloaded [on the animal] and it fell down again, he is duty-bound to unload and load [on it] yet another time, and even a hundred times, as Scripture says (*ibid.*), *you shall surely help with him.* And he has to walk with him as far as a parasang [to make sure all is now in order] unless the owner of the load says, "I do not need you."

עא. מִצְוַת־עֲשֵׂה לִטְעֹן עִם חֲבֵרוֹ לְהָקִים הַמַּשָּׂא עַל הַבְּהֵמָה אוֹ עַל הָאָדָם

שֶׁנֶּאֱמַר (דברים כב, ד): "הָקֵם תָּקִים עִמּוֹ". וְאִם הִנִּיחוֹ וְהָלַךְ לוֹ וְלֹא עֲזָרוֹ, בִּטֵּל מִצְוַת־עֲשֵׂה. זָקֵן וְאֵינוֹ לְפִי כְבוֹדוֹ, פָּטוּר; אֲבָל אִם אִלּוּ הָיְתָה שֶׁלּוֹ הָיָה פּוֹרֵק וְטוֹעֵן — מְחֻיָּב גַּם כֵּן בְּשֶׁל חֲבֵרוֹ; וְאִם רוֹצֶה לַעֲשׂוֹת לִפְנִים מִשּׁוּרַת הַדִּין — פּוֹרֵק וְטוֹעֵן אֲפִלּוּ אֵינוֹ לְפִי כְבוֹדוֹ, וְתָבוֹא עָלָיו בְּרָכָה.

הָיוּ לְפָנָיו מִצְוַת פְּרִיקָה וּמִצְוַת טְעִינָה — פְּרִיקָה קוֹדֶם, מִשּׁוּם צַעַר בַּעֲלֵי חַיִּים. אֲבָל אִם הָיָה הַנִּצְרָךְ לִטְעֹן שׂוֹנֵא וְהָאַחֵר אוֹהֵב — מִצְוָה לִטְעֹן עִם הַשּׂוֹנֵא בַּתְּחִלָּה, כְּדֵי לָכֹף אֶת יִצְרוֹ. וְהַשּׂוֹנֵא הָאָמוּר כָּאן הוּא, שֶׁרָאָהוּ לְבַדּוֹ שֶׁעָבַר עֲבֵרָה, וְהִתְרָה בוֹ וְלֹא חָזַר, הֲרֵי זֶה מִצְוָה לִשְׂנֹאתוֹ, וְאַף עַל פִּי כֵן יִטְעַן וְיִפְרֹק עִמּוֹ, שֶׁמָּא יִשְׁהֶה בִּשְׁבִיל מָמוֹנוֹ וְיָבוֹא לִידֵי סַכָּנָה, וְרָאוּי לְהַצִּילוֹ, מֵאַחַר שֶׁמַּאֲמִין בְּעִקְּרֵי הַדָּת.

טְעִינָה — דַּוְקָא אִם מְשַׁלֵּם לוֹ שָׂכָר עֲבוּר זֶה, אֲבָל בְּחִנָּם אֵינוֹ מְחֻיָּב לִטְעֹן.

וּשְׁתֵּי מִצְווֹת אֵלּוּ שֶׁל פְּרִיקָה וּטְעִינָה, נוֹהֲגוֹת בְּכָל מָקוֹם וּבְכָל זְמַן, בִּזְכָרִים וּבִנְקֵבוֹת.

עב. מִצְוַת־עֲשֵׂה לְהוֹכִיחַ לַחוֹטֵא

שֶׁנֶּאֱמַר (ויקרא יט, יז): "הוֹכֵחַ תּוֹכִיחַ אֶת עֲמִיתֶךָ". וְיוֹדִיעוֹ

71. It is a positive commandment to load with one's fellow-man, to set a burden on a domestic animal or on the person

as Scripture says, *you shall surely help him lift them up* (*D'varim* 22:4). If one left him and went his own way without helping him, he disobeyed a positive commandment. However, an elder for whom it is beneath his dignity is free of the duty. If, though, had it been his own he would have unloaded and loaded [the burden] he is duty-bound likewise with [the burden] of his fellow-man. If he wishes to go beyond the strict line or letter of the law, he may unload or load it even if it is not in accord with his dignity; and may blessing come upon him.

If a person faced both the religious duty of unloading and the duty of loading, unloading takes priority because of the pain of the living creature. However, if the one needing his burden loaded was a person whom he disliked, and the other was a friend, it is a religious duty to help the disliked person load first, so as to discipline his inclination. The disliked person mentioned here means someone whom he saw, when alone, committing a sin, whereupon he warned him but the other did not turn back. It is then a religious duty to hate him. Nevertheless, he is to load and unload with him; for the other might delay on account of his items of monetary value and thus come into some danger, and it is proper to save him, since he does believe in the main principles of our faith.

Loading is to be done specifically if the other pays him a fee for it; but for nothing there is no obligation to do loading.

These two commandments, unloading [§70] and loading, are in effect everywhere, at every time, for both man and woman.

72. It is a positive commandment to upbraid a sinner

as Scripture says, *you shall surely rebuke your fellow* (*Va-yikra* 19:17). He is to inform him that he does himself a

שֶׁהוּא חוֹטֵא עַל עַצְמוֹ בְּמַעֲשָׂיו הָרָעִים, וְיוֹדִיעוֹ שֶׁאֵינוֹ אוֹמֵר לוֹ אֶלָּא לְטוֹבָתוֹ, לַהֲבִיאוֹ לְחַיֵּי עוֹלָם הַבָּא. וְחַיָּב לְהוֹכִיחוֹ עַד שֶׁיִּשְׁמַע לוֹ, אוֹ עַד שֶׁיַּכֵּהוּ וְיֹאמַר לוֹ: אֵינֶנִּי שׁוֹמֵעַ לְךָ. וְיֵשׁ מֵהָרִאשׁוֹנִים שֶׁמְּקִלִּין בְּדָבָר זֶה, וּסְבִירָא לְהוּ דְּדַי עַד נְזִיפָה. וַאֲפִלּוּ לַדֵּעָה הָרִאשׁוֹנָה — דַּוְקָא כְּשֶׁעוֹבֵר בְּאִסּוּר דְּאוֹרָיְתָא, וּכְשֶׁהוּא מְשַׁעֵר שֶׁיּוֹעִיל זֶה עַל לְהַבָּא, שֶׁלֹּא יַעֲשֶׂה עוֹד דָּבָר זֶה.

וַאֲפִלּוּ קָטָן לְגָדוֹל חַיָּב לְהוֹכִיחַ. וְכָל שֶׁבְּיָדוֹ לִמְחוֹת וְאֵינוֹ מוֹחֶה — הוּא נִתְפָּס בַּעֲוֹנוֹ.

וְאַף עַל פִּי שֶׁמִּצְוָה לְהוֹכִיחוֹ, לֹא יְבַיְּשֶׁנּוּ בַּתְּחִלָּה. וּמִצְוָה לְקַבֵּל תּוֹכֵחָה וְלֶאֱהֹב אֶת הַמּוֹכִיחַ. אִיתָא בְּחֲזַ״ל (שבת מ ע״א), דַּאֲפִלּוּ עַל אִסּוּר דְּרַבָּנָן, אִם עוֹבֵר בְּמֵזִיד, מֻתָּר לְמִיקְרֵיהּ ׳עֲבַרְיָנָא׳.

וְנוֹהֵג בְּכָל מָקוֹם וּבְכָל זְמַן, בִּזְכָרִים וּבִנְקֵבוֹת.

עג. מִצְוַת־עֲשֵׂה לָדוּן דִּין נְחָלוֹת

שֶׁנֶּאֱמַר (במדבר כז, ח): ״אִישׁ כִּי יָמוּת וּבֵן אֵין לוֹ וְהַעֲבַרְתֶּם אֶת נַחֲלָתוֹ לְבִתּוֹ״. וּבֵן קוֹדֵם לְבַת, וְכָל יוֹצְאֵי יְרֵכוֹ קוֹדְמִין לְבַת. בַּת וְכָל יוֹצְאֵי יְרֵכָהּ, קוֹדְמִין לַאֲבִי הַמֵּת. וּבִכְלַל מִצְוָה זוֹ, שֶׁיִּירַשׁ הַבְּכוֹר פִּי שְׁנַיִם בְּנַחֲלָה. וְהַבַּעַל יוֹרֵשׁ אֶת אִשְׁתּוֹ, מִדִּבְרֵי סוֹפְרִים; וְהוּא קוֹדֵם לַכֹּל בִּירוּשָּׁתָהּ.

וְנוֹהֵג בְּכָל מָקוֹם וּבְכָל זְמַן.

wrong by his evil acts; and he is to inform him that he is telling him this only for his own benefit, to bring him to life in the world-to-come. It is his duty to reprimand him until he listens to him, or until he strikes him and says, "I will not listen to you." There are some early authorities who are lenient about this, holding that it is enough until there is an angry retort [that the other gives us in rejecting our efforts]. But even the first view applies specifically when the person violates a prohibition by Torah law, and when he estimates that it will be effective for the future, that the other person will not do this thing again.

Even a person of lower stature is duty-bound to rebuke a person of higher stature. Whoever has it in his power to oppose [a sinner in his act] and does not do so, falls victim to the guilt of his sin.

Now, even though it is a religious duty to rebuke him [a sinner], he should not shame him first. It is a religious requirement to accept rebuke and to bear the chastiser affection. We find in the teachings of the Sages (Talmud Bavli, *Shabbath* 40a) that even if a person willfully violates a prohibition enacted by the Sages, it is permissible to call him a transgressor.

This applies everywhere, at every time, for both man and woman.

73. **It is a positive commandment to render judgment about heritages [inheritances of landed property]**

as Scripture says, *If a man dies and has no son, then you shall transfer his inheritance to his daughter* (*Bemidbar* 27:8). However, a son has priority over a daughter; and all one's male descendants have priority over a daughter. A daughter and all her male descendants take priority over the dead man's father. Included in this commandment [is the rule] that a firstborn son is to inherit a double share of the legacy. And a husband inherits his wife's property by the law of the Sages, taking precedence over all others in her legacy.

It is in effect everywhere, in every time.

עד. ◆ מִצְוַת־עֲשֵׂה שֶׁל שִׁלּוּחַ הַקֵּן

וְהוּא: הַמּוֹצֵא קֵן צִפּוֹר בַּדֶּרֶךְ, וְהָאֵם רוֹבֶצֶת עַל הָאֶפְרֹחִים אוֹ עַל הַבֵּיצִים, וְרוֹצֶה לְקַחְתָּם — צָרִיךְ לְשַׁלֵּחַ אֶת הָאֵם מִקֹּדֶם וְאַחַר כָּךְ לִקַּח אוֹתָם, שֶׁנֶּאֱמַר (דברים כב, ז): "שַׁלֵּחַ תְּשַׁלַּח אֶת הָאֵם", וְאַחַר כָּךְ "וְאֶת הַבָּנִים תִּקַּח לָךְ".

וְאֹפֶן הַשִּׁלּוּחַ הוּא: שֶׁאוֹחֵז בִּכְנָפֶיהָ וּמַפְרִיחָהּ. שִׁלְּחָהּ וְחָזְרָה, אֲפִלּוּ כַּמָּה פְּעָמִים — חַיָּב לְשַׁלְּחָהּ. הָיְתָה מְעוֹפֶפֶת — אִם כְּנָפֶיהָ נוֹגְעוֹת בַּקֵּן, חַיָּב לְשַׁלֵּחַ; וְאִם לָאו, פָּטוּר מִלְּשַׁלֵּחַ.

שִׁלּוּחַ הַקֵּן אֵינוֹ נוֹהֵג אֶלָּא בְעוֹף טָהוֹר וְשֶׁאֵינוֹ מְזֻמָּן, [הַיְנוּ שֶׁמָּצָא אוֹתָם בַּדֶּרֶךְ, בְּכָל עֵץ אוֹ עַל הָאָרֶץ]. וְאֶפְרֹחִים — דַּוְקָא שֶׁאֵינָם מַפְרִיחִים עֲדַיִן, וּצְרִיכוֹת לְאִמָּן. וּבֵיצִים — שֶׁאֵינָן מוּזָרוֹת. אִם עָבַר, וְלָקַח הָאֵם עִם הַבָּנִים — יְקַיֵּם הָעֲשֵׂה וִישַׁלַּח הָאֵם; וְאִם שָׁחַט הָאֵם אוֹ שֶׁמֵּתָה קֹדֶם שֶׁשִּׁלְּחָהּ, שֶׁאֵינוֹ יָכוֹל שׁוּב לְקַיֵּם הָעֲשֵׂה, עָבַר עַל לֹא־תַעֲשֶׂה. וְכֵן אִם בָּא אַחֵר וְחָטַף הָאֵם מִיָּדוֹ וְשִׁלְּחָהּ, אוֹ שֶׁבָּרְחָה מִתַּחַת יָדוֹ שֶׁלֹּא מִדַּעְתּוֹ — לוֹקֶה, שֶׁהֲרֵי לֹא קִיֵּם הָעֲשֵׂה. נָטַל הָאֵם וְקִצֵּץ כְּנָפֶיהָ כְּדֵי שֶׁלֹּא תָעוּף, וְשִׁלְּחָהּ — מַכִּין אוֹתוֹ מַכּוֹת מַרְדּוּת, וּמַשְׁהֶה אוֹתָהּ אֶצְלוֹ עַד שֶׁיִּגְדְּלוּ כְנָפֶיהָ, וּמְשַׁלְּחָהּ.

וְנוֹהֵג בְּכָל מָקוֹם וּבְכָל זְמַן, בִּזְכָרִים וּבִנְקֵבוֹת.

74. The positive commandment of "sending away from the nest"

which means that if someone finds a bird's nest on the way, with the mother-bird sitting on the fledglings or on the eggs, and he wishes to take them, he has to send away the mother-bird first and take them afterward; for Scripture says, *you shall surely send the dam away* (*D'varim* 22:7), and afterward, *and the young you may take for yourself* (*ibid.*).

The way to send it off is by taking hold of its wings and making it fly. If one sent it away and it returned, even many times, he is yet obligated to send it off. If it was flying about, if its wings touched the nest he would have the duty to send it away; and if not he would be free of any obligation to send it off.

The requirement of "sending away from the nest" applies only with a pure [kosher] fowl, and one which is not prepared [not in his possession — which means that a person finds it on the way in some tree or on the ground]; and specifically with fledglings which do not fly as yet and need their mother-bird, or with eggs that are not infertile and rotting. If a person transgresses and takes the mother-bird with the young, he is to fulfill the positive commandment and send the dam off. If he ritually slew the mother-bird or it died before he sent it off, so that he can no longer fulfill the positive commandment, he has thus violated a negative commandment [§189]. So likewise if someone came along and seized the mother-bird from his hand and sent it away, or it fled out of his hand without his knowledge [against his wish] — he is to receive whiplashes [for violating a negative commandment, §189], since he plainly did not observe the positive commandment. If he took the mother-bird and clipped its wings so that it could not fly, and then he sent it off, he should be given whiplashes for disobedience, and he is to keep it with him until its wings grow back, and then he is to send it away.

It is in force everywhere, at every time, for both man and woman.

עה. מִצְוַת־עֲשֵׂה לַעֲשׂוֹת מַעֲקֶה לְגַגּוֹ וּלְהָסִיר כָּל מִכְשׁוֹל מִבֵּיתוֹ

שֶׁנֶּאֱמַר (דברים כב, ח): "וְעָשִׂיתָ מַעֲקֶה לְגַגֶּךָ וְלֹא תָשִׂים דָּמִים בְּבֵיתֶךָ וְגוֹ'". וְכָל הַמַּנִּיחַ גַּגּוֹ בְּלֹא מַעֲקֶה, בִּטֵּל מִצְוַת־עֲשֵׂה. וְכֵן כָּל דָּבָר שֶׁיֵּשׁ בּוֹ מִכְשׁוֹל סַכָּנַת מָוֶת, כְּגוֹן בְּאֵר אוֹ בוֹר, צָרִיךְ לַעֲשׂוֹת מְחִצָּה לְפָנָיו גָּבֹהַּ עֲשָׂרָה טְפָחִים; וּצְרִיכָה שֶׁתְּהֵא הַמְּחִצָּה חֲזָקָה, לְהִשָּׁעֵן עָלֶיהָ וְלֹא תִפֹּל. וְאָסוּר לְגַדֵּל כֶּלֶב רַע בְּתוֹךְ בֵּיתוֹ. וְכָתַב בְּ'סֵפֶר חֲרֵדִים': וּבְשׂוּמוֹ עַל לֵב בְּכָל יוֹם מִצְוָה זוֹ וְיִרְאֶה אִם צָרִיךְ תִּקּוּן, נֶחְשָׁב לוֹ כְּאִלּוּ מְקַיֵּם הַמִּצְוָה בְּכָל יוֹם.

וְנוֹהֵג בְּכָל מָקוֹם וּבְכָל זְמַן, בִּזְכָרִים וּבִנְקֵבוֹת.

עו. מִצְוַת־עֲשֵׂה לִזְכֹּר מַעֲשֶׂה שֶׁעָשָׂה לָנוּ עֲמָלֵק

שֶׁנֶּאֱמַר (דברים כה, יז): "זָכוֹר אֵת אֲשֶׁר עָשָׂה לְךָ עֲמָלֵק". וְהַיְנוּ, לִזְכֹּר בַּפֶּה מַעֲשָׂיו הָרָעִים וַאֲרִיבָתוֹ עָלֵינוּ, כְּדֵי לְעוֹרֵר לִבֵּנוּ לִשְׂנֹא אוֹתוֹ.

וְנוֹהֵג בְּכָל מָקוֹם וּבְכָל זְמַן, בִּזְכָרִים וּבִנְקֵבוֹת.

עז. מִצְוַת־עֲשֵׂה לְהַכְרִית זַרְעוֹ שֶׁל עֲמָלֵק

שֶׁנֶּאֱמַר (דברים כה, יט): "תִּמְחֶה אֶת זֵכֶר עֲמָלֵק". וַאֲנַחְנוּ לֹא נֵדַע מִי הוּא עֲמָלֵק, עַד אֲשֶׁר יָבוֹא אֵלִיָּהוּ הַנָּבִיא וְיוֹדִיעַ לָנוּ מִי הוּא, וְאָז נִמְחֶה אֶת זִכְרוֹ מִתַּחַת הַשָּׁמַיִם.

75. It is a positive commandment to make a parapet about one's roof, and to remove every stumbling-block and possible cause of accident from one's house

for Scripture says, *then you shall make a parapet for your roof, that you shall not bring blood upon your house,* etc. (*D'varim* 22:8). Whoever leaves his roof without a parapet disobeys a positive commandment. So too with anything that constitutes a stumbling-block, posing a danger of death, such as a well or a pit: A barrier ten handbreadths high has to be made about it, and the barrier has to be strong enough to allow leaning on it without its collapsing. It is also forbidden to raise a bad [vicious] dog in one's house. In *Séfer Ḥarédim* it is written: When one bears this religious duty in mind every day, and sees if it requires any repair or improvement, it will be reckoned for him as though he fulfills the duty every day.

It is in force everywhere, in every time, for both man and woman.

76. It is a positive commandment to remember the action that Amalek took against us

as Scripture says, *Remember what Amalek did to you* (*D'varim* 25:17). This means to remember orally, in spoken words, his evil deeds and his ambush against us, so as to bestir our heart to hate him.

It applies everywhere, in every time, for both man and woman.

77. It is a positive commandment to decimate the descendants of Amalek

as Scripture says, *you shall blot out the remembrance of Amalek* (*D'varim* 25:19). However, we do not know who are the people of Amalek, until Elijah the prophet will come and inform us who they are; and then we will wipe out all remembrance of him from under heaven. May Hashem

וַה׳ יְזַכֵּנוּ לִרְאוֹת בְּבִיאַת אֵלִיָּהוּ הַנָּבִיא וּמְשִׁיחַ צִדְקֵנוּ בִּמְהֵרָה בְּיָמֵינוּ, אָמֵן.

תַּמּוּ כָּל הַמִּצְווֹת־עֲשֵׂה הַנְּהוּגוֹת בַּזְּמַן הַזֶּה
וּמִסְפָּרָם שִׁבְעִים וְשִׁבְעָה
״וחיו בהם״ סִימָן

grant us to see the arrival of Elijah the Prophet and our righteous Messiah, speedily in our time; *amen.*

All the positive commandments in effect at the present time have been completed, their number being seventy-seven...

חֵלֶק שֵׁנִי
חֵלֶק הַמִּצְווֹת לֹא־תַעֲשֶׂה

א. מִצְוַת לֹא־תַעֲשֶׂה שֶׁלֹּא לֶאֱכֹל גִּיד הַנָּשֶׁה

שֶׁנֶּאֱמַר (בראשית לב, לג): "עַל כֵּן לֹא יֹאכְלוּ בְנֵי יִשְׂרָאֵל אֶת גִּיד הַנָּשֶׁה". וְנוֹהֵג בִּבְהֵמָה וְחַיָּה הַטְּהוֹרִין, וְנוֹהֵג בִּשְׁלִיל — בְּיָרֵךְ יָמִין וּבְיָרֵךְ שְׂמֹאל. וּשְׁנֵי גִידִין הֵם: הַפְּנִימִי, הַסָּמוּךְ לָעֶצֶם שֶׁל הַכַּף, אָסוּר מִן הַתּוֹרָה; וּשְׁאָר הַגִּיד הַפְּנִימִי מַה שֶּׁאֵינוֹ עַל הַכַּף, וְהַגִּיד הָעֶלְיוֹן כֻּלּוֹ, וְהַחֵלֶב שֶׁעֲלֵיהֶן וְשֶׁעַל גִּיד הַנָּשֶׁה, וּשְׁאָר גִּידִין וּקְרוּמִין, אָסוּר מִדִּבְרֵי סוֹפְרִים. אָכַל גִּיד הַנָּשֶׁה מִנְּבֵלָה אוֹ טְרֵפָה, עוֹבֵר בִּשְׁנֵי לָאוִין (שלא לאכול גיד הנשה, ושל נבלה או טרפה). גִּיד מֻתָּר בַּהֲנָאָה מִדִּבְרֵי הַקַּבָּלָה.

וְנוֹהֵג בְּכָל מָקוֹם וּבְכָל זְמַן, בִּזְכָרִים וּבִנְקֵבוֹת.

ב. מִצְוַת לֹא־תַעֲשֶׂה שֶׁלֹּא יֵרָאֶה חָמֵץ בִּרְשׁוּת יִשְׂרָאֵל כָּל שִׁבְעַת יְמֵי הַפֶּסַח

II

The Negative Commandments

1. It is a negative commandment not to eat the sinew of the thigh-vein

as Scripture states, *Therefore the children of Israel do not eat the sinew of the thigh-vein* (*B'réshith* 32:33). It applies to pure [kosher] domestic and untamed animals, and it applies also to an embryo — both to the right thigh and the left. There are two sinews: The inner one, near the socket [of the hip bone] is forbidden by the law of the Torah. The rest of the inner sinew, which is not about the socket, and the entire upper sinew, with the fat on them and on the sinew of the thigh-vein, along with the other sinews and membranes, are forbidden by the ruling of the Sages. If someone ate the sinew of the thigh-vein from *n'vélah* [an animal that did not die from proper *sheḥittah*, ritual slaughter], or *t'réfah* [an animal that was mortally wounded or ill], he violates two prohibitions (not to eat the sinew of the thigh-vein, and because it is *n'vélah* or *t'réfah*). By the Oral Tradition we know that it is permissible to derive [other] benefit from the sinew.

It is in force everywhere, at every time, for both man and woman.

2. It is a negative commandment that *ḥamétz* (leavened food) is not to be seen in the domain or possession of a member of Jewry, the entire seven days of Passover

שֶׁנֶּאֱמַר (שמות יג, ז): "וְלֹא יֵרָאֶה לְךָ חָמֵץ . . . שִׁבְעַת יָמִים".*

וְנוֹהֵג בְּכָל מָקוֹם וּבְכָל זְמַן, בִּזְכָרִים וּבִנְקֵבוֹת.

ג. מִצְוַת לֹא־תַעֲשֶׂה שֶׁלֹּא יִמָּצֵא חָמֵץ בִּרְשׁוּת יִשְׂרָאֵל

שֶׁנֶּאֱמַר (שמות יב, יט): "שִׁבְעַת יָמִים שְׂאֹר לֹא יִמָּצֵא בְּבָתֵּיכֶם". וְהַמַּנִּיחַ חָמֵץ בְּבֵיתוֹ בְּפֶסַח, כְּגוֹן שֶׁחִמֵּץ עִסָּה בְּפֶסַח וְהִנִּיחָהּ בְּבֵיתוֹ, אוֹ שֶׁקָּנָה חָמֵץ וְהִצְנִיעָהּ בְּמֵזִיד, לוֹקֶה שְׁתַּיִם (משום בל יראה ומשום בל ימצא), מִפְּנֵי שֶׁעָשָׂה מַעֲשֶׂה. אֲבָל הִנִּיחַ חָמֵץ בְּפֶסַח מִקֹּדֶם פֶּסַח, שֶׁלֹּא בִעֲרוֹ, עוֹבֵר בִּשְׁנֵי לָאוִין הַנִּזְכָּרִים לְעֵיל, אֲבָל אֵינוֹ לוֹקֶה, מִפְּנֵי שֶׁלֹּא עָשָׂה מַעֲשֶׂה. חָמֵץ שֶׁל עַכּוּ"ם הַנִּמְצָא בִּרְשׁוּת יִשְׂרָאֵל — אִם קִבֵּל עָלָיו הַיִּשְׂרָאֵל אַחֲרָיוּת, חַיָּב לְבַעֲרוֹ; וְאִם לֹא קִבֵּל עָלָיו אַחֲרָיוּת, לֵיכָּא אִסּוּרָא לְהַשְׁהוֹת, דִּכְתִיב (שמות יג, ז): "וְלֹא יֵרָאֶה לְךָ" — שֶׁלְּךָ אִי אַתָּה רוֹאֶה, אֲבָל אַתָּה רוֹאֶה שֶׁל אֲחֵרִים. וְאִם הָעַכּוּ"ם יָכוֹל לִתְבֹּעַ לְהַיִּשְׂרָאֵל בְּדִינֵי עַכּוּ"ם, אֲפִלּוּ לֹא קִבֵּל עָלָיו אַחֲרָיוּת, הֲרֵי זֶה חַיָּב לְבַעֵר.

חָמֵץ שֶׁעָבַר עָלָיו הַפֶּסַח, אָסוּר בַּהֲנָאָה מִדִּבְרֵי סוֹפְרִים מִשּׁוּם קְנָס, מִשּׁוּם שֶׁעָבַר עַל לֹא יֵרָאֶה וְלֹא יִמָּצֵא, וַאֲפִלּוּ שְׁכָחָם בְּשׁוֹגֵג — אֲסָרוּהוּ.

וְנוֹהֵג בְּכָל מָקוֹם וּבְכָל זְמַן, בִּזְכָרִים וּבִנְקֵבוֹת.

*הערת המו"ל: הנה בשמות (שם) כתיב: "מצות יאכל את שבעת הימים ולא יראה לך חמץ וגו'". אבל, כנראה שה"חפץ חיים" העתיק את לשון הרמב"ם בספר המצוות (לא־תעשה ר'), והרמב"ם, כנראה, כתב את הדרשה ולא את לשון המקרא.

for Scripture says,* *no leavened bread shall be seen with you . . . seven days* (*Sh'moth* 13:7).

It is in force everywhere, in every time, for both man and woman.

3. It is a negative commandment that *ḥamétz* is not to be found in a Jew's domain or possession on Passover

as Scripture says, *Seven days leaven shall not be found in your houses* (*Sh'moth* 12:19). If someone leaves *ḥamétz* in his home on Passover — for example, if he lets dough become leavened on Passover and leaves it in his home, or he buys *ḥamétz* and puts it away willfully—he should receive whiplashes twice (over the prohibition on its being seen—§2, and the prohibition on its being found), because he has done a physical act [to violate them]. But if he let *ḥamétz* remain on Passover from before Passover, not having destroyed it, while he violates the two prohibitions noted above, he would not receive whiplashes, since he did no physical act. If the *ḥamétz* of a non-Jew is found on the premises of a Jew, if the Jew has accepted responsibility for it he is obligated to destroy it. If he did not accept responsibility for it, there is no prohibition against keeping it; for Scripture says, *no leavened bread shall be seen for you* (*Sh'moth* 13:7): yours you may not see, but you may see that of others. If, however, the non-Jew can sue the Jew for it according to a non-Jewish law, then even if he did not accept responsibility for it, he is duty-bound to destroy it.

If *ḥamétz* has thus remained through Passover, it is forbidden to have any benefit from it, by the law of the Sages, as a penalty because the two prohibitions, against its being seen and being found in a Jew's domain, have been violated. Even if it was forgotten inadvertently, the Sages declared it forbidden.

It is in force everywhere, in every time, for both man and woman.

* The verse in *Sh'moth* 13:7 actually reads, *Unleavened bread shall be eaten for seven days, and no leavened bread shall be seen with you . . . in all your borders*. Evidently, however, it was thus copied from *Séfer haMitzvoth*, negative precept 200. [Ed.]

ד. מִצְוַת לֹא־תַעֲשֶׂה שֶׁלֹּא לֶאֱכֹל חָמֵץ בְּפֶסַח

שֶׁנֶּאֱמַר (שמות יג, ג): "וְלֹא יֵאָכֵל חָמֵץ". וַאֲפִלּוּ בַהֲנָאָה אָסוּר. וְהָאוֹכֵל כְּזַיִת חָמֵץ בְּפֶסַח — בְּמֵזִיד, חַיָּב כָּרֵת; וּבְשׁוֹגֵג, חַיָּב חַטָּאת. וְאֶחָד הָאוֹכֵל וְאֶחָד הַמְמַחֶה וְשׁוֹתֶה. וְהָאוֹכֵל פָּחוֹת מִכְּזַיִת, מַכִּין אוֹתוֹ מַכּוֹת מַרְדּוּת.

וְנוֹהֵג בְּכָל מָקוֹם וּבְכָל זְמַן, בִּזְכָרִים וּבִנְקֵבוֹת.

ה. מִצְוַת לֹא־תַעֲשֶׂה שֶׁלֹּא לֶאֱכֹל תַּעֲרֹבֶת חָמֵץ בְּפֶסַח

שֶׁנֶּאֱמַר (שמות יב, כ): "כָּל מַחְמֶצֶת לֹא תֹאכֵלוּ". בֵּין נִתְעָרֵב בְּמִינוֹ וּבֵין נִתְעָרֵב שֶׁלֹּא בְמִינוֹ — אִם יֵשׁ בּוֹ כְזַיִת בִּכְדֵי אֲכִילַת פְּרָס, עוֹבֵר עַל לָאו זֶה וְאֵין בּוֹ כָרֵת; וְאִם אֵין בּוֹ כְזַיִת בִּכְדֵי אֲכִילַת פְּרָס, מַכִּין אוֹתוֹ מַכּוֹת מַרְדּוּת.

וְנוֹהֵג בְּכָל מָקוֹם וּבְכָל זְמַן, בִּזְכָרִים וּבִנְקֵבוֹת.

ו. מִצְוַת לֹא־תַעֲשֶׂה שֶׁלֹּא לַעֲשׂוֹת מְלָאכָה בְּשַׁבָּת

שֶׁנֶּאֱמַר (שמות כ, י): "לֹא תַעֲשֶׂה כָל מְלָאכָה וְגוֹ'". וּמָנוּ חֲזַ"ל ל"ט אָבוֹת מְלָאכוֹת, וּשְׁנוּיוֹת הֵן בְּפֶרֶק 'כְּלָל גָּדוֹל' (שבת

4. It is a negative commandment to eat no *ḥamétz* on Passover

as Scripture says, *and no leavened bread shall be eaten* (*Sh'moth* 13:3). It is even forbidden to derive any benefit from it. If someone eats an olive's amount of *ḥamétz* on Passover — if deliberately, he would deserve *karéth* [Divine severance of existence]; if unwittingly, he should have to bring a *ḥattath* (sin-offering). It is all one whether a person eats it or dissolves it and drinks it. If someone eats less than an olive's amount of it, he should be given whiplashes of disobedience.

It is in force everywhere, in every time, for both man and woman.

5. It is a negative commandment to eat no mixture with *ḥamétz* on Passover

as Scripture says, *You shall eat nothing leavened* (*Sh'moth* 12:20). Whether it became mingled with its own kind of food or mingled with something not of its kind, if there is an olive's amount [of *ḥamétz*] in a quantity of food that can be eaten in the same time as half a loaf of bread, this prohibition is violated [by eating it] but there would be no punishment of *karéth* [Divine severance of existence]. If there is not an olive's amount [of *ḥamétz*] in a quantity of food that can be eaten in the same time as half a loaf, he who eats it should be beaten with whiplashes of disobedience.

It is in effect everywhere, in every time, for both man and woman.

6. It is a negative commandment to do no work on the Sabbath

as Scripture states, *you shall not do any work,* etc. (*Sh'moth* 20:10). The Sages of blessed memory listed thirty-nine major, primary kinds of forbidden labor, which are taught in the

עג ע״א). וְעַל הָאָבוֹת מְלָאכוֹת וְכֵן עַל תּוֹלְדוֹתֵיהֶן, חַיָּבִים סְקִילָה, וּבְמֵזִיד בְּלֹא הַתְרָאָה — כָּרֵת, וּבְשׁוֹגֵג — חַטָּאת. וְהַהֶפְרֵשׁ בֵּין אָבוֹת וְתוֹלָדוֹת אֵינוֹ אֶלָּא לְעִנְיַן קָרְבָּן. וּמְלָאכוֹת שֶׁהֵן שְׁבוּת דְּרַבָּנָן, שֶׁגָּזְרוּ עֲלֵיהֶם מִשּׁוּם גָּדֵר, חַיָּבִים עֲלֵיהֶם בְּמֵזִיד מַכּוֹת מַרְדּוּת.

וּמֻזְהָרִים אָנוּ עַל כָּל מְלָאכוֹת אֵלּוּ גַּם עַל בְּהֶמְתֵּנוּ. וַאֲמִירָה לְגוֹי לַעֲשׂוֹת מְלָאכָה, אָסוּר מִדִּבְרֵי סוֹפְרִים, וְנִקְרָא ׳שְׁבוּת׳. דְּחוּיָה שַׁבָּת אֵצֶל סַכָּנַת נְפָשׁוֹת. שָׁקוּל שַׁבָּת כְּנֶגֶד כָּל הַמִּצְווֹת, כִּי אוֹת הִיא בֵּין הַשֵּׁם יִתְבָּרַךְ וּבֵין בְּנֵי יִשְׂרָאֵל. וְהַמְחַלֵּל שַׁבָּת בְּמֵזִיד בְּפַרְהֶסְיָא, הֲרֵי הוּא כְּעַכּוּ״ם לְכָל דָּבָר. וְהַנָּבִיא מְשַׁבֵּחַ לִמְשַׁמֵּר שַׁבָּת, שֶׁנֶּאֱמַר (ישעיה נו, ב): ״אַשְׁרֵי אֱנוֹשׁ יַעֲשֶׂה זֹּאת וְגוֹ׳ שֹׁמֵר שַׁבָּת מֵחַלְּלוֹ״.

וְנוֹהֵג בְּכָל מָקוֹם וּבְכָל זְמַן, בִּזְכָרִים וּבִנְקֵבוֹת.

ז • מִצְוַת לֹא־תַעֲשֶׂה שֶׁלֹּא לָצֵאת בְּשַׁבָּת חוּץ לַתְּחוּם

שֶׁנֶּאֱמַר (שמות טז, כט): ״אַל יֵצֵא אִישׁ מִמְּקֹמוֹ בַּיּוֹם הַשְּׁבִיעִי״. וְזֶהוּ הַמְהַלֵּךְ חוּץ לָעִיר יוֹתֵר מִשְּׁנֵים־עָשָׂר מִיל, אֲפִלּוּ אַמָּה אַחַת — כְּנֶגֶד מַחֲנֵה יִשְׂרָאֵל שֶׁהָיָה בַּמִּדְבָּר — לוֹקֶה מִן הַתּוֹרָה. וְהַיּוֹצֵא חוּץ לְאַלְפַּיִם אַמָּה, שֶׁהוּא מִגְרַשׁ הָעִיר, לוֹקֶה מַכּוֹת מַרְדּוּת. וְזוֹהִי שִׁיטַת הָרִי״ף וְהָרַמְבָּ״ם. [וְיֵשׁ

seventh chapter of the Talmud tractate *Shabbath* (73a). For any of the primary labors, and so for any of their derivative kinds, the punishment deserved is death by stoning. If it was done deliberately, but there was no [prior] warning, the penalty is *karéth* [Divine severance of existence]; and if it was done unwittingly, a *ḥattath* (sin-offering) would be required. The difference between primary kinds of labor and the derivatives is only in regard to the [number of] animal offerings required. The punishment for willfully doing those kinds of labor which are *sh'vuth*, forbidden by the law of the Sages, who made this decree about them as a "fence," a protective measure, is whiplashes of disobedience.

About all these labors we are adjured also in regard to our domestic animals. To tell a non-Jew to do some labor is forbidden by the law of the Sages, and this is called *sh'vuth*. The Sabbath may be thrust aside [and labor done] where there is danger to human life. The Sabbath is equal in importance to all the mitzvoth, since it is a sign between the blessed Lord and the Jewish people. If someone violates the Sabbath willfully, flagrantly, he is like a heathen in every respect. The prophet, though, praises one who keeps the Sabbath, as Scripture states, *Happy is the man that does this . . . that keeps the Sabbath from desecrating it* (*Yesha'yahu* 56:2).

It applies in every place and time, for both man and woman.

7. It is a negative commandment not to go out on the Sabbath beyond the Sabbath limit

for Scripture states, *let no man go out of his place on the seventh day* (*Sh'moth* 16:29). This means that if one goes outside the city or town, even one cubit more than twelve mils (the distance corresponding to the length of the Israelites' camp in the wilderness), he is to receive whiplashes by the law of the Torah. Whoever goes out beyond 2,000 cubits, which is the area of open land about the town or city, is to be punished with whiplashes of disobedience. This is the view

כַּמָּה רִאשׁוֹנִים זַ״ל דִּסְבִירָא לְהוּ דַּאֲפִלּוּ כַּמָּה פַּרְסָאוֹת הֲוֵי מִדְּרַבָּנָן וְלֹא מִן הַתּוֹרָה.] וְהָאַלְפַּיִם אַמָּה הֵם מְרֻבָּעוֹת, כְּדֵי שֶׁיְּהֵא נִשְׂכָּר אֶת הַזָּוִיּוֹת. וּבָעִיר, מֻתָּר לְהַלֵּךְ בְּכֻלָּהּ, אֲפִלּוּ הִיא גְדוֹלָה מְאֹד.

וְנוֹהֵג בְּכָל מָקוֹם וּבְכָל זְמַן, בִּזְכָרִים וּבִנְקֵבוֹת.

ח. מִצְוַת לֹא־תַעֲשֶׂה שֶׁלֹּא לְהַעֲלוֹת עַל הַדַּעַת שֶׁיֵּשׁ שׁוּם אֱלֹהַּ אַחֵר זוּלַת הַשֵּׁם יִתְבָּרַךְ

שֶׁנֶּאֱמַר (שמות כ, ג): ״לֹא יִהְיֶה לְךָ אֱלֹהִים אֲחֵרִים עַל פָּנָי״. וְהַמַּעֲלֶה בְדַעְתּוֹ, חַס וְשָׁלוֹם, שֶׁיֵּשׁ שׁוּם אֱלֹהַּ אַחֵר זוּלָתוֹ, אוֹ אֵיזֶה שִׁתּוּף, חַס וְשָׁלוֹם, אוֹ שֶׁמַּעֲלֶה בְדַעְתּוֹ שֶׁיֵּשׁ שׁוּם מַמָּשׁוּת בַּעֲבוֹדָה זָרָה, חַס וְשָׁלוֹם — הֲרֵי זֶה כּוֹפֵר בָּעִקָּר.

וְלֹא יֹאמַר שׁוּם דִּבּוּר, חַס וְשָׁלוֹם, שֶׁיְּהֵא מַשְׁמָעוּתוֹ כְּפִירָה, חַס וְשָׁלוֹם, אוֹ אֵיזֶה הוֹדָאָה לַעֲבוֹדָה זָרָה — שֶׁהַמּוֹדֶה בַּעֲבוֹדָה זָרָה כְּכוֹפֵר בְּכָל הַתּוֹרָה כֻּלָּהּ, כִּי כּוֹפֵר בָּעִקָּר הוּא. וְחַיָּבִים אָנוּ לִמְסֹר נַפְשֵׁנוּ וּמְאֹדֵנוּ עַל זֶה, שֶׁכָּל הַדְּבָרִים הַנּוֹגְעִים בְּעִקַּר הַדָּת — חַיָּב לֵהָרֵג וְלֹא לַעֲבֹר.

וְנוֹהֵג בְּכָל עֵת וּבְכָל רֶגַע, בִּזְכָרִים וּבִנְקֵבוֹת.

ט. מִצְוַת לֹא־תַעֲשֶׂה שֶׁלֹּא לַעֲשׂוֹת עֲבוֹדָה זָרָה לַעֲבֹד

שֶׁנֶּאֱמַר (שמות כ, ד): ״לֹא תַעֲשֶׂה לְךָ פֶסֶל״. וְאִם עָבַר וְעָשָׂה — בֵּין שֶׁעָשָׂה בְעַצְמוֹ בֵּין שֶׁצִּוָּה לַעֲשׂוֹתָהּ — הֲרֵי זֶה

of R. Isaac Alfasi and Rambam [but there are many early authorities, of blessed memory, who hold that even if one walks many parasangs, it is only a violation of a law of the Sages and not a law of the Torah]. The 2,000 cubits are reckoned as square cubits, so as to gain the extra distance to the corners [in the square of 2,000 by 2,000 cubits]. Within the city it is permissible to walk through all of it, even if it is very large.

This is in force everywhere, in every time, for both man and woman.

8. It is a negative commandment to entertain no thought that there is any other god except the blessed God

as Scripture states, *You shall have no other gods before Me* (*Sh'moth* 20:3). Whoever entertains the thought in his mind (Heaven forbid) that there is any other god except Him, or some partner or associate (Heaven forbid); or he considers in his mind the thought that there is some substance to idol-worship (Heaven forbid) — he denies the very fundamental principle [of the one and only God].

One is not to utter any word whose sense is heresy (Heaven forbid), or some acknowledgment of idolatry (Heaven forbid). For if anyone acknowledges idol-worship, it is as though he denies heretically the entire Torah, since he denies the very fundamental principle. And we are duty-bound to be ready to give up our lives and our might over this; for in regard to all things that touch on the main principle of our faith, there is an obligation to accept death [if necessary] and not transgress.

This is in force at every occasion and every moment, for both man and woman.

9. It is a negative commandment to make no idol to worship

as Scripture says, *You shall not make yourself a graven image* (*Sh'moth* 20:4). If a person transgressed and made one, whether he fashioned it himself or he ordered it made, he

לוֹקֶה. וְאִם עָשָׂה בְּעַצְמוֹ לְעַצְמוֹ, לוֹקֶה שְׁתַּיִם (מִשּׁוּם לָאו זֶה, וּמִשּׁוּם "וֵאלֹהֵי מַסֵּכָה לֹא תַעֲשׂוּ לָכֶם" (ויקרא יט, ד)).

וְנוֹהֵג בְּכָל מָקוֹם וּבְכָל זְמַן, בִּזְכָרִים וּבִנְקֵבוֹת.

י. מִצְוַת לֹא־תַעֲשֶׂה שֶׁלֹּא לַעֲשׂוֹת עֲבוֹדָה זָרָה לְעָבְדָהּ, אֲפִלּוּ לְנָכְרִי

שֶׁנֶּאֱמַר (ויקרא יט, ד): "וֵאלֹהֵי מַסֵּכָה לֹא תַעֲשׂוּ לָכֶם". וְאִם עָבַר וְעָשָׂה, לוֹקֶה.

וְנוֹהֵג בְּכָל מָקוֹם וּבְכָל זְמַן, בִּזְכָרִים וּבִנְקֵבוֹת.

יא. מִצְוַת לֹא־תַעֲשֶׂה שֶׁלֹּא לְהִשְׁתַּחֲווֹת לַעֲבוֹדָה זָרָה

שֶׁנֶּאֱמַר (שמות כ, ה): "לֹא תִשְׁתַּחֲוֶה לָהֶם". וְאַף עַל פִּי שֶׁאֵין דֶּרֶךְ עֲבוֹדָתָהּ בְּכָךְ, הוֹאִיל שֶׁהִיא עֲבוֹדָה לְהַשֵּׁם יִתְבָּרַךְ, אִם עֲשָׂאָהּ לַעֲבוֹדָה זָרָה, חַיָּב סְקִילָה; וּבְמֵזִיד בְּלֹא הַתְרָאָה, חַיָּב כָּרֵת; וּבְשׁוֹגֵג, חַיָּב חַטָּאת. וְכֵן זוֹבֵחַ אוֹ זוֹרֵק אוֹ מַקְטִיר אוֹ מְנַסֵּךְ — הוֹאִיל וְהֵן עֲבוֹדוֹת לְהַשֵּׁם יִתְבָּרַךְ בַּמִּקְדָּשׁ, חַיָּב עֲלֵיהֶן אִם עֲשָׂאָן לַעֲבוֹדָה זָרָה, אֲפִלּוּ הֵן שֶׁלֹּא כְּדֶרֶךְ עֲבוֹדָתָן. וְיֵהָרֵג וְלֹא יַעֲבֹר.

נִתְפַּזְּרוּ לוֹ מָעוֹת, אוֹ אִם יָשַׁב לוֹ קוֹץ בְּרַגְלוֹ בִּפְנֵי עֲבוֹדָה זָרָה, הֲרֵי זֶה לֹא יִשְׁחֶה בִּפְנֵי עֲבוֹדָה זָרָה לִקַּח וְלִטְּלָם, מִפְּנֵי שֶׁנִּרְאֶה כְּמִשְׁתַּחֲוֶה לַעֲבוֹדָה זָרָה; אֶלָּא יִפְנֶה לַאֲחוֹרָיו אוֹ לִצְדָדִין.

should be given whiplashes. If he made it himself for himself, he should be given whiplashes twice (over this prohibition, and over the injunction [§10], *and do not make yourselves molten gods* (*Va-yikra* 19:4).

It is in force everywhere, at every time, for both man and woman.

10. It is a negative commandment not to make any idol to be worshipped [by himself or by anyone else], even for a heathen

as Scripture says, *and do not make yourselves molten gods* (*Va-yikra* 19:4). If a person transgressed and made one, he should receive whiplashes.

It is in effect everywhere, at every time, for both man and woman.

11. It is a negative commandment not to bow down and prostrate oneself to an idol

as Scripture says, *you shall not bow down to them* (*Sh'moth* 20:5). Since it is a form of worship of the blessed God, if one acted in this way toward an idol he would deserve death by stoning, even if this is not the usual way of worshipping it. If he did this deliberately without a [prior] warning, he would deserve *karéth* [Divine severance of existence]; and if it was done unwittingly, he would have a duty to bring a *ḥattath* (sin-offering). So also if someone ritually slays a sacrifice, sprinkles its blood, burns its parts, or pours a libation (drink-offering): Since these were forms of Divine service to the blessed God at the Sanctuary, he is punishable over them if he performed them toward an idol, even if they are not usual ways of worshipping it. One should accept death [if necessary] and not commit such transgression.

If one's coins became scattered, or if a thorn lodged in his foot, before an idol, he should not bow down before the idol to take it out or to gather them, because he will seem to be bowing down and prostrating himself to the idol. He should rather turn his back to it or turn aside.

וְנוֹהֵג בְּכָל מָקוֹם וּבְכָל זְמַן, בִּזְכָרִים וּבִנְקֵבוֹת.

יב. מִצְוַת לֹא־תַעֲשֶׂה שֶׁלֹּא לַעֲבֹד עֲבוֹדָה זָרָה בְּמַה שֶּׁדַּרְכָּהּ לְעָבְדָהּ

שֶׁנֶּאֱמַר (שמות כ, ה): "וְלֹא תָעָבְדֵם". אֲפִלּוּ הִיא דֶּרֶךְ בִּזָּיוֹן, כְּגוֹן פּוֹעֵר עַצְמוֹ לִפְעוֹר, אוֹ זוֹרֵק אֶבֶן לְמַרְקוּלִיס, הֲרֵי זֶה בִּסְקִילָה; וּבְלֹא הַתְרָאָה, חַיָּב כָּרֵת; וּבְשׁוֹגֵג, חַיָּב חַטָּאת. אֲבָל הַפּוֹעֵר לְמַרְקוּלִיס, פָּטוּר, שֶׁאֵין דֶּרֶךְ עֲבוֹדָתָהּ בְּכָךְ, וְהוּא דֶּרֶךְ בִּזָּיוֹן.

הַמְגַפֵּף וְהַמְנַשֵּׁק לַעֲבוֹדָה זָרָה, אוֹ מְכַבֵּד וּמַרְבִּיץ לְפָנֶיהָ, אוֹ שְׁאָר דְּבָרִים שֶׁל כָּבוֹד — אִם עֲשָׂאָם לְאֶחָד מִכָּל מִינֵי עֲבוֹדָה זָרָה, עוֹבֵר בְּלָאו; וְאֵין לוֹקִין עֲלֵיהֶם, מִפְּנֵי שֶׁהוּא לָאו שֶׁבִּכְלָלוֹת. צוּרוֹת הַמְקַלְּחוֹת מַיִם בִּפְנֵי עֲבוֹדָה זָרָה — לֹא יָשִׂים פִּיו עֲלֵיהֶן לִשְׁתּוֹת, שֶׁנִּרְאֶה כִּמְנַשֵּׁק לַעֲבוֹדָה זָרָה.

וְנוֹהֵג בְּכָל מָקוֹם וּבְכָל זְמַן, בִּזְכָרִים וּבִנְקֵבוֹת.

יג. מִצְוַת לֹא־תַעֲשֶׂה שֶׁלֹּא לִשָּׁבַע בְּשֵׁם עֲבוֹדָה זָרָה

שֶׁנֶּאֱמַר (שמות כג, יג): "וְשֵׁם אֱלֹהִים אֲחֵרִים לֹא תַזְכִּירוּ". וְלֹא יִנְדֹּר בְּשֵׁם עֲבוֹדָה זָרָה. וּבִכְלַל לָאו זֶה, שֶׁלֹּא לְהַשְׁבִּיעַ גּוֹי בְּיִרְאָתוֹ. וַאֲפִלּוּ לְהַזְכִּיר שֵׁם עֲבוֹדָה זָרָה שֶׁלֹּא כְּדֶרֶךְ שְׁבוּעָה, אָסוּר; דְּהַיְנוּ, לֹא יֹאמַר אָדָם לַחֲבֵרוֹ: "שְׁמֹר

This is in force everywhere and always, for both man and woman.

12. **It is a negative commandment not to worship an idol in the way that it is usually venerated**

since Scripture says, *and you shall not serve them* (*Sh'moth* 20:5). Even if it is in a disgraceful manner—for example, uncovering oneself to evacuate to Pe'or, or throwing a stone to Merkulis — it is punishable by stoning to death. If it was done without [prior] warning, it is punishable by *karéth* [Divine severance of existence]. And if it was done unwittingly, there is an obligation of a *ḥattath* (sin-offering). But if someone uncovered himself to Merkulis, he would be free of penalty, since such is not its usual way of worship, and it is an approach of disgrace.

If someone hugs and kisses an idol, or he sweeps and sands the ground before it, or he does some other act of homage, if he does them to any one of the species of idols he violates a prohibition, but whiplashes are not suffered for them, since it is a composite, omnibus prohibition [forbidding a variety of things, and for violating such a prohibition whiplashes are not given]. If there are faucets of water in sculptured images before some idolatry, one should not put his mouth to them to drink, since he would seem to be kissing an idol.

It is in force everywhere, at every time, for both man and woman.

13. **It is a negative commandment not to swear in the name of an idol**

as Scripture says, *and make no mention of the name of other gods* (*Sh'moth* 23:13). Neither should one make a vow in the name of an idol. Included, as well, in this prohibition is the rule not to make a heathen swear by his object of veneration. And even to mention an idol's name, not in the course of an oath, is forbidden. That is: a person should not tell his fellow-man, "Wait for me at the side of that

לִי בְּצַד עֲבוֹדָה זָרָה פְּלוֹנִית", וְכַיּוֹצֵא בָזֶה. וַעֲבוֹדָה זָרָה הַכְּתוּבָה בְּכִתְבֵי קֹדֶשׁ, מֻתָּר לְהַזְכִּיר שְׁמָהּ, כְּגוֹן 'פְּעוֹר', 'בֵּל' וּ'נְבוֹ' וְכַיּוֹצֵא בָזֶה. וְאָסוּר לִגְרֹם לַאֲחֵרִים שֶׁיִּנָּדְרוּ וְיִשָּׁבְעוּ בִשְׁמָהּ.

וְנוֹהֵג בְּכָל מָקוֹם וּבְכָל זְמַן, בִּזְכָרִים וּבִנְקֵבוֹת.

יד. ♦ מִצְוַת לֹא־תַעֲשֶׂה שֶׁלֹּא לְהַדִּיחַ עִיר מִיִּשְׂרָאֵל לַעֲבֹד עֲבוֹדָה זָרָה

שֶׁנֶּאֱמַר (שמות כג, יג): "לֹא יִשָּׁמַע עַל פִּיךָ". מֵסִית לְיָחִיד לַעֲבֹד עֲבוֹדָה זָרָה נִקְרָא 'מֵסִית', וּמֵסִית לְרַבִּים נִקְרָא 'מַדִּיחַ'. וּמִיתָתוֹ בִסְקִילָה, אַף עַל פִּי שֶׁהוּא לֹא עָבַד עֲבוֹדָה זָרָה אֶלָּא שֶׁהִדִּיחַ אוֹתָם עַד שֶׁעָבְדוּ הֵם.

וְנוֹהֵג בְּכָל מָקוֹם וּבְכָל זְמַן, בִּזְכָרִים וּבִנְקֵבוֹת.

טו. ♦ מִצְוַת לֹא־תַעֲשֶׂה שֶׁלֹּא לֶאֱכֹל וְלִשְׁתּוֹת מִתִּקְרֹבֶת עֲבוֹדָה זָרָה

שֶׁנֶּאֱמַר (שמות לד, יב־טו): "הִשָּׁמֶר לְךָ פֶּן תִּכְרֹת בְּרִית לְיוֹשֵׁב הָאָרֶץ וגו' וְקָרָא לְךָ וְאָכַלְתָּ מִזִּבְחוֹ". וּבִכְלָל זֶה, יַיִן שֶׁנִּתְנַסֵּךְ לַעֲבוֹדָה זָרָה. וְתִקְרֹבֶת עֲבוֹדָה זָרָה וְיַיִן נֶסֶךְ, אָסוּר בַּהֲנָאָה. הָאוֹכֵל אוֹ שׁוֹתֶה מִתִּקְרֹבֶת עֲבוֹדָה זָרָה וְיֵין נֶסֶךְ, כָּל שֶׁהוּא, לוֹקֶה. סְתָם יֵינָם, אָסוּר בַּהֲנָאָה מִדִּבְרֵי סוֹפְרִים; וְהַשּׁוֹתֶה רְבִיעִית, מַכִּין אוֹתוֹ מַכּוֹת מַרְדּוּת. וְיַיִן שֶׁל יִשְׂרָאֵל שֶׁנָּגַע בּוֹ עכו"ם בְּכַוָּנָה, אָסוּר בַּהֲנָאָה. וְאָסוּר לֶאֱכֹל בִּסְעֻדַּת עכו"ם שֶׁעָשָׂה לְמִשְׁתֵּה חֻפַּת בְּנוֹ אוֹ בִתּוֹ, בִּמְסִבָּתָם; אֲפִלּוּ אוֹכֵל מִשֶּׁלּוֹ, וְשַׁמָּשׁ שֶׁלּוֹ עוֹמֵד וּמְשַׁמֵּשׁ — אָסוּר.

certain idol," and so forth. When an idol is written in the sacred Scriptures, it is permissible to mention its name—for example, Pe'or, Bel, Nebo, and so forth. It is forbidden to cause others to vow or swear in its [an idol's] name.

This is in force everywhere, at every time, for both man and woman.

14. It is a negative commandment not to lead a town in Israel astray to worship in idolatry

since Scripture states, *neither let it be heard out of your mouth* (*Sh'moth* 23:13). If someone persuades an individual to worship in idolatry, he is called an inciter. If one persuades many, he is called one who leads astray; and his death should be by stoning, even if he did not worship an idol but only persuaded them until they worshipped it.

It is in effect everywhere, in every time, for both man and woman.

15. It is a negative commandment to eat or drink nothing from an offering to an idol

as Scripture says, *Take heed to yourself, lest you make a covenant with the inhabitants of the land . . . and one will call you, and you will eat of his sacrifice* (*Sh'moth* 34:12, 15). Included in this is wine that was offered up as a libation to an idol. From an offering to an idol and wine of libation it is forbidden to have any benefit. If a person eats or drinks anything at all from an offering to an idol or from wine of libation, he should receive whiplashes. From their [the heathens'] general, unspecified wine it is forbidden to have any benefit by the law of the Sages, and if one drinks a *r'vi'ith*, he should be flogged with whiplashes of disobedience. If a heathen deliberately touched the wine of a Jew, it is forbidden to have any benefit from it. And it is forbidden to eat at the feast of a heathen which he makes as a banquet at the wedding of his son or his daughter, in their company. Even if he eats his own food and a servant of his stands and attends upon him, it is forbidden.

וְנוֹהֵג בְּכָל מָקוֹם וּבְכָל זְמַן, בִּזְכָרִים וּבִנְקֵבוֹת.

יז. מִצְוַת לֹא-תַעֲשֶׂה שֶׁלֹּא לֵהָנוֹת מִצִּפּוּי עֲבוֹדָה זָרָה וּמִתַּכְשִׁיטֶיהָ

שֶׁנֶּאֱמַר (דברים ז, כה): "לֹא תַחְמֹד כֶּסֶף וְזָהָב עֲלֵיהֶם וְלָקַחְתָּ לָךְ".

וְנוֹהֵג בְּכָל מָקוֹם וּבְכָל זְמַן, בִּזְכָרִים וּבִנְקֵבוֹת.

טז. מִצְוַת לֹא-תַעֲשֶׂה שֶׁלֹּא לִפְנוֹת אַחַר עֲבוֹדָה זָרָה

שֶׁנֶּאֱמַר (ויקרא יט, ד): "אַל תִּפְנוּ אֶל הָאֱלִילִם". וְאָסוּר לִפְנוֹת אַחֲרֵיהֶם בְּדִבּוּר וּבְמַחֲשָׁבָה, אֲפִלּוּ בִרְאִיָּה. וְאָסוּר לִקְרוֹת בְּסִפְרֵיהֶם, אוֹ לִשְׁאֹל אוֹתָם אֵיךְ עוֹבְדִים — שֶׁמִּתּוֹךְ כָּךְ הוּא מַפְנֶה וּמְהַרְהֵר בָּהּ. וְכָל הַנִּפְנֶה אַחֲרֶיהָ בְּדֶרֶךְ שֶׁעוֹשֶׂה מַעֲשֶׂה — לוֹקֶה.

וְנוֹהֵג בְּכָל מָקוֹם וּבְכָל זְמַן, בִּזְכָרִים וּבִנְקֵבוֹת.

יח. מִצְוַת לֹא-תַעֲשֶׂה שֶׁלֹּא לֵהָנוֹת מֵעֲבוֹדָה זָרָה וּמִתִּקְרָבְתָּהּ וּמִן מְשַׁמְּשֶׁיהָ וְכָל הַנַּעֲשֶׂה בִּשְׁבִילָהּ

שֶׁנֶּאֱמַר (דברים ז, כו): "וְלֹא תָבִיא תוֹעֵבָה אֶל בֵּיתֶךָ", וְנֶאֱמַר (שם יג, יח): "וְלֹא יִדְבַּק בְּיָדְךָ מְאוּמָה מִן הַחֵרֶם". וְהַנֶּהֱנֶה בְּאֶחָד מִכָּל אֵלּוּ, עוֹבֵר בִּשְׁנֵי לָאוִין אֵלּוּ. וְכָל עֲבוֹדָה זָרָה שֶׁלֹּא נַעֲשָׂה בִידֵי אָדָם, כְּגוֹן הַר, אוֹ אִילָן הַנָּטוּעַ מִתְּחִלָּה לְפֵרוֹת וְלֹא לַעֲבוֹדָה זָרָה, אוֹ בְהֵמָה שֶׁלֹּא עָשָׂה בָהּ מַעֲשֶׂה לְשֵׁם עֲבוֹדָה זָרָה — הֵם מֻתָּרִים בַּהֲנָאָה, אֲבָל מַה שֶּׁעֲלֵיהֶם, אָסוּר בַּהֲנָאָה.

This is in effect in every place and time, for both man and woman.

16. It is a negative commandment not to turn one's attention to idolatry

as Scripture says, *Do not turn to idols* (*Va-yikra* 19:4). It is forbidden to turn one's attention to them in speech or thought, or even by observing. And it is forbidden to read their [idol-worshippers'] books or to ask them how they worship: for as a result of that one will give it his attention and reflect on it. Whoever turns toward it, in a way that involves some action, should receive whiplashes.

It is in effect everywhere, at every time, for both man and woman.

17. It is a negative commandment to have no benefit from any decoration of an idol or from its ornaments

as Scripture states, *you shall not covet the silver or the gold that is on them and take it for yourself* (*D'varim* 7:25).

This is in force everywhere and always, for both man and woman.

18. It is a negative commandment to have no benefit from an idol, from its offering or its attendants, or anything done on its behalf

as Scripture says, *and you shall not bring an abomination into your house* (*D'varim* 7:26); and it says further, *and nothing of the banned, proscribed matter shall cling to your hand* (*ibid.* 13:18). If a person derives benefit from any one of these, he violates these two prohibitions. Any object of idol-worship that was not made by human hands, such as a hill or a tree that was planted originally for bearing fruit and not for idolatry, or a domestic animal to which no act was done for the purpose of idolatry — it is permissible to have benefit from all of them; but from what is upon them, it is forbidden to benefit.

וְנוֹהֵג בְּכָל מָקוֹם וּבְכָל זְמַן, בִּזְכָרִים וּבִנְקֵבוֹת.

יט. מִצְוַת לֹא־תַעֲשֶׂה שֶׁלֹּא לְהִתְחַתֵּן עִם עַכּוּ"ם

שֶׁנֶּאֱמַר (דברים ז, ג): "וְלֹא תִתְחַתֵּן בָּם".
וְנוֹהֵג בְּכָל מָקוֹם וּבְכָל זְמַן, בִּזְכָרִים וּבִנְקֵבוֹת.

כ. מִצְוַת לֹא־תַעֲשֶׂה שֶׁלֹּא לַחֲמֹל עַל עוֹבְדֵי עֲבוֹדָה זָרָה

שֶׁנֶּאֱמַר (דברים ז, ב): "וְלֹא תְחָנֵּם". רָאָה עַכּוּ"ם טוֹבֵעַ בַּנָּהָר — לֹא יַצִּילֶנּוּ; וּבְחָלְיוֹ — לֹא יְרַפְּאֵהוּ. וְאִם יָרֵא מֵהֶם, אוֹ מִשּׁוּם אֵיבָה — יְרַפְּאֵהוּ בְשָׂכָר, אֲבָל לֹא בְחִנָּם. וְאָסוּר לְאַבְּדוֹ בְיָדַיִם אוֹ לְדָחְפוֹ לְבוֹר וְכַיּוֹצֵא בָזֶה — אִם אֵינוֹ עוֹשֶׂה עִמָּנוּ מִלְחָמָה. וְלֹא יִתֵּן לָהֶם מַתְּנַת חִנָּם, וְלֹא יְסַפֵּר בְּשִׁבְחוֹ, וּמִכָּל שֶׁכֵּן בְּשֶׁבַח מַעֲשָׂיו.
וְנוֹהֵג בְּכָל מָקוֹם וּבְכָל זְמַן, בִּזְכָרִים וּבִנְקֵבוֹת.

כא. מִצְוַת לֹא־תַעֲשֶׂה שֶׁלֹּא לָלֶכֶת בְּחֻקֹּת הַגּוֹיִים

שֶׁנֶּאֱמַר (ויקרא יח, ג): "וּבְחֻקֹּתֵיהֶם לֹא תֵלֵכוּ". שֶׁלֹּא לְדַמּוֹת לָהֶם בַּמַּלְבּוּשׁ הַמְיֻחָד לָהֶם; וְלֹא יְגַדֵּל צִיצִית רֹאשׁוֹ; וְלֹא יְגַלֵּחַ מֵהַצְּדָדִים וְיַנִּיחַ שֵׂעָר בְּאֶמְצַע הָרֹאשׁ, וְזֶה נִקְרָא 'בְּלוֹרִית'; וְלֹא יְגַלֵּחַ הַשֵּׂעָר מִכְּנֶגֶד פָּנָיו מֵאֹזֶן לְאֹזֶן וְיַנִּיחַ הַפֶּרַע מִלְּאַחֲרָיו. וְכָל הָעוֹשֶׂה אַחַת מֵהֶן וְכַיּוֹצֵא

It is in force everywhere, in every time, for both man and woman.

19. It is a negative commandment not to intermarry with a non-Jewish person

as Scripture says, *neither shall you make marriages with them* (*D'varim* 7:3).

This applies in every place and time, for both man and woman.

20. It is a negative commandment to have no mercy on idol-worshippers

as Scripture says, *nor shall you show mercy to them* (*D'varim* 7:2). If someone sees an idol-worshipper drowning, he is not to save him. In his illness, he is not to cure him. If he is afraid of him, or there is the consideration of [consequent] enmity, let him cure him for a fee, but not for nothing. It is, however, forbidden to end the man's life with one's own hands or to push him into a pit, and so on, if the other makes no hostile attack against him. One is not to give him any free gift, nor is one to speak his praise, and all the more certainly not in praise of his actions.

This is in effect everywhere, in every time, for both man and woman.

21. It is a negative commandment not to follow the fixed customs of the heathen

as Scripture says, *and in their statutes you shall not walk* (*Va-yikra* 18:3). One is not to emulate them in any way of dress that is distinctive for them, nor let the locks of the hair grow. Neither is one to shave the hair at the sides, leaving the hair in the middle of the head, which is called a crest. Neither is one to shave the hair in apposition to the face, from ear to ear, leaving a long growth behind him. Whoever does any one of these, or anything similar, is to receive

בָּזֶה — לוֹקֶה. וּמִי שֶׁהוּא קָרוֹב לַמַּלְכוּת, וְצָרִיךְ לִלְבֹּשׁ בְּמַלְבּוּשֵׁיהֶם וְלִדְמוֹת לָהֶם — מֻתָּר.

וְנוֹהֵג בְּכָל מָקוֹם וּבְכָל זְמַן, בִּזְכָרִים וּבִנְקֵבוֹת.

כב. מִצְוַת לֹא-תַעֲשֶׂה שֶׁלֹּא לִשְׁמֹעַ לַמִּתְנַבֵּא בְּשֵׁם עֲבוֹדָה זָרָה

שֶׁנֶּאֱמַר (דברים יג, ד): ״לֹא תִשְׁמַע אֶל דִּבְרֵי הַנָּבִיא הַהוּא״. לֹא יַאֲרִיךְ עִמּוֹ דְבָרִים, אוֹ לִשְׁאֹל אוֹת אוֹ מוֹפֵת. וְאִם עָשָׂה אוֹת אוֹ מוֹפֵת, אֵין לְהַשְׁגִּיחַ עָלָיו. וְכָל הַמְחַשֵּׁב בָּאוֹת שֶׁלּוֹ שֶׁמָּא אֱמֶת הוּא — עוֹבֵר בְּלָאו זֶה.

וְנוֹהֵג בְּכָל מָקוֹם וּבְכָל זְמַן, בִּזְכָרִים וּבִנְקֵבוֹת.

כג. מִצְוַת לֹא-תַעֲשֶׂה שֶׁלֹּא לְהָסִית שׁוּם אָדָם מִיִּשְׂרָאֵל לַעֲבֹד עֲבוֹדָה זָרָה

שֶׁנֶּאֱמַר (דברים יג, ז-יב): ״כִּי יְסִיתְךָ וְגוֹ׳ לֵאמֹר נֵלְכָה וְנַעַבְדָה וְגוֹ׳ וְכָל יִשְׂרָאֵל יִשְׁמְעוּ וְיִרָאוּן וְלֹא יוֹסִפוּ לַעֲשׂוֹת כַּדָּבָר הָרָע הַזֶּה״. וְהַמֵּסִית לְאֶחָד מִיִּשְׂרָאֵל לַעֲבֹד עֲבוֹדָה זָרָה, בֵּין שֶׁהֵסִית בִּלְשׁוֹן רַבִּים בֵּין בִּלְשׁוֹן יָחִיד, הֲרֵי זֶה נִסְקָל, אַף עַל פִּי שֶׁלֹּא עָבַד, לֹא הַמֵּסִית וְלֹא הַנִּסָּת, עֲבוֹדָה זָרָה, אֶלָּא מִפְּנֵי שֶׁהוֹרָהוּ לַעֲבֹד. וְאֵין הַמֵּסִית צָרִיךְ הַתְרָאָה.

וְנוֹהֵג בְּכָל מָקוֹם וּבְכָל זְמַן, בִּזְכָרִים וּבִנְקֵבוֹת.

כד. מִצְוַת לֹא-תַעֲשֶׂה עַל הַמּוּסָת שֶׁלֹּא לֶאֱהֹב אֶת הַמֵּסִית.

שֶׁנֶּאֱמַר (דברים יג, ט): ״לֹא תֹאבֶה לוֹ״.

whiplashes. If someone is close to the ruling circles of government and he needs to dress in their kind of clothes and emulate them, he is permitted.

It applies in every place and every time, for both man and woman.

22. It is a negative commandment not to pay heed to a person prophesying in the name of an idol

as Scripture says, *You shall not listen to the words of that prophet* (*D'varim* 13:4). One should not get into any long discussion with him or ask for a sign or a wonder. If he performed a sign or a wonder, no attention is to be paid him. Whoever thinks of a sign of his that perhaps it is true, violates this prohibition.

It is in effect everywhere, at every time, for both man and woman.

23. It is a negative commandment to entice no one in Jewry to worship an idol

as Scripture says, *If your brother . . . entices you secretly, saying "Let us go and serve other gods" . . . Then all Israel shall hear and shall fear, and shall never again do any such wickedness as this* (*D'varim* 13:7, 12). If anyone entices one person in Jewry to worship in idolatry, whether he entices him speaking in the plural or in the singular, he is to be stoned to death, even if neither the enticer nor the enticed person worshipped any idols — but [he deserves death] only because he instructed him to worship. An enticer needs no prior warning [to be punishable by death].

It is in force everywhere, in every time, for both man and woman.

24. It is a negative commandment for the enticed person to bear no affection for the enticer

as Scripture says, *you shall not incline in affection to him* (*D'varim* 13:9).

כה. ◆ מִצְוַת לֹא־תַעֲשֶׂה שֶׁלֹּא לַעֲזֹב שִׂנְאָה מֵהַמֵּסִית

שֶׁנֶּאֱמַר (דברים יג, ט): "וְלֹא תִשְׁמַע אֵלָיו".

כו. ◆ מִצְוַת לֹא־תַעֲשֶׂה שֶׁלֹּא לְהַצִּיל אֶת הַמֵּסִית כְּשֶׁרוֹאֵהוּ בְּסַכָּנַת מָוֶת

שֶׁנֶּאֱמַר (דברים יג, ט): "וְלֹא תָחוֹס עֵינְךָ עָלָיו".

כז. ◆ מִצְוַת לֹא־תַעֲשֶׂה שֶׁלֹּא לְהִתְנַבְּאוֹת בְּשֵׁם עֲבוֹדָה זָרָה

שֶׁנֶּאֱמַר (שמות כג, יג): "וְשֵׁם אֱלֹהִים אֲחֵרִים לֹא תַזְכִּירוּ". וּמִיתָתוֹ בְּחֶנֶק. אֲפִלּוּ אִם אָמַר בְּשֵׁם עֲבוֹדָה זָרָה, וְכִוֵּן לַהֲלָכָה, לְטַמֵּא אֶת הַטָּמֵא וּלְטַהֵר אֶת הַטָּהוֹר.

וְנוֹהֵג בְּכָל מָקוֹם וּבְכָל זְמַן, בִּזְכָרִים וּבִנְקֵבוֹת.

כח. ◆ מִצְוַת לֹא־תַעֲשֶׂה שֶׁלֹּא לְגְדֹּד וְלִשְׂרֹט בִּבְשָׂרוֹ לַעֲבוֹדָה זָרָה וְעַל מֵתוֹ

שֶׁנֶּאֱמַר (דברים יד, א): "לֹא תִתְגֹּדְדוּ". הַמְשָׂרֵט בְּשָׂרוֹ עַל מֵתוֹ, עוֹבֵר עַל לָאו זֶה, בֵּין שָׂרַט בְּיָד אוֹ בִכְלִי. וְלַעֲבוֹדָה זָרָה — בִּכְלִי, חַיָּב מַלְקוֹת; וּבַיָּד, פָּטוּר. וּבִכְלָל 'לֹא תִתְגֹּדְדוּ', שֶׁלֹּא לַעֲשׂוֹת אֲגֻדּוֹת, אֲגֻדּוֹת — רוֹצֶה לוֹמַר, שֶׁלֹּא יִהְיוּ שְׁנֵי בָתֵּי דִינִין בְּעִיר אַחַת, זֶה נוֹהֵג בְּמִנְהָג זֶה וְזֶה נוֹהֵג בְּמִנְהָג אַחֵר.

וְנוֹהֵג בְּכָל מָקוֹם וּבְכָל זְמַן, בִּזְכָרִים וּבִנְקֵבוֹת.

25. It is a negative commandment for the enticed person not to relinquish his hatred for the enticer

as Scripture says, *neither shall you listen to him (ibid.).*

26. It is a negative commandment not to rescue the enticer if one sees him in danger of death

as Scripture says, *nor shall your eye pity him (ibid.).*

27. It is a negative commandment not to prophesy in the name of an idol

as Scripture says, *and make no mention of the name of other gods* (*Sh'moth* 23:13). His death [if one does prophesy so] is by strangulation, even if he spoke in the name of an idol and was in accord with the *halachah* (definitive law), to declare the defiled unclean and the pure, clean.

It is in effect everywhere, in every time, for both man and woman.

28. It is a negative commandment to make no gashes and incisions in one's flesh in idol-worship or [in grief] over one's dead [kin]

as Scripture says, *you shall not gash yourselves* (*D'varim* 14:1). Whoever cuts his flesh [in grief] over his dead violates this prohibition, whether he makes the gash by hand or with an instrument. In idol-worship, however, with an instrument one is punishable by whiplashes, but if by hand he is free of penalty. Included in the injunction of *lo tithgod'du* ("you shall not gash yourselves") is the warning not to separate into *agudoth*, groups. This is to say that there should not be two religious courts in one town, this one following this practice and the other one following another practice.

It is in force everywhere, at every time, for both man and woman.

כט. מִצְוַת לֹא־תַעֲשֶׂה שֶׁלֹּא לִשָּׁבַע לַשָּׁוְא

שֶׁנֶּאֱמַר (שמות כ, ז): "לֹא תִשָּׂא אֶת שֵׁם ה' אֱלֹהֶיךָ לַשָּׁוְא". וּשְׁבוּעַת שָׁוְא נֶחְלֶקֶת לְאַרְבָּעָה חֲלָקִים: א) נִשְׁבָּע לְשַׁנּוֹת אֶת הַיָּדוּעַ, כְּגוֹן נִשְׁבָּע עַל אִישׁ שֶׁהוּא אִשָּׁה וְעַל אֶבֶן שֶׁהוּא זָהָב. ב) נִשְׁבָּע בְּחִנָּם, כְּגוֹן נִשְׁבָּע עַל אֶבֶן שֶׁהוּא אֶבֶן. ג) נִשְׁבָּע לְבַטֵּל מִצְוָה. ד) נִשְׁבָּע לַעֲשׂוֹת דָּבָר שֶׁאִי אֶפְשָׁר לְקַיֵּם, כְּגוֹן שֶׁלֹּא יִישַׁן שְׁלֹשָׁה יָמִים רְצוּפִים, אוֹ שֶׁלֹּא יִטְעַם כְּלוּם שִׁבְעָה יָמִים רְצוּפִים. עַל כָּל אֶחָד מִשְּׁבוּעוֹת אֵלּוּ — אִם נִשְׁבַּע בְּמֵזִיד, לוֹקֶה; וּבְשׁוֹגֵג, פָּטוּר. הַמְבָרֵךְ בְּרָכָה לְבַטָּלָה, אוֹ הַמּוֹצִיא שֵׁם שָׁמַיִם לְבַטָּלָה, עוֹבֵר עַל 'לֹא תִשָּׂא'.

וְנוֹהֵג בְּכָל מָקוֹם וּבְכָל זְמַן, בִּזְכָרִים וּבִנְקֵבוֹת.

ל. מִצְוַת לֹא־תַעֲשֶׂה שֶׁלֹּא לִשָּׁבַע בְּשֶׁקֶר עַל כְּפִירַת מָמוֹן

שֶׁנֶּאֱמַר (ויקרא יט, יא): "וְלֹא תְשַׁקְּרוּ אִישׁ בַּעֲמִיתוֹ". הַתּוֹבֵעַ לַחֲבֵרוֹ מָמוֹן (לְאַפּוּקֵי קַרְקַע וּשְׁטָרוֹת) מִשָּׁוֶה פְּרוּטָה וּלְמַעְלָה, שֶׁאִם הוֹדָה הָיָה חַיָּב לְשַׁלֵּם (לְאַפּוּקֵי קְנָס), וְכָפַר וְנִשְׁבַּע, אוֹ שֶׁהִשְׁבִּיעוֹ הַתּוֹבֵעַ וְכָפַר, הֲרֵי הַנִּתְבָּע חַיָּב, אַף עַל פִּי שֶׁלֹּא עָנָה אָמֵן, וְזֶהוּ 'שְׁבוּעַת הַפִּקָּדוֹן'. וְחַיָּב לְשַׁלֵּם קֶרֶן וָחֹמֶשׁ. וְהָעוֹבֵר עַל לָאו זֶה, עוֹבֵר גַּם כֵּן עַל "וְלֹא תִשָּׁבְעוּ בִשְׁמִי לַשָּׁקֶר" (שם שם, יב), שֶׁהוּא 'שְׁבוּעַת בִּטּוּי' (לקמן לא־תעשה ל"א). וְאִם כָּפַר לַחֲבֵרוֹ עַל

29. It is a negative commandment not to swear in vain

as Scripture says, *You shall not take the name of Hashem your God in vain* (*Sh'moth* 20:7). A vain oath is divided into four categories: (1) If one swears to a change in something known; for example, if he swears about a man that he is a woman, or about a stone that it is gold. (2) If he swears to no purpose; for example, he takes an oath about a stone that it is a stone. (3) If he takes an oath to fail to observe a mitzvah. (4) If he swears to do something which is impossible to fulfill; for example, that he will not sleep for three days in a row, or that he will taste no food for seven days in a row. Over every one of these oaths, if he swore it willfully, he should receive whiplashes; and if it was unwitting, he is free of penalty. If someone says a benediction in vain [needlessly] or he utters the name of Heaven [God] to no purpose, he violates the injunction, *You shall not take the name,* etc.

It is in force everywhere, at every time, for both man and woman.

30. It is a negative commandment not to swear falsely over the denial of a monetary matter

as Scripture says, *nor shall you lie one to another* (*Va-yikra* 19:11). If someone sues his fellow-man for something of value (excluding land or deeds) worth from a *p'rutah* [the smallest coin] and up, where if the other admitted it he would be obligated to pay (excluding cases of fines) but he denied it and took an oath, or the claimant (plaintiff) pronounced an oath on him and he denied it [falsely] — the defendant is punishable, even if he did not answer *amen*. This is [known as] an oath over a *pikadon* (an object entrusted for safekeeping), and he is obligated to pay the principal [original amount] and a fifth. Whoever violates this prohibition violates also the injunction, *And you shall not swear by My name falsely* (*Va-yikra* 19:12), which applies to an oath of expression (below, §31).

תְּבִיעַת קַרְקָעוֹת וּשְׁטָרוֹת וְנִשְׁבַּע עַל שֶׁקֶר, אַף שֶׁהוּא פָּטוּר מִשְּׁבוּעַת הַפִּקָּדוֹן, אֲבָל חַיָּב הוּא מִשּׁוּם שְׁבוּעַת בִּטּוּי, שֶׁהֲרֵי נִשְׁבַּע עַל שֶׁקֶר.

וְנוֹהֵג בְּכָל מָקוֹם וּבְכָל זְמַן, בִּזְכָרִים וּבִנְקֵבוֹת.

לא. מִצְוַת לֹא־תַעֲשֶׂה שֶׁלֹּא לִשָּׁבַע שְׁבוּעַת בִּטּוּי לַשֶּׁקֶר

שֶׁנֶּאֱמַר (ויקרא יט, יב): "וְלֹא תִשָּׁבְעוּ בִשְׁמִי לַשָּׁקֶר". וְנִקְרָא 'שְׁבוּעַת בִּטּוּי'. וְחַיָּב עַל זֶה בְּנִשְׁבַּע עַל דְּבָרִים שֶׁאֶפְשָׁר לַעֲשׂוֹתָן — בֵּין לְהַבָּא, בֵּין לְשֶׁעָבַר — כְּגוֹן שֶׁאָכַלְתִּי, אוֹ שֶׁזָּרַקְתִּי אֶבֶן לַיָּם, אוֹ שֶׁדִּבֵּר פְּלוֹנִי עִם פְּלוֹנִי; אוֹ שֶׁלֹּא אָכַלְתִּי, אוֹ שֶׁלֹּא זָרַקְתִּי אֶבֶן לַיָּם, אוֹ שֶׁלֹּא דִבֵּר פְּלוֹנִי עִם פְּלוֹנִי. וּלְהַבָּא — כְּגוֹן שֶׁאֹכַל, אוֹ שֶׁלֹּא אֹכַל, אוֹ שֶׁאֶזְרֹק צְרוֹר אוֹ אֶבֶן לַיָּם, אוֹ שֶׁלֹּא אֶזְרֹק. וְאִם נִשְׁבַּע עַל אַחַת מֵהַנִּזְכָּרִים לְעֵיל, עָבַר עַל לָאו זֶה.

וְנוֹהֵג בְּכָל מָקוֹם וּבְכָל זְמַן, בִּזְכָרִים וּבִנְקֵבוֹת.

לב. מִצְוַת לֹא־תַעֲשֶׂה שֶׁלֹּא לַהֲרֹג נֶפֶשׁ

שֶׁנֶּאֱמַר (שמות כ, יג): "לֹא תִרְצָח". וְהַהוֹרֵג נֶפֶשׁ בְּמֵזִיד, מִיתָתוֹ בְּסַיִף. וְאִם לֹא הֲרָגוֹ בְּיָדוֹ רַק סִבֵּב הֲרִיגָתוֹ, אֵינוֹ בְמִיתַת בֵּית דִּין, אֶלָּא חַיָּב מִיתָה בִידֵי שָׁמַיִם. הַמְאַבֵּד נֶפֶשׁ אַחַת מִיִּשְׂרָאֵל, כְּאִלּוּ מְאַבֵּד עוֹלָם מָלֵא. הַמְעַמֵּץ עִם יְצִיאַת הַנֶּפֶשׁ, הֲרֵי זֶה שׁוֹפֵךְ דָּמִים.

If a person denies his fellow-man's claim to landed property or deeds and he swears falsely, although he is free of penalty over an oath of *pikadon*, he is nevertheless liable on account of an oath of expression, since he swore to a lie.

It applies everywhere, in every time, for both man and woman.

31. It is a negative commandment not to swear an oath of expression over a falsehood

as Scripture says, *And you shall not swear by My name falsely* (*Va-yikra* 19:12), this being called an oath of expression. A person is punishable for this if he takes a [false] oath over things that it is possible to do, whether in the future or in the past: for example, "that I ate" or "I threw a stone into the sea," or "that so-and-so spoke with so-and-so," or "that I did not eat" or "I did not throw a stone into the sea," or "that so-and-so did not talk with so-and-so." And in the future: for example, "that I shall eat" or "I shall not eat," or "that I shall throw a pebble, or a stone, into the sea" or "I will not throw." If a person swore to one of these statements, he would violate this prohibition.

It is in force everywhere, and always, for both man and woman.

32. It is a negative commandment to kill no living human being

as Scripture says, *You shall not murder* (*Sh'moth* 20:13). If someone kills a human being deliberately, his execution should be by the sword [decapitation]. If he did not kill him with his own hand but only caused his death, he is not subject to execution by court verdict, but is purishable by death at Heaven's hands. If someone destroys even one living person in Jewry, it is as though he made a whole world perish. If someone closes a person's eyes at the departure of his life [instead of afterward] he thus sheds blood [by shortening the other's life, however briefly].

וְנוֹהֵג בְּכָל מָקוֹם וּבְכָל זְמַן, בִּזְכָרִים וּבִנְקֵבוֹת.

לג. מִצְוַת לֹא־תַעֲשֶׂה שֶׁלֹּא לִגְנֹב נֶפֶשׁ מִיִּשְׂרָאֵל

שֶׁנֶּאֱמַר (שמות כ, יג): "לֹא תִגְנֹב", וְלָמְדוּ חֲזַ"ל (סנהדרין פו ע"א): שֶׁזֶּה אַזְהָרָה לְגוֹנֵב נֶפֶשׁ מִיִּשְׂרָאֵל. וְכֵן הַמּוֹכְרוֹ עוֹבֵר בְּלֹא־תַעֲשֶׂה, שֶׁזֶּה בִּכְלָל "לֹא יִמָּכְרוּ מִמְכֶּרֶת עָבֶד" (ויקרא כה, מב). וְאֵין הַגַּנָּב חַיָּב מִיתָה עַד שֶׁיִּגְנֹב אֶת יִשְׂרָאֵל, וְיַכְנִיסֶנּוּ לִרְשׁוּתוֹ, וְיִשְׁתַּמֵּשׁ בּוֹ, וְיִמְכְּרֶנּוּ לַאֲחֵרִים. וְאִם מְכָרוֹ לְאָבִיו אוֹ לְאָחִיו שֶׁל הַגָּנוּב, פָּטוּר.

וְנוֹהֵג בְּכָל מָקוֹם וּבְכָל זְמַן, בִּזְכָרִים וּבִנְקֵבוֹת.

לד. מִצְוַת לֹא־תַעֲשֶׂה שֶׁלֹּא לִגְנֹב שׁוּם חֵפֶץ אוֹ מָמוֹן

שֶׁנֶּאֱמַר (ויקרא יט, יא): "לֹא תִּגְנֹבוּ". הַלָּאו הוּא מִשָּׁוֶה פְּרוּטָה וּלְמַעְלָה, אֶחָד הַגּוֹנֵב מָמוֹן שֶׁל יִשְׂרָאֵל אוֹ שֶׁל קָטָן אוֹ שֶׁל עַכּוּ"ם; וְחַיָּב לְשַׁלֵּם. וְאָסוּר לִגְנֹב כָּל שֶׁהוּא — דְּבַר תּוֹרָה, כְּמוֹ כָל חֲצִי שִׁעוּר. וְאָסוּר לִגְנֹב דֶּרֶךְ שְׂחוֹק, אוֹ עַל מְנָת לְהַחֲזִיר, אוֹ עַל מְנָת לְשַׁלֵּם. וְאָסוּר לִקְנוֹת דָּבָר שֶׁחֶזְקָתוֹ שֶׁהוּא גָנוּב.

וְנוֹהֵג בְּכָל מָקוֹם וּבְכָל זְמַן, בִּזְכָרִים וּבִנְקֵבוֹת.

It is in force everywhere, in every time, for both man and woman.

33. It is a negative commandment to kidnap no living person in Jewry

as Scripture states, *You shall not steal* (*Sh'moth* 20:13); and the Sages of blessed memory learned (Talmud Bavli, *Sanhedrin* 86a) that this is an admonition to one who would kidnap a living being in Jewry. If he sells him [into slavery] he likewise violates a negative commandment, since that is covered by the injunction, *they shall not be sold as slaves* (*Va-yikra* 25:42). A kidnapper is not punishable by death until he steals away an Israelite, takes him into his domain and makes use of him, and sells him to others. If he sold the man to the father or brother of the one who was kidnapped, he would be free of the punishment.

It applies in every place and time, for both man and woman.

34. It is a negative commandment to steal no object or item whatever of monetary value

as Scripture says, *You shall not steal* (*Va-yikra* 19:11). The prohibition applies to anything worth from a *p'rutah* [the smallest coin] and up. It is all one whether a person steals the item of monetary value of a Jew, a minor, or a non-Jew: he has to make compensation. It is forbidden to steal anything at all by the law of the Torah, as its law applies [even] to anything half [or less than] the minimum amount. It is forbidden to steal anything by way of a joke, or with the intention of returning it, or with the intention of paying for it. It is forbidden to buy anything which can be firmly assumed to have been stolen.

This applies in every place and time, for both man and woman.

לה. מִצְוַת לֹא־תַעֲשֶׂה שֶׁלֹּא לִגְזֹל מֵחֲבֵרוֹ בְּחָזְקָה

שֶׁנֶּאֱמַר (ויקרא יט, יג): "וְלֹא תִגְזֹל". אִסּוּר הַלָּאו הוּא מִשָּׁוֶה פְּרוּטָה וּלְמַעְלָה, וַאֲפִלּוּ פָּחוֹת מִזֶּה אָסוּר, כְּמוֹ כָּל חֲצִי שִׁעוּר. וְהַגּוֹזֵל מֵחֲבֵרוֹ שָׁוֶה פְּרוּטָה, כְּאִלּוּ נוֹטֵל נַפְשׁוֹ.

וְנוֹהֵג בְּכָל מָקוֹם וּבְכָל זְמַן, בִּזְכָרִים וּבִנְקֵבוֹת.

לו. מִצְוַת לֹא־תַעֲשֶׂה שֶׁלֹּא לְכַחֵשׁ מָמוֹן

שֶׁנֶּאֱמַר (ויקרא יט, יא): "וְלֹא תְכַחֲשׁוּ", וְזוֹהִי אַזְהָרָה לִכְפִירַת מָמוֹן מִשָּׁוֶה פְּרוּטָה וּלְמַעְלָה. וְזֶה כּוֹלֵל כָּל מִינֵי כְּפִירַת מָמוֹן: בֵּין פִּקָּדוֹן אוֹ מִלְוֶה, אוֹ שֶׁגְּזָלוֹ אוֹ עֲשָׁקוֹ, אוֹ מָצָא אֲבֵדָה וְלֹא הֶחֱזִירָהּ — וּתְבָעוֹ וְכָפַר, הֲרֵי זֶה עוֹבֵר בְּלָאו זֶה, וּפָסוּל לְעֵדוּת.

וְנוֹהֵג בְּכָל מָקוֹם וּבְכָל זְמַן, בִּזְכָרִים וּבִנְקֵבוֹת.

לז. מִצְוַת לֹא־תַעֲשֶׂה שֶׁלֹּא לַעֲשֹׁק אֶת חֲבֵרוֹ

שֶׁנֶּאֱמַר (ויקרא יט, יג): "לֹא תַעֲשֹׁק אֶת רֵעֲךָ", רוֹצֶה לוֹמַר, שֶׁלֹּא יְעַכֵּב מָמוֹן חֲבֵרוֹ שֶׁבָּא לְיָדוֹ מֵרְצוֹן חֲבֵרוֹ, וְכוֹבְשׁוֹ וְאֵינוֹ מַחֲזִיר לוֹ, כְּגוֹן שֶׁהָיָה בְּיָדוֹ הַלְוָאָה אוֹ שְׂכִירוּת,

35. It is a negative commandment not to take anything in robbery from one's fellow-man by main force

as Scripture says, *nor shall you rob him* (*Va-yikra* 19:13). The prohibition of this injunction is on anything worth from a *p'rutah* [the smallest coin] and up; yet even less than that is forbidden [although not punishable], like any half of [less than] a minimum amount. If a person takes [even] something worth a *p'rutah* in robbery from his fellow-man, it is as though he takes his life.

This is in force everywhere, at every time, for both man and woman.

36. It is a negative commandment not to deny [falsely] anything of value [owed]

for Scripture says, *neither shall you deal falsely* (*Va-yikra* 19:11), and this is an admonition against the lying denial of anything of value worth from a *p'rutah* and up. It includes all kinds of denial in monetary matters, whether about something entrusted for safekeeping or a loan; whether one person robbed another or cheated him; or he found a lost object and did not return it. If the other sued him for it and he gave a false denial, he thus violates this prohibition and becomes disqualified to be a witness and give testimony.

This applies in every place and time, for both man and woman.

37. It is a negative commandment not to wrongfully retain anything belonging to one's fellow-man

for Scripture says, *You shall not wrongfully deprive your fellow* (*Va-yikra* 19:13). This means that a person is not to withhold an item of monetary value of his fellow-man that came into his hand by the other's wish, and [now] he retains it and does not return it to the other: for example, if he has in his possession a loan [that the other lent him] or

וְאֵינוֹ יָכוֹל לְהוֹצִיא מִמֶּנּוּ מִפְּנֵי שֶׁהוּא אַלָּם, הֲרֵי זֶה עוֹבֵר עַל לָאו זֶה.

וְנוֹהֵג בְּכָל מָקוֹם וּבְכָל זְמַן, בִּזְכָרִים וּבִנְקֵבוֹת.

לח. מִצְוַת לֹא-תַעֲשֶׂה שֶׁלֹּא לְאַחֵר שְׂכַר שָׂכִיר

שֶׁנֶּאֱמַר (ויקרא יט, יג): "לֹא תָלִין פְּעֻלַּת שָׂכִיר אִתְּךָ עַד בֹּקֶר", וְנֶאֱמַר (דברים כד, טו): "וְלֹא תָבוֹא עָלָיו הַשֶּׁמֶשׁ". שֶׁאִם הָיָה שְׂכִיר יוֹם — גּוֹבֶה כָּל הַלַּיְלָה, וְעַל זֶה נֶאֱמַר: "עַד בֹּקֶר"; וְאִם הָיָה שְׂכִיר לַיְלָה — גּוֹבֶה כָּל הַיּוֹם, וְזֶהוּ: "וְלֹא תָבוֹא עָלָיו הַשֶּׁמֶשׁ". שְׂכִיר שָׁעוֹת שֶׁל יוֹם — גּוֹבֶה כָּל הַיּוֹם, שְׂכִיר שָׁעוֹת שֶׁל לַיְלָה — גּוֹבֶה כָּל הַלַּיְלָה.

וְכָל זְמַן שֶׁהַכְּלִי בְּיַד הָאֻמָּן, אֲפִלּוּ הוֹדִיעַ הָאֻמָּן לְבַעַל הַבַּיִת שֶׁגְּמָרוֹ, אֵינוֹ עוֹבֵר; וְאִם אֵינוֹ תוֹבְעוֹ, אֵינוֹ עוֹבֵר; וַאֲפִלּוּ תְּבָעוֹ — וְלֹא הָיָה לוֹ מַה לִּתֵּן לוֹ, אוֹ שֶׁהִמְחָהוּ אֵצֶל אַחֵר וְקִבֵּל עָלָיו, פָּטוּר.

אִם אֵחַר שְׂכַר שָׂכִיר מִזְּמַן הַמֻּגְבָּל, בִּטֵּל מִצְוַת-עֲשֵׂה שֶׁל "בְּיוֹמוֹ תִתֵּן שְׂכָרוֹ" (שם), וְעָבַר עַל לָאו זֶה. וְאַחַר הַזְּמַן, אִם הִשְׁהָה עוֹד, עוֹבֵר עַל לָאו מִדִּבְרֵי קַבָּלָה: "אַל תֹּאמַר לְרֵעֲךָ לֵךְ וָשׁוּב וְגוֹ'" (משלי ג, כח). אֶחָד שְׂכַר אָדָם וְאֶחָד שְׂכַר בְּהֵמָה וּשְׂכַר כֵּלִים, יֵשׁ בּוֹ מִשּׁוּם "בְּיוֹמוֹ

wages [that the other has earned] and the other cannot extract it from him because he is powerful, he thus violates this prohibition.

It applies everywhere, in every time, for both man and woman.

38. It is a negative commandment not to delay the payment of a hired man's wages

for Scripture says, *the wages of a hired man shall not remain with you [all night] until the morning* (*Va-yikra* 19:13); and it says further, *neither shall the sun go down on it* (*D'varim* 24:15). For if he was a hired man for the day, he is to collect [his wages at any time] during the entire night; about this Scripture says, *[...all night] until the morning* (*Va-yikra* 19:13). And if he was a hired man for the night, he is to collect [his wages at any time] during the entire day; hence it says, *neither shall the sun go down on it.* A man hired for certain hours of the day is to collect [at any time] during the entire day. A man hired for certain hours of the night is to collect [at any time] during the entire night.

[In the case of a craftsman who is hired to repair an object] as long as the object is in the possession of the craftsman, even if the craftsman informed the owner that he completed it, he [the owner] commits no transgression. If he does not demand his payment from him, he [the owner] commits no transgression. And even if he demanded it of him and he did not have what to give him, or if he [the employer] passed him on to another person and the other took it upon himself [to pay], he is free of guilt.

If a person delays the wages of a hired man beyond the allotted time, he disobeys the positive commandment [§66], *On the same day you shall give him his wage* (*D'varim* 24:15), and he violates this prohibition. If after the time he delays further, he violates a prohibition from the words of the later parts of Scripture: *Do not say to your fellow, "Go and come again,"* etc. (*Mishley* 3:28). It is all one whether it is the hire of a man or a domestic animal or tools and instruments; these words of Scripture apply to it: *On the*

תִתֵּן שְׂכָרוֹ", וּמִשּׁוּם "וְלֹא תָבוֹא עָלָיו הַשֶּׁמֶשׁ", וּמִשּׁוּם "לֹא תָלִין". וְהָעוֹשֵׁק שְׂכַר שָׂכִיר, כְּאִלּוּ נוֹטֵל נַפְשׁוֹ, וְעוֹבֵר עַל כָּל הַלָּאוִין הַנִּזְכָּרִים לְעֵיל וְעַל הָעֲשֵׂה, וְעוֹבֵר נָמֵי עַל "לֹא תַעֲשֹׁק" "וְלֹא תִגְזֹל" (ויקרא יט, יג).

וְנוֹהֵג בְּכָל מָקוֹם וּבְכָל זְמַן, בִּזְכָרִים וּבִנְקֵבוֹת.

לט. מִצְוַת לֹא־תַעֲשֶׂה שֶׁלֹּא לְהָעִיד עֵדוּת שֶׁקֶר

שֶׁנֶּאֱמַר (שמות כ, יג): "לֹא תַעֲנֶה בְרֵעֲךָ עֵד שָׁקֶר". וְהַמֵּעִיד מִפִּי אֲחֵרִים, אֲפִלּוּ נֶאֱמָנִים בְּוַדַּאי, גַּם כֵּן עוֹבֵר בְּלָאו זֶה. הַשּׂוֹכֵר עֵדֵי שֶׁקֶר, וְהַכּוֹבֵשׁ עֵדוּתוֹ — פָּטוּר מִדִּינֵי אָדָם, וְחַיָּב בְּדִינֵי שָׁמַיִם.

וְנוֹהֵג בְּכָל מָקוֹם וּבְכָל זְמַן, בְּכָל מִי שֶׁרָאוּי לְהָעִיד.

מ. מִצְוַת לֹא־תַעֲשֶׂה שֶׁלֹּא לַחְמֹד דָּבָר שֶׁל חֲבֵרוֹ

שֶׁנֶּאֱמַר (שמות כ, יד): "לֹא תַחְמֹד וְגוֹ'". וַחֲמִדָה הוּא, שֶׁמִּשְׁתַּדֵּל לְהוֹצִיא מַחֲשַׁבְתּוֹ לַפֹּעַל, וּמַרְבֶּה רֵעִים עַל חֲבֵרוֹ וּמַפְצִיר בּוֹ, עַד שֶׁלְּקָחוֹ מִמֶּנּוּ; אַף עַל פִּי שֶׁנָּתַן לוֹ מָמוֹן הַרְבֵּה, הֲרֵי זֶה עוֹבֵר עָלָיו. וּמָצוּי זֶה בְּחָתָן, שֶׁמַּכְבִּיד עַל חוֹתְנוֹ קֹדֶם הַחֲתֻנָּה, שֶׁיִּתֵּן לוֹ דָּבָר פְּלוֹנִי וּפְלוֹנִי, מַה שֶּׁלֹּא הִתְנוּ עַל זֶה בִּשְׁעַת כְּתִיבַת הַתְּנָאִים, וְאַף עַל פִּי שֶׁחוֹתְנוֹ מְמַלֵּא מְבֻקָּשׁוֹ, אַף עַל פִּי כֵן עוֹבֵר

same day you shall give him his wage; neither shall the sun go down on it; and the wages . . . shall not remain with you all night. If someone wrongfully retains the wages of a hired man, it is as though he takes his life, and he violates all the prohibitions noted above, as well as the positive commandment; and he also violates the injunctions [§37,35], *You shall not wrongfully deprive your fellow, nor rob him* (*Va-yikra* 19:13).

It is in effect everywhere and always, for both man and woman.

39. It is a negative commandment to give no false testimony

as Scripture says, *You shall not bear false witness against your fellow* (*Sh'moth* 20:13). If someone gives as testimony what he heard from others, even definitely trustworthy people, he likewise violates this prohibition. If a person hires false witnesses, or if one suppresses his testimony [and does not go to give it] he is free, not punishable, by the laws of man, but punishable by the laws of Heaven.

It applies in every place and time, for everyone who is qualified to give testimony.

40. It is a negative commandment not to covet (desire) anything belonging to one's fellow-man

as Scripture says, *You shall not covet,* etc. (*Sh'moth* 20:14). Now, coveting denotes that a person invests effort to put his thought into action; he sends many friends to the fellow, and importunes him, until he takes it [the object he desires] from him. Even if he has given him a great price for it, he thus violates it [the commandment]. This often occurs when a son-in-law pressures his father-in-law before the wedding that he should give him this-and-that object, which they did not stipulate when the *t'na'im* (conditions of the marriage) were written. Even if his father-in-law fulfills his demand, the son-in-law nevertheless violates this pro-

הֶחָתָן עַל לָאו זֶה דְ״לֹא תַחְמֹד״ (ועיין בראב״ד פ״א מהלכות גזלה).

וְנוֹהֵג בְּכָל מָקוֹם וּבְכָל זְמַן, בִּזְכָרִים וּבִנְקֵבוֹת.

מא. מִצְוַת לֹא־תַעֲשֶׂה שֶׁלֹּא לְהִתְאַוּוֹת בַּלֵּב דָּבָר שֶׁל חֲבֵרוֹ

שֶׁנֶּאֱמַר (דברים ה, יח): ״וְלֹא תִתְאַוֶּה״. זֶה הַלָּאו הוּא חוּץ מִ״לֹא תַחְמֹד״ (שמות כ, יד), כִּי ״לֹא תִתְאַוֶּה״ עוֹבֵר כֵּיוָן שֶׁחָשַׁב בְּלִבּוֹ הָאֵיךְ יִקְנֶה דָבָר זֶה, וְנִפְתָּה בְלִבּוֹ בַּדָּבָר — עָבַר בְּ״לֹא תִתְאַוֶּה״, שֶׁאֵין תַּאֲוָה אֶלָּא בַלֵּב בִּלְבַד. וְאִם יִקְנֶה הַדָּבָר הַהוּא, שֶׁהִפְצִיר בִּבְעָלָיו וְהִרְבָּה עָלָיו רֵעִים עַד שֶׁקְּנָהוּ — עוֹבֵר גַּם עַל ״לֹא תַחְמֹד״.

וְנוֹהֵג בְּכָל מָקוֹם וּבְכָל זְמַן, בִּזְכָרִים וּבִנְקֵבוֹת.

מב. מִצְוַת לֹא־תַעֲשֶׂה שֶׁלֹּא לִמְנֹעַ שְׁאֵר כְּסוּת וְעוֹנָה מֵאִשְׁתּוֹ

שֶׁנֶּאֱמַר (שמות כא, י): ״שְׁאֵרָהּ כְּסוּתָהּ וְעֹנָתָהּ לֹא יִגְרָע״. ״שְׁאֵרָהּ״ — אֵלּוּ מְזוֹנוֹת; ״כְּסוּתָהּ״ — כְּמַשְׁמָעוֹ; ״עֹנָתָהּ״ — תַּשְׁמִישׁ הַמִּטָּה. וְהַמּוֹנֵעַ אַחַת מִשְּׁלֹשׁ אֵלֶּה מֵרְצוֹנוֹ, כְּדֵי לְצַעֲרָהּ וּלְעַנּוֹתָהּ, עוֹבֵר בְּלָאו זֶה. וּמִדִּבְרֵי סוֹפְרִים חַיָּב לָהּ עוֹד שִׁבְעָה דְּבָרִים, וְאֵלּוּ הֵן: עִקַּר כְּתֻבָּתָהּ, לְרַפּאֹתָהּ, לִפְדוֹתָהּ, וּלְקָבְרָהּ, וְיוֹשֶׁבֶת בְּבֵיתוֹ כָּל זְמַן אַלְמְנוּתָהּ וְנִזּוֹנֶת מִנְּכָסָיו, וּבְנוֹתֶיהָ נִזּוֹנוֹת מִנְּכָסָיו אַחַר מוֹתוֹ עַד שֶׁיִּתְאָרְסוּ, וּכְתֻבַּת בְּנִין דִּכְרִין. וְהוּא זוֹכֶה

hibition not to covet, etc. (and see Rabad on Rambam, *Yad, hilchot g'zélah*, i).

This is in force everywhere, at every time, for both man and woman.

41. It is a negative commandment not to crave in one's heart something that belongs to his fellow-man

as Scripture says, *Neither shall you crave,* etc. (*D'varim* 5:18). This prohibition is apart from the injunction, *You shall not covet* (*Sh'moth* 20:14) [§40]. For a person transgresses the prohibition against craving once he thinks in his heart how he can acquire that object, and his heart is persuaded in the matter [to follow his plan]. Then he violates the injunction, *Neither shall you crave,* since craving is but in the heart alone. If he then acquires that object, having importuned its owner and sent many friends to him, until he gets it, he violates also the injunction, *You shall not covet.*

It is in force everywhere, in every time, for both man and woman.

42. It is a negative commandment not to withhold *she'ér, k'suth* or *onah* from one's wife

as Scripture states, *her food, her raiment, and her conjugal rights he shall not diminish* (*Sh'moth* 21:10). The term *she'ér* denotes food; *k'suth*, clothing, has its plain meaning; and *onah* denotes conjugal intimacy. Whoever withholds one of these three by his own will, in order to distress or pain her, violates this prohibition. By the law of the Sages he bears another seven obligations toward her, and these are they: the principal payment of the marriage contract [in case of divorce or his death], to cure her [if she takes sick]; to ransom her [if she is taken captive]; and to bury her [when she dies]; she is to stay in his house the entire time of her widowhood and is to be sustained out of his property; her daughters are to be sustained out of his property after his death until they become betrothed; and the right of her sons by him in the marriage contract [is to inherit its

מִדִּבְרֵי סוֹפְרִים בְּמַעֲשֵׂה יָדֶיהָ תַּחַת מְזוֹנוֹתֶיהָ, וּפֵרוֹת נְכָסֶיהָ בְחַיֶּיהָ כְּנֶגֶד פְּדִיָּתָהּ, וְזוֹכֶה בִמְצִיאָתָהּ מִשּׁוּם אֵיבָה, וְיוֹרְשָׁהּ כְּנֶגֶד קְבוּרָתָהּ. וְחַיָּב אָדָם בִּמְזוֹנוֹת בָּנָיו וּבְנוֹתָיו הַקְּטַנִּים.

וְנוֹהֵג בְּכָל מָקוֹם וּבְכָל זְמַן.

מג. מִצְוַת לֹא־תַעֲשֶׂה שֶׁלֹּא לְהַכּוֹת שׁוּם אָדָם מִיִּשְׂרָאֵל

וְאַזְהָרָתוֹ מִפָּסוּק "לֹא יֹסִיף" (דברים כה, ג), שֶׁזֶּה אַזְהָרָה שֶׁלֹּא לְהַכּוֹת שׁוּם אָדָם מִיִּשְׂרָאֵל. וְקַל וָחֹמֶר הוּא: וּמַה מִי שֶׁמְּחֻיָּב מַלְקוֹת, שֶׁנָּתְנָה תוֹרָה רְשׁוּת לְהַכּוֹתוֹ, צִוָּה הַכָּתוּב שֶׁלֹּא לְהוֹסִיף בְּהַכָּאָתוֹ — קַל וָחֹמֶר לִשְׁאָר כָּל אָדָם.

הַמַּכֶּה אֶת חֲבֵרוֹ הַכָּאָה שֶׁאֵין בָּהּ שָׁוֶה פְּרוּטָה, לוֹקֶה; אֲבָל אִם יֵשׁ בָּהּ שָׁוֶה פְּרוּטָה (פֵּרוּשׁ: הִכָּהוּ הַכָּאָה גְדוֹלָה, שֶׁיִּתְחַיֵּב לוֹ עָלֶיהָ תַּשְׁלוּמִין שֶׁל פְּרוּטָה אוֹ יוֹתֵר), הוֹאִיל וְהוּא חַיָּב לְשַׁלֵּם מָמוֹן, אֵינוֹ לוֹקֶה (אֲבָל בְּלָאו עוֹבֵר). וַאֲפִלּוּ הַמַּגְבִּיהַּ יָדוֹ עַל חֲבֵרוֹ נִקְרָא 'רָשָׁע'. וְהַמַּכֶּה דֶּרֶךְ מוּסָר וְלִמּוּד, אֵינוֹ עוֹבֵר.

principal amount before equally dividing the remainder of the father's inheritance with brothers of another mother]. By the law of the Sages he has the right to [the fruit of] her handiwork, in exchange for her food; and the fruit or income from her property in her lifetime, in exchange for the duty of her redemption [from captivity if necessary]. He gains the right to whatever she finds, for the sake of [avoiding] enmity; and he becomes her heir, in exchange for the duty of providing for her burial. A man also has the duty of sustaining his small sons and daughters.

This is in force everywhere, in every time.

43. It is a negative commandment to strike no person whatever in Jewry.

The admonition on this derives from the verse, *Forty lashes he may give him; he may not add more* (*D'varim* 25:3). For this is an injunction to strike no man whatever in Jewry: It is a *kal va-ḥomer*, an inference by reasoning from the less to the more: When someone has become punishable by whiplashes, so that the Torah has given permission to strike him, Scripture commands to add nothing [to the flogging] when he is beaten. How much more certainly must this apply to other human beings.

If someone strikes his fellow-man a blow entailing damages of less than a *p'rutah* [the smallest coin] he should receive whiplashes. But if the damages amount to more than a *p'rutah* (which means that he struck him a major blow, for which he becomes obligated to make payment of a *p'rutah* or more), since he becomes duty-bound to pay money he receives no whiplashes (but he does violate the prohibition). Even if a person [only] raises his hand against his fellow-man, he is called wicked. However, if someone delivers a blow in the course of discipline and education, he commits no transgression.

מד. ◆ מִצְוַת לֹא־תַעֲשֶׂה שֶׁלֹּא לְהַכּוֹת אָב וָאֵם

שֶׁנֶּאֱמַר (שמות כא, טו): "וּמַכֵּה אָבִיו וְאִמּוֹ מוֹת יוּמָת", וְאַזְהָרָתוֹ מִפָּסוּק "לֹא יֹסִיף" (דברים כה, ג) (כְּמוֹ שֶׁנִּתְבָּאֵר לְעֵיל בְּאוֹת מ"ג). וְאִם עָשָׂה חַבּוּרָה בְּאָבִיו אוֹ בְאִמּוֹ, וְהָיוּ עֵדִים וְהַתְרָאָה, מִיתָתוֹ בְּחֶנֶק. הִכָּהוּ עַל אָזְנוֹ, וְחֵרְשׁוֹ, חַיָּב מִיתָה — שֶׁאִי אֶפְשָׁר שֶׁלֹּא יָצָא טִפַּת דָּם מִבִּפְנִים. הִכָּהוּ בְּלֹא חַבּוּרָה, חַיָּב כְּמוֹ עַל שְׁאָר אָדָם מִיִּשְׂרָאֵל. הִכָּה לְאָבִיו וּלְאִמּוֹ לְאַחַר מִיתָה, פָּטוּר. אָסוּר לְהַקִּיז דָּם לְאָבִיו אוֹ לְאִמּוֹ; וְאִם אֵין שָׁם רוֹפֵא אַחֵר, יַעֲשֶׂה כְּמוֹ שֶׁצִּוָּהוּ.

וְנוֹהֵג בְּכָל מָקוֹם וּבְכָל זְמַן, בִּזְכָרִים וּבִנְקֵבוֹת.

מה. ◆ מִצְוַת לֹא־תַעֲשֶׂה שֶׁלֹּא לְקַלֵּל אָדָם כָּשֵׁר מִיִּשְׂרָאֵל

שֶׁנֶּאֱמַר (ויקרא יט, יד): "לֹא תְקַלֵּל חֵרֵשׁ". וְזֶה שֶׁנֶּאֱמַר "חֵרֵשׁ" הוּא לְרְבוּתָא, שֶׁאֲפִלּוּ זֶה שֶׁאֵינוֹ שׁוֹמֵעַ וְאֵינוֹ מִצְטָעֵר מִקְּלָלָה זוֹ, אֲפִלּוּ הֲכִי עוֹבֵר עַל קִלְלָתוֹ. וְהַמְקַלֵּל אֶת עַצְמוֹ, גַּם כֵּן עוֹבֵר עַל זֶה. וְאֵין הַמְקַלֵּל עוֹבֵר אֶלָּא אִם כֵּן קִלֵּל בְּשֵׁם אוֹ בְכִנּוּי. וַאֲפִלּוּ בְּכָל לָשׁוֹן שֶׁקּוֹרִין בּוֹ הָעַכּוּ"ם לְהַקָּדוֹשׁ בָּרוּךְ הוּא, הֲרֵי הוּא כְּכָל הַכִּנּוּיִים.

וְנוֹהֵג בְּכָל מָקוֹם וּבְכָל זְמַן, בִּזְכָרִים וּבִנְקֵבוֹת.

44. It is a negative commandment not to strike one's father or mother

since Scripture states, *And he that strikes his father or his mother shall surely be put to death* (*Sh'moth* 21:15). The admonition against it derives from the verse, *he may not add more* (*D'varim* 25:3), as indicated above [§43]. If a person inflicted a wound on his father or his mother, and there were witnesses and a [prior] warning, his execution should be by strangulation. If he struck him [his father] on the ear and deafened him, he would deserve death, since it is impossible that a drop of blood was not shed within. If he struck him without inflicting a wound, he is punishable as for [striking] any other Jew. If someone struck his father or his mother after their death, he is free of penalty. It is forbidden to do bloodletting [for reasons of health] on one's own father or mother [and so, of course, surgery]. If there is no other physician there, he is to do as they order him.

This applies in every place and time, for both man and woman.

45. It is a negative commandment to curse no decent person in Jewry

for Scripture says, *You shall not curse the deaf* (*Va-yikra* 19:14); it speaks of a deaf person to make a stronger point — that even though this individual does not hear and suffers no distress from the curse, nevertheless one transgresses by cursing him. If a person curses himself, he likewise violates this. However, one who utters a curse does not commit the transgression unless he does so with the Divine name or a substitute name [of God]. If it was even with any term by which the heathen call the Holy One, blessed is He, that is like any of the substitute holy names.

This is in force everywhere, in every time, for both man and woman.

מו. מִצְוַת לֹא־תַעֲשֶׂה שֶׁלֹּא לְקַלֵּל אָב וָאֵם

שֶׁנֶּאֱמַר (שמות כא, יז): "וּמְקַלֵּל אָבִיו וְאִמּוֹ מוֹת יוּמָת". וְאִם קִלְלוֹ בְּשֵׁם, חַיָּב סְקִילָה; וַאֲפִלּוּ אִם קִלְלָם לְאַחַר מִיתָתָם בְּשֵׁם. קִלְלָם בְּכִנּוּי, לוֹקֶה. לֹא יַשְׁבִּיעַ אֶת אָבִיו שְׁבוּעָה שֶׁיֵּשׁ בָּהּ אָלָה. וְלֹא יִהְיֶה שְׁלִיחַ בֵּית דִּין לְנַדּוֹתוֹ. וְאָסוּר לְבַזּוֹתָם — שֶׁכָּל הַמְבַזֶּה אָבִיו אוֹ אִמּוֹ, אֲפִלּוּ בִּרְמִיזָה, אָרוּר מִפִּי הַגְּבוּרָה, שֶׁנֶּאֱמַר (דברים כז, טז): "אָרוּר מַקְלֶה אָבִיו וְאִמּוֹ".

וְנוֹהֵג בְּכָל מָקוֹם וּבְכָל זְמַן, בִּזְכָרִים וּבִנְקֵבוֹת.

מז. מִצְוַת לֹא־תַעֲשֶׂה שֶׁלֹּא לְהוֹנוֹת זֶה אֶת זֶה בְּמִקָּח וּמִמְכָּר

שֶׁנֶּאֱמַר (ויקרא כה, יד): "וְכִי תִמְכְּרוּ וְגוֹ' אוֹ קָנֹה מִיַּד עֲמִיתֶךָ אַל תּוֹנוּ אִישׁ אֶת אָחִיו". וּבֵין שֶׁהוֹנָה בְּמֵזִיד, בֵּין שֶׁלֹּא יָדַע שֶׁיֵּשׁ בְּמֶכֶר זֶה אוֹנָאָה — חַיָּב לְשַׁלֵּם.

וְנוֹהֵג בְּכָל מָקוֹם וּבְכָל זְמַן, בִּזְכָרִים וּבִנְקֵבוֹת.

מח. מִצְוַת לֹא־תַעֲשֶׂה שֶׁלֹּא לְהוֹנוֹת חֲבֵרוֹ בִּדְבָרִים

שֶׁנֶּאֱמַר (ויקרא כה, יז): "וְלֹא תוֹנוּ אִישׁ אֶת עֲמִיתוֹ". שֶׁלֹּא יֹאמַר לְבַעַל תְּשׁוּבָה: "זְכֹר מַעֲשֶׂיךָ הָרִאשׁוֹנִים"; אוֹ לְבֶן גֵּרִים: "זְכֹר מַעֲשֵׂה אֲבוֹתֶיךָ"; אוֹ לִשְׁאֹל דְּבַר חָכְמָה מִמִּי

46. It is a negative commandment not to curse one's father or mother

as Scripture states, *And he that curses his father or his mother shall surely be put to death* (*Sh'moth* 21:17). If one cursed him [his father] by the Divine name, he would deserve death by stoning, and this even if he cursed them [his parents] after their death, by the Divine name. If he cursed them by a substitute Divine name, he should receive whiplashes. One should not impose an oath on his father that contains an imprecation; nor should he be the emissary of a religious court to excommunicate him. It is forbidden to disgrace them; for whoever disgraces his father or his mother, even by a hint, is accursed by the word of the Almighty, since Scripture says, *Cursed be he who dishonors his father or his mother* (*D'varim* 27:16).

This is in force everywhere, at every time, for both man and woman.

47. It is a negative commandment not to cheat one another in buying and selling

as Scripture states, *And if you sell something . . . or buy from your fellow's hand, you shall not wrong one another* (*Va-yikra* 25:14). Whether a person cheated deliberately, or he did not know that there was an overcharge in this sale, he is duty-bound to make compensation.

This applies in every place and time, for both man and woman.

48. It is a negative commandment not to oppress one's fellow-man with words

for Scripture says, *And you shall not wrong one another* (*Va-yikra* 25:17). [This means] that we should not say to a penitent person, "Remember your original actions"; or to the son of converts to Judaism, "Remember the behavior of your forefathers"; or to ask a matter of wisdom from

שֶׁאֵינוֹ יוֹדֵעַ חָכְמָה, כְּדֵי לְצַעֲרוֹ; וְכַיּוֹצֵא בוֹ בְּאוֹנָאַת דְּבָרִים.

מט. נ.

מִצְוַת לֹא־תַעֲשֶׂה שֶׁלֹּא לְהוֹנוֹת גֵּר־צֶדֶק בִּדְבָרִים

שֶׁנֶּאֱמַר (שמות כב, כ): "וְגֵר לֹא תוֹנֶה",

וּמִצְוַת לֹא־תַעֲשֶׂה שֶׁלֹּא לְהוֹנוֹת גֵּר־צֶדֶק בְּמָמוֹן

שֶׁנֶּאֱמַר (שם): "וְלֹא תִלְחָצֶנּוּ". וְלָאוִין אֵלּוּ נוֹסָפִין עַל הַלָּאוִין שֶׁאָנוּ מֻזְהָרִים בָּזֶה עַל שְׁאָר יִשְׂרָאֵל.

וְנוֹהֵג בְּכָל מָקוֹם וּבְכָל זְמַן, בִּזְכָרִים וּבִנְקֵבוֹת.

נא. מִצְוַת לֹא־תַעֲשֶׂה שֶׁלֹּא לְעַנּוֹת אַלְמָנָה וְיָתוֹם

שֶׁנֶּאֱמַר (שמות כב, כא): "כָּל אַלְמָנָה וְיָתוֹם לֹא תְעַנּוּן". אֲפִלּוּ הֵן בַּעֲלֵי מָמוֹן, אֲפִלּוּ אַלְמְנָתוֹ שֶׁל מֶלֶךְ וִיתוֹמָיו — צָרִיךְ לִנְהֹג בָּהֶם כָּבוֹד. וְלֹא יְצַעֲרֵם וְלֹא יַכְאִיב לִבָּם בִּדְבָרִים קָשִׁים, וְיָחוּס עַל מָמוֹנָם יוֹתֵר מֵעַל מָמוֹנוֹ. וּמִי שֶׁמַּכְעִיסָן אוֹ מַכְאִיב לִבָּם, וְכָל שֶׁכֵּן הַמַּכֶּה אוֹתָן וּמְקַלְּלָן, עוֹבֵר בְּלָאו זֶה, וְעָנְשׁוֹ מְפֹרָשׁ בַּתּוֹרָה (שם שם, כג): "וְחָרָה אַפִּי וְהָרַגְתִּי אֶתְכֶם בֶּחָרֶב וְהָיוּ נְשֵׁיכֶם אַלְמָנוֹת וּבְנֵיכֶם יְתֹמִים".

בֵּין יָתוֹם מֵאָב אוֹ מִן הָאֵם נִקְרָא 'יָתוֹם', עַד שֶׁיִּגְדַּל וְיַעֲשֶׂה כָּל צָרְכּוֹ בְּעַצְמוֹ כִּשְׁאָר הַגְּדוֹלִים. וּמֻתָּר לְעַנּוֹתָן

someone who does not know any wisdom, in order to distress him — and so any similar way of wronging with words.

49, 50. It is a negative commandment not to oppress a righteous proselyte (a full convert to Judaism) with words

as Scripture says, *And a* gér *you shall not wrong* (*Sh'moth* 22:20).

It is likewise a negative commandment not to wrong a righteous proselyte in matters of monetary value

since Scripture adds, *neither shall you oppress him* (*ibid.*). These prohibitions are in addition to the negative precepts that admonish us about the rest of Jewry [which apply equally to proselytes].

This is in effect everywhere, in every time, for both man and woman.

51. It is a negative commandment not to inflict suffering on any widow or orphan

as Scripture says, *You shall not afflict any widow or fatherless child* (*Sh'moth* 22:21). Even if they are wealthy, even the widow of a king, or his orphan children, it is necessary to treat them with respect. One is not to cause them distress or anguish to their hearts with harsh words. He is to be more protective of their property than of his own. If anyone brings them to rage or brings anguish to their hearts, and all the more certainly if he strikes them or curses them, he violates this prohibition; and his punishment is given explicitly in the Torah: *then My wrath will burn, and I will kill you with the sword; and your wives shall be widows, and your children fatherless* (*ibid.* 23).

Whether a child is without a father or without a mother, he is called an orphan, until he grows up and attends to all his needs alone, like other adults. It is permissible to chasten them in the learning of Torah or a craft, so as to guide them

לְתַלְמוּד תּוֹרָה וּלְאֻמָּנוּת, לְהַדְרִיכָן בְּדֶרֶךְ יְשָׁרָה. וּמִכָּל מָקוֹם יָחוּס עֲלֵיהֶן לְגַדְּלָן לְאַט, בְּחֶסֶד וּבְרַחֲמִים.

וְנוֹהֵג בְּכָל מָקוֹם וּבְכָל זְמַן, בִּזְכָרִים וּבִנְקֵבוֹת.

נב. מִצְוַת לֹא־תַעֲשֶׂה שֶׁלֹּא לִתְבֹּעַ לַלֹּוֶה חוֹבוֹ כְּשֶׁיּוֹדֵעַ שֶׁאֵין לוֹ לְשַׁלֵּם

שֶׁנֶּאֱמַר (שמות כב, כד): "לֹא תִהְיֶה לוֹ כְּנֹשֶׁה". וְאָסוּר לְהַמַּלְוֶה לַעֲבֹר לִפְנֵי הַלֹּוֶה כְּשֶׁיּוֹדֵעַ שֶׁאֵין לוֹ לְשַׁלֵּם, שֶׁלֹּא יַכְלִימֶנּוּ. וּכְשֵׁם שֶׁהַמַּלְוֶה אָסוּר לִתְבֹּעַ, כָּךְ הַלֹּוֶה אָסוּר לִכְבֹּשׁ מָמוֹן חֲבֵרוֹ, וְלוֹמַר "לֵךְ וָשׁוּב" כְּשֶׁיֵּשׁ לוֹ, וְהוּא לָאו מִדִּבְרֵי קַבָּלָה, שֶׁנֶּאֱמַר (משלי ג, כח): "אַל תֹּאמַר לְרֵעֲךָ לֵךְ וָשׁוּב וּמָחָר אֶתֵּן וְיֵשׁ אִתָּךְ". וְכֵן אָסוּר לַלֹּוֶה לְהוֹצִיא הַהַלְוָאָה שֶׁלֹּא לְצֹרֶךְ עַד שֶׁאֵין לוֹ לְשַׁלֵּם, וְנִקְרָא 'רָשָׁע', שֶׁנֶּאֱמַר (תהלים לז, כא): "לֹוֶה רָשָׁע וְלֹא יְשַׁלֵּם".

וְנוֹהֵג בְּכָל מָקוֹם וּבְכָל זְמַן, בִּזְכָרִים וּבִנְקֵבוֹת.

נג. מִצְוַת לֹא־תַעֲשֶׂה שֶׁלֹּא לְהִתְעַסֵּק בֵּין מַלְוֶה לְלוֶֹה בְּרִבִּית

שֶׁנֶּאֱמַר (שמות כב, כד): "לֹא תְשִׂימוּן עָלָיו נֶשֶׁךְ", וְהַיְנוּ שֶׁלֹּא לִהְיוֹת עָרֵב וְעֵד בֵּינֵיהֶם. וְהַמַּלְוֶה נִכְלָל גַּם כֵּן בְּלָאו זֶה, חוּץ מִן הַלָּאו שֶׁלֹּא לְהַלְווֹת בְּרִבִּית לְיִשְׂרָאֵל. וְהַסַּרְסוּר בֵּינֵיהֶם עוֹבֵר מִשּׁוּם "לִפְנֵי עִוֵּר לֹא תִתֵּן מִכְשֹׁל" (ויקרא יט, יד; לקמן מצות לא־תעשה ע"ו).

in a straight and decent path. Nevertheless one should be solicitous with them, to rear them slowly [patiently] with kindness and compassion.

This applies everywhere, in every time, for both man and woman.

52. It is a negative commandment not to demand of a borrower to pay his debt when one knows that he has not the means to pay

as Scripture says, *You shall not be to him as a collector* (*Sh'moth* 22:24). It is forbidden for the lender to pass by before the borrower when he knows that the other has not the means to pay, so that he should not put him to shame. Yet just as a lender is forbidden to make demands, so is the borrower forbidden to suppress the money due his fellow-man, to tell him, "Go and come back," when he has it. This is a prohibition from the words of the later parts of Scripture; for it states, *Do not say to your fellow, "Go and come again, and tomorrow I will give" — when you have it with you* (*Mishley* 3:28). It is likewise forbidden for the borrower to spend the borrowed money needlessly until he is unable to repay it; he is called wicked, as Scripture says, *The wicked man borrows and does not pay* (*T'hillim* 37:21).

This is in force everywhere, in every time, for both man and woman.

53. It is a negative commandment to have no part in dealings between a lender and a borrower at interest

for Scripture says, *neither shall you put interest upon him* (*Sh'moth* 22:24) — which means that one should not be a guarantor or a witness between them; and the lender is also included in the scope of this prohibition, apart from the injunction not to lend at interest to a member of Jewry [§54]. Any intermediary between them [who brings them together or helps them arrange the loan] violates the injunction, *nor shall you put a stumbling-block before the blind* (*Va-yikra* 19:14; below, §76).

וְנוֹהֵג בְּכָל מָקוֹם וּבְכָל זְמַן, בִּזְכָרִים וּבִנְקֵבוֹת.

נד. מִצְוַת לֹא־תַעֲשֶׂה שֶׁלֹּא לְהַלְווֹת לְיִשְׂרָאֵל בְּרִבִּית בֵּין כֶּסֶף בֵּין דְּבַר מַאֲכָל אוֹ שְׁאָר דְּבָרִים

שֶׁנֶּאֱמַר (ויקרא כה, לז): ״אֶת כַּסְפְּךָ לֹא תִתֵּן לוֹ בְּנֶשֶׁךְ וּבְמַרְבִּית לֹא תִתֵּן אָכְלֶךָ״. ׳נֶשֶׁךְ׳ וְ׳תַרְבִּית׳ אֶחָד הוּא, וְחִלְּקָם הַכָּתוּב, לַעֲבֹר בִּשְׁנֵי לָאוִין. וְהַמַּלְוֶה עוֹבֵר גַּם עַל לָאו דְ״לֹא תְשִׂימוּן עָלָיו נֶשֶׁךְ״ (שמות כב, כד), וּמִשּׁוּם ״אַל תִּקַּח מֵאִתּוֹ נֶשֶׁךְ וְתַרְבִּית״ (ויקרא כה, לו).

וְנוֹהֵג בְּכָל מָקוֹם וּבְכָל זְמַן, בִּזְכָרִים וּבִנְקֵבוֹת.

נה. מִצְוַת לֹא־תַעֲשֶׂה שֶׁלֹּא לִלְווֹת בְּרִבִּית מִיִּשְׂרָאֵל

שֶׁנֶּאֱמַר (דברים כג, כ): ״לֹא תַשִּׁיךְ לְאָחִיךָ״, זוֹ אַזְהָרָה לַלֹּוֶה. וְעוֹבֵר גַּם עַל לָאו דְ״לִפְנֵי עִוֵּר לֹא תִתֵּן מִכְשֹׁל״ (ויקרא יט, יד).

וְנוֹהֵג בְּכָל מָקוֹם וּבְכָל זְמַן, בִּזְכָרִים וּבִנְקֵבוֹת.

נו. מִצְוַת לֹא־תַעֲשֶׂה שֶׁלֹּא לִמְנֹעַ מִלְּהַלְווֹת לְיִשְׂרָאֵל מִפַּחַד הַשְּׁמִטָּה שֶׁלֹּא תְּשַׁמֵּט

שֶׁנֶּאֱמַר (דברים טו, ט): ״הִשָּׁמֶר לְךָ פֶּן יִהְיֶה דָבָר עִם לְבָבְךָ בְלִיַּעַל לֵאמֹר קָרְבָה שְׁנַת הַשֶּׁבַע שְׁנַת הַשְּׁמִטָּה וְרָעָה

It is in effect everywhere, in every time, for both man and woman.

54. It is a negative commandment to lend nothing to a member of Jewry at interest, be it money or something to eat or anything else

for Scripture says, *You shall not give him your money at interest, nor give him your provisions of food in usury* (*Va-yikra* 25:37). The terms *neshech* ("interest") and *marbith* ("usury") are one thing; but Scripture divided it into two terms to make [the lender] the transgressor of two prohibitions. The lender also violates the prohibition [§53], *neither shall you put interest upon him* (*Sh'moth* 22:24), as well as the injunction, *Do not take interest or increase from him* (*Va-yikra* 25:36).

It is in force everywhere, in every time, for both man and woman.

55. It is a negative commandment not to borrow at interest from a member of Jewry

since Scripture says, *You shall not give interest to your brother* (*D'varim* 23:20), which is an admonition to the borrower. He would also violate the injunction [§76], *nor shall you put a stumbling-block before the blind* (*Va-yikra* 19:14).

This is in force everywhere, in every time, for both man and woman.

56. It is a negative commandment not to refrain from lending money to a member of Jewry for fear of the year of *sh'mittah* (release), that the loan should not become cancelled

as Scripture says, *Beware lest there be a base thought in your heart, saying, "The seventh year, the year of release is at hand"; and your eye may be evil,* etc. (*D'varim* 15:9). This is a

עֵינְךָ וְגוֹ׳״. וְחֵטְא גָּדוֹל הוּא, שֶׁהַתּוֹרָה הִקְפִּידָה וּקְרָאוֹ ׳בְלִיַּעַל׳.

וְנוֹהֵג בִּזְכָרִים וּבִנְקֵבוֹת, מִדְּאוֹרַיְתָא — בִּזְמַן שֶׁהַיּוֹבֵל נוֹהֵג, וּבַזְּמַן הַזֶּה — דְּרַבָּנָן. וְכָתַב רַבֵּנוּ יוֹנָה: קַל וָחֹמֶר בִּזְמַן שֶׁלֹּא יַפְסִיד חוֹבוֹ, כִּי יִגְדַּל חֶטְאוֹ הַמַּקְשֶׁה לִבּוֹ שֶׁלֹּא לְהַלְווֹת.

נז. ◆ מִצְוַת לֹא־תַעֲשֶׂה שֶׁלֹּא לִתְבֹּעַ חוֹב שֶׁעָבְרָה עָלָיו שְׁבִיעִית

שֶׁנֶּאֱמַר (דברים טו, ב): ״לֹא יִגֹּשׂ אֶת רֵעֵהוּ וְאֶת אָחִיו כִּי קָרָא שְׁמִטָּה לַה׳״. וְכָל זֶה בִּזְמַן שֶׁיּוֹבֵל נוֹהֵג, אֲבָל בַּזְּמַן הַזֶּה שֶׁשְּׁמִטַּת כְּסָפִים אֵינוֹ אֶלָּא מִדְּרַבָּנָן, אֵינוֹ עוֹבֵר בְּלָאו, אֶלָּא אִסּוּרָא דְרַבָּנָן קָא עָבִיד.

נח. ◆ מִצְוַת לֹא־תַעֲשֶׂה שֶׁלֹּא לְמַשְׁכֵּן כֵּלִים שֶׁעוֹשִׂים בָּהֶם אֹכֶל נֶפֶשׁ

שֶׁנֶּאֱמַר (דברים כד, ו): ״לֹא יַחֲבֹל רֵחַיִם וָרָכֶב כִּי נֶפֶשׁ הוּא חֹבֵל״. בֵּין שֶׁהִלְוָה עַל הַמַּשְׁכּוֹן, בֵּין שֶׁמִּשְׁכְּנוֹ אַחַר הַהַלְוָאָה, בְּיָדוֹ, אוֹ עַל פִּי בֵית דִּין — עוֹבֵר בְּלָאו זֶה. וְאִם אָבַד הַמַּשְׁכּוֹן אוֹ נִשְׂרַף, הֲרֵי זֶה עוֹבֵר עַל לָאו זֶה. וְחַיָּב עַל רֵחַיִם בִּפְנֵי עַצְמוֹ וְעַל רֶכֶב בִּפְנֵי עַצְמוֹ. וּכְשֵׁם שֶׁרֵחַיִם וָרֶכֶב מְיֻחָדִין: שֶׁהֵן שְׁנֵי כֵלִים וּמְשַׁמְּשִׁין מְלָאכָה אַחַת, וְחַיָּב עַל זֶה בִּפְנֵי עַצְמוֹ וְעַל זֶה בִּפְנֵי עַצְמוֹ — כָּךְ כָּל

great sin, since the Torah disapproves, calling it base and scoundrelly.

It applies to both man and woman: by the law of the Torah, at the time that the rule of the jubilee is in effect; and at the present time, by the law of the Sages. Now, Rabbénu Yonah wrote: At a time when he will not lose his loan, how much more certain it is that if someone hardens his heart not to grant a loan, his sin will be very great.

57. It is a negative commandment not to demand payment of a loan over which the seventh year [*sh'mittah*] has passed

for Scripture says, *he shall not exact it of his fellow and his brother, because Hashem's release has been proclaimed* (*D'varim* 15:2). All this applies at the time that the rule of the jubilee is in effect. In the present, however, when the law of *sh'mittah* (release) in money matters is only by the ruling of the Sages, one would not violate a prohibition but would rather be doing something forbidden by the Sages.

58. It is a negative commandment not to take in pledge (pawn) any utensils with which sustaining food is made

for Scripture states, *No man shall take the lower or upper millstone to pledge, for he takes a man's life to pledge* (*D'varim* 24:6). Whether he [the creditor] gave the loan for the pledged object, or he took the object after the loan was made, by his own hand or through the court, he would violate this prohibition. If the object taken in pledge was lost or stolen, he would violate this prohibition [irrevocably, past all rectification]. Punishment would be deserved for the lower millstone by itself, and for the upper one by itself. And just as the distinctive characteristics of the lower and upper millstones are that they are two articles serving for one purpose, and there is punishment for the one by itself and for the other by itself, so with any two

שְׁנֵי כֵּלִים שֶׁמְּשַׁמְּשִׁין מְלָאכָה אַחַת, חַיָּב עַל זֶה בִּפְנֵי עַצְמוֹ וְעַל זֶה בִּפְנֵי עַצְמוֹ.

וְנוֹהֵג בְּכָל מָקוֹם וּבְכָל זְמַן, בִּזְכָרִים וּבִנְקֵבוֹת.

נט. מִצְוַת לֹא־תַעֲשֶׂה שֶׁלֹּא לְמַשְׁכֵּן בַּעַל חוֹב בִּזְרוֹעַ

שֶׁנֶּאֱמַר (דברים כד, י): "לֹא תָבֹא אֶל בֵּיתוֹ לַעֲבֹט עֲבֹטוֹ". וְלֹא יְמַשְׁכְּנֶנּוּ אֶלָּא בְּבֵית דִּין. וַאֲפִלּוּ שְׁלִיחַ בֵּית דִּין שֶׁבָּא לְמַשְׁכֵּן, לֹא יִכָּנֵס לְבֵיתוֹ לְמַשְׁכְּנוֹ, אֶלָּא עוֹמֵד בַּחוּץ, שֶׁנֶּאֱמַר (שם שם, יא): "בַּחוּץ תַּעֲמֹד", וְהַלּוֶֹה נִכְנָס לְבֵיתוֹ וּמוֹצִיא לוֹ הַמַּשְׁכּוֹן, שֶׁנֶּאֱמַר (שם): "וְהָאִישׁ אֲשֶׁר אַתָּה נֹשֶׁה בוֹ יוֹצִיא אֵלֶיךָ אֶת הָעֲבוֹט הַחוּצָה". וְעָרֵב — מֻתָּר לְמַשְׁכְּנוֹ בִּזְרוֹעַ, וְלִכָּנֵס לְבֵיתוֹ וְלִטֹּל הַמַּשְׁכּוֹן, שֶׁנֶּאֱמַר (משלי כז, יג): "קַח בִּגְדוֹ כִּי עָרַב זָר". וְכֵן מִי שֶׁיֵּשׁ לוֹ שָׂכָר אֵצֶל חֲבֵרוֹ, בֵּין שְׂכַר מְלַאכְתּוֹ אוֹ שְׂכַר בְּהֶמְתּוֹ וְכֵלָיו אוֹ בֵיתוֹ, הֲרֵי זֶה מֻתָּר לְמַשְׁכְּנוֹ שֶׁלֹּא עַל פִּי בֵית דִּין, וְנִכְנָס לְבֵיתוֹ וְנוֹטֵל הַמַּשְׁכּוֹן בִּשְׂכָרוֹ. וְאִם זָקַף עָלָיו הַשָּׂכָר בְּמִלְוֶה, אָסוּר.

וְנוֹהֵג בְּכָל מָקוֹם וּבְכָל זְמַן, בִּזְכָרִים וּבִנְקֵבוֹת.

ס. מִצְוַת לֹא־תַעֲשֶׂה שֶׁלֹּא לְמַשְׁכֵּן בֶּגֶד אַלְמָנָה

שֶׁנֶּאֱמַר (דברים כד, יז): "וְלֹא תַחֲבֹל בֶּגֶד אַלְמָנָה". בֵּין שֶׁהִיא עֲנִיָּה בֵּין עֲשִׁירָה, לֹא בִשְׁעַת הַלְוָאָה וְלֹא שֶׁלֹּא בִשְׁעַת הַהַלְוָאָה, וְלֹא עַל פִּי בֵית דִּין. וְאִם מִשְׁכֵּן אוֹתָהּ, מַחֲזִירִין

utensils that serve for one purpose: there is penalty for each by itself.

It is in force everywhere, at every time, for both man and woman.

59. It is a negative commandment not to take an object in pledge (pawn) by main force from a debtor

for Scripture says, *you shall not go into his house to take his pledge* (*D'varim* 24:10). He [the lender] is not to take a pledged object from him [the borrower] except through the court. And even the representative of the court who comes to remove it is not to enter his house to take it, but is to remain outside; for Scripture says, *You shall stand without* (*ibid.* 11). The borrower is to go into his house and bring the pledged object out to him, as Scripture states, *and the man to whom you make the loan shall bring forth the pledge out to you* (*ibid.*). As for a guarantor, it is permissible to take an object in pledge from him by force, and to go into his house and take the pledge; for it says, *Take his garment, for he has given surety for a stranger* (*Mishley* 20:16). So too if someone has remuneration due him from his fellow-man, whether it is wages for his labor or payment for the hire of his animal, his tools or his house: he is permitted to take a pledge without the action of the court. He may enter the other's house and take an article in pledge for his payment. But if he has converted the fee due him into a loan for the other [to pay], it is forbidden.

This applies in every place and time, for both man and woman.

60. It is a negative commandment not to take in pledge (pawn) the garment of a widow

as Scripture says, *nor shall you take a widow's raiment to pledge* (*D'varim* 24:17). [This applies] whether she is poor or rich; and neither at the time of the loan nor after the loan was made, nor through the court. If he [the creditor] took an object in pledge from her, it is taken back from him

מִמֶּנּוּ בְּעַל כָּרְחוֹ. וְאִם נֶאֱבַד הַמַּשְׁכּוֹן קֹדֶם שֶׁהֶחְזִיר, הֲרֵי זֶה עוֹבֵר עַל לָאו זֶה — שֶׁאֵינוֹ יָכוֹל שׁוּב לְקַיֵּם לְהַחֲזִיר הַמַּשְׁכּוֹן.

וְנוֹהֵג בְּכָל מָקוֹם וּבְכָל זְמַן, בִּזְכָרִים וּבִנְקֵבוֹת.

סא. מִצְוַת לֹא־תַעֲשֶׂה שֶׁלֹּא לִמְנֹעַ מַשְׁכּוֹן מִבְּעָלָיו בְּעֵת צָרְכּוֹ

שֶׁנֶּאֱמַר (דברים כד, יב): "לֹא תִשְׁכַּב בַּעֲבֹטוֹ", רוֹצֶה לוֹמַר, לֹא תִשְׁכַּב וַעֲבוֹטוֹ עִמָּךְ (ועיין בחלק המצוות־עשה, מצוה ס"ג).

וְנוֹהֵג בְּכָל מָקוֹם וּבְכָל זְמַן, בִּזְכָרִים וּבִנְקֵבוֹת.

סב. מִצְוַת לֹא־תַעֲשֶׂה שֶׁלֹּא לְאַמֵּץ לֵב וְלֹא לִקְפֹּץ יָד מֵעֲנִיֵּי יִשְׂרָאֵל

שֶׁנֶּאֱמַר (דברים טו, ז): "לֹא תְאַמֵּץ אֶת לְבָבְךָ וְלֹא תִקְפֹּץ אֶת יָדְךָ מֵאָחִיךָ הָאֶבְיוֹן" (ועיין בחלק המצוות־עשה, מצוה לח).

וְנוֹהֵג בְּכָל מָקוֹם וּבְכָל זְמַן, בִּזְכָרִים וּבִנְקֵבוֹת.

סג. מִצְוַת לֹא־תַעֲשֶׂה שֶׁלֹּא לְקַלֵּל לַדַּיָּן

שֶׁנֶּאֱמַר (שמות כב, כז): "אֱלֹהִים לֹא תְקַלֵּל". וְהַמְקַלֵּל אֶת הַדַּיָּן בְּשֵׁם אוֹ בְכִנּוּי, לוֹקֶה שְׁתַּיִם (מִשּׁוּם לָאו זֶה, וּמִשּׁוּם שֶׁלֹּא לְקַלֵּל לְיִשְׂרָאֵל חֲבֵרוֹ).

גַּם, פָּסוּק זֶה אַזְהָרָה שֶׁלֹּא לְבָרֵךְ אֶת הַשֵּׁם. וְהַמְבָרֵךְ

against his will. If the object taken was lost before he returned it, he would violate this prohibition [irrevocably], since he can no longer fulfill his duty to return the object taken in pledge.

It applies in every place and time, for both man and woman.

61. It is a negative commandment not to withhold from its owner an object taken in pledge, at the time that he needs it

as Scripture says, *you shall not sleep with his pledge* (*D'varim* 24:12), which means: do not go to sleep while his pledged object is with you (see the section of positive commandments, §63).

It is in effect everywhere, in every time, for both man and woman.

62. It is a negative commandment not to harden one's heart and not to shut one's hand toward a poor Jewish man

as Scripture says, *you shall not harden your heart nor shut your hand from your needy brother* (*D'varim* 15:7). (See also the section of the positive commandments, §38.)

It applies everywhere, in every time, for both man and woman.

63. It is a negative commandment not to curse a judge

as Scripture says, *You shall not revile God* (*Sh'moth* 22:27) [which is interpreted to mean judges]. If someone cursed a judge by the Divine name or by a substitute name of God, he should receive whiplashes twice (over this prohibition, and over the injunction not to curse a fellow-Jew [§45]).

This verse of the Bible is also an admonition not to blaspheme Hashem. If someone blasphemed Hashem by a

אֶת הַשֵּׁם בְּכִנּוּי, הוּא בְלָאו; וְהַמְבָרֵךְ אֶת הַשֵּׁם בַּשֵּׁם, עָנְשׁוֹ מְפֹרָשׁ (ויקרא כד, טז): "וְנֹקֵב שֵׁם ה׳ מוֹת יוּמָת רָגוֹם יִרְגְּמוּ בוֹ כָּל הָעֵדָה", וְזֶהוּ 'מְגַדֵּף'; וַאֲפִלּוּ חָזַר בּוֹ תּוֹךְ כְּדֵי דִבּוּר. וּבַזְּמַן הַזֶּה שֶׁאֵין דָּנִין דִּינֵי נְפָשׁוֹת, מַחְרִימִין אוֹתוֹ וּמַרְחִיקִין מִמֶּנּוּ.

וְנוֹהֵג בְּכָל מָקוֹם וּבְכָל זְמַן, בִּזְכָרִים וּבִנְקֵבוֹת.

סד. מִצְוַת לֹא־תַעֲשֶׂה שֶׁלֹּא לְמַנּוֹת דַּיָּן שֶׁאֵינוֹ הָגוּן

שֶׁנֶּאֱמַר (דברים א, יז): "לֹא תַכִּירוּ פָנִים בַּמִּשְׁפָּט". וּפֵרֵשׁ בְּסִפְרִי, דְּזֶה קָאִי עַל הַמְמֻנֶּה לְהוֹשִׁיב דַּיָּנִים, שֶׁלֹּא יַכִּיר פָּנִים, וְלֹא יֹאמַר: אִישׁ פְּלוֹנִי גִבּוֹר, אוֹ נָאֶה, אוֹ חָכָם בִּשְׁאָר חָכְמוֹת, אוֹ בִשְׁאָר מַעֲלוֹת שֶׁאֵינָם מֵעִנְיְנֵי תוֹרָה וְיִרְאַת שָׁמַיִם. כִּי הַדַּיָּן צָרִיךְ לִהְיוֹת חָכָם בַּתּוֹרָה, וִירֵא שָׁמַיִם, וְשׂוֹנֵא בֶצַע, וְכוֹבֵשׁ יִצְרוֹ, וְיִהְיֶה לוֹ לֵב אַמִּיץ לְהַצִּיל עָשׁוּק מִיַּד עוֹשְׁקוֹ — בְּאֵלּוּ הַמַּעֲלוֹת צָרִיךְ לִהְיוֹת הַדַּיָּן. אֲבָל מִי שֶׁמּוֹשִׁיב דַּיָּן מִפְּנֵי שְׁאָר מַעֲלוֹת, עוֹבֵר עַל לָאו זֶה.

וְנוֹהֵג בְּכָל מָקוֹם וּבְכָל זְמַן.

סה. מִצְוַת לֹא־תַעֲשֶׂה עַל הַדַּיָּן שֶׁלֹּא לִשְׁמֹעַ טַעֲנַת בַּעַל־דִּין שֶׁלֹּא בִפְנֵי בַעַל־דִּין חֲבֵרוֹ

שֶׁנֶּאֱמַר (שמות כג, א): "לֹא תִשָּׂא שֵׁמַע שָׁוְא". וְכֵן בַּעַל־דִּין מֻזְהָר שֶׁלֹּא יַשְׁמִיעַ דְּבָרָיו לַדַּיָּן קֹדֶם שֶׁיָּבוֹא בַּעַל־דִּין חֲבֵרוֹ, וּקְרֵי בֵהּ: "לֹא תַשִּׂיא".

substitute Divine name, he would transgress a prohibition. If someone blasphemed Hashem by the Divine name itself, his punishment is stated explicitly: *And he who blasphemes the name of Hashem shall surely be put to death; the entire community shall stone him* (*Va-yikra* 24:16). This is the case if one blasphemes, even if he retracts in the time it takes to say a few words. At the present time, however, when we do not judge capital cases, he is excommunicated, and we keep our distance from him.

This is in effect everywhere, in every time, for both man and woman.

64. **It is a negative commandment not to appoint a judge who is unsuitable**

for Scripture states, *You shall not respect persons in judgment* (*D'varim* 1:17); and it was explained in the Midrash Sifre that this is addressed to the man assigned to appoint judges, that he should not respect persons: He should not say, "So-and-so is strong," or handsome, or wise in other fields of knowledge or other areas of excellence, which are not related to the Torah and the reverent fear of Heaven [God]. For a judge needs to be wise in the Torah, reverent toward Heaven, with a hatred of bribery, who subdues his evil impulse; and he should have a strong, fearless heart to rescue an exploited or victimized person from the one who oppresses him. These are the noble qualities that a judge needs to have. If, however, someone appoints judges on account of other qualities, he violates this prohibition.

It is in effect in every place and every time.

65. **It is a negative commandment for a judge not to hear the argument of one party to a lawsuit when the other party is not there**

for Scripture says, *You shall not take up a false report* (*Sh'moth* 23:1). A litigant (party to a dispute) is likewise adjured not to present his statement to the judge before his fellow-litigant comes; we read the text, *lo thissa*, "you shall not

וּבִכְלָל לָאו זֶה, שֶׁלֹּא לְקַבֵּל וְשֶׁלֹּא לְסַפֵּר לָשׁוֹן הָרָע, וְשֶׁלֹּא לְהָעִיד עֵדוּת שֶׁקֶר.

וְנוֹהֵג בְּכָל מָקוֹם וּבְכָל זְמַן, בִּדְיָנִים, וּבְבַעֲלֵי דִינִין זְכָרִים וּנְקֵבוֹת.

סו מִצְוַת לֹא־תַעֲשֶׂה שֶׁלֹּא לְרַחֵם עַל עָנִי בַּדִּין

שֶׁנֶּאֱמַר (שמות כג, ג): "וְדָל לֹא תֶהְדַּר בְּרִיבוֹ", וְנֶאֱמַר (ויקרא יט, טו): "לֹא תִשָּׂא פְנֵי דָל". שֶׁלֹּא יֹאמַר הַדַּיָּן: עָנִי הוּא, וַאֲנוּ מְחֻיָּבִין לְפַרְנְסוֹ — אֲזַכֵּנּוּ בַדִּין, כְּדֵי שֶׁיִּתְפַּרְנֵס בִּנְקִיּוּת.

וְנוֹהֵג בְּכָל מָקוֹם וּבְכָל זְמַן.

סז. מִצְוַת לֹא־תַעֲשֶׂה עַל הַדַּיָּן שֶׁלֹּא לְהַטּוֹת מִשְׁפַּט חוֹטֵא מִפְּנֵי רִשְׁעוֹ

שֶׁנֶּאֱמַר (שמות כג, ו): "לֹא תַטֶּה מִשְׁפַּט אֶבְיֹנְךָ בְּרִיבוֹ". וּפֵרוּשׁ 'אֶבְיֹנְךָ': מִי שֶׁהוּא אֶבְיוֹן בְּמִצְוֹת.

וְנוֹהֵג בְּכָל מָקוֹם וּבְכָל זְמַן, בִּזְכָרִים וּבִנְקֵבוֹת.

סח. מִצְוַת לֹא־תַעֲשֶׂה עַל הַדַּיָּן שֶׁלֹּא לְהַטּוֹת מִשְׁפַּט גֵּר וְיָתוֹם

שֶׁנֶּאֱמַר (דברים כד, יז): "לֹא תַטֶּה מִשְׁפַּט גֵּר יָתוֹם". וְאִם עָבַר וְהִטָּה מִשְׁפַּט גֵּר אוֹ מִשְׁפַּט יָתוֹם, עוֹבֵר בִּשְׁנֵי לָאוִין (אֶחָד מִשּׁוּם "לֹא תַעֲשׂוּ עָוֶל בַּמִּשְׁפָּט" (ויקרא יט, טו), וְאֶחָד מִשּׁוּם לָאו זֶה).

וְנוֹהֵג בְּכָל מָקוֹם וּבְכָל זְמַן.

take up," as though it were *lo thassi*, "you shall not cause to be taken up."

Included in this prohibition is the rule not to accept and not to relate evil slander, and not to give false testimony.

It applies everywhere and always, for judges and litigants, both male and female.

66. It is a negative commandment not to have pity on a poor man in a court trial

as Scripture says, *neither shall you favor a poor man in his cause* (*Sh'moth* 23:3); and it says further, *you shall not respect the person of the poor* (*Va-yikra* 19:15). [This means] that the judge should not say, "He is an indigent man, and we have a duty to sustain him. I will declare him right in the court case, so that he will be sustained with ease."

It applies in every place, in every time.

67. It is a negative commandment for a judge not to pervert justice for a sinner on account of his wickedness

for Scripture says, *You shall not pervert the judgment of your poor in his suit* (*Sh'moth* 23:6); and the meaning of "your poor" is a person who is impoverished in mitzvoth.

It applies everywhere and always, for both man and woman.

68. It is a negative commandment for a judge not to pervert justice for a proselyte or an orphan

for Scripture says, *You shall not pervert the judgment of a* gér *or an orphan* (*D'varim* 24:17). If someone transgressed and did deal unjustly with the case of a convert or the case of an orphan, he would violate two prohibitions (one, *You shall do no injustice in judgment* — *Va-yikra* 19:15 [§69]; and one, this prohibition).

It applies in every place, in every time.

סט. מִצְוַת לֹא־תַעֲשֶׂה שֶׁלֹּא לַעֲשׂוֹת עָוֶל בַּמִּשְׁפָּט

שֶׁנֶּאֱמַר (ויקרא יט, טו): "לֹא תַעֲשׂוּ עָוֶל בַּמִּשְׁפָּט", פֵּרוּשׁ: שֶׁלֹּא לְזַכּוֹת אֶת הַחַיָּב וְלֹא לְחַיֵּב אֶת הַזַּכַּאי. וּבִכְלָל זֶה שֶׁלֹּא לְעַנּוֹת אֶת הַדִּין אַחַר שֶׁנִּתְבָּרֵר לַדַּיָּן אֵיךְ הַדִּין, וְהוּא מַאֲרִיךְ בִּדְבָרִים בְּרוּרִים כְּדֵי לְצַעֵר אֶחָד מִבַּעֲלֵי־הַדִּין, הֲרֵי זֶה בִּכְלַל עָוֶל.

ע. מִצְוַת לֹא־תַעֲשֶׂה שֶׁלֹּא לְהַדֵּר פְּנֵי גָדוֹל בַּדִּין

שֶׁנֶּאֱמַר (ויקרא יט, טו): "וְלֹא תֶהְדַּר פְּנֵי גָדוֹל", פֵּרוּשׁ: אִם בָּאוּ לְפָנָיו לְדִין אֶחָד גָּדוֹל וְאֶחָד קָטָן, לֹא יְכַבֵּד לַגָּדוֹל, וְלֹא יַסְבִּיר לוֹ פָּנִים, וְלֹא יִשְׁאַל בִּשְׁלוֹמוֹ יוֹתֵר מֵחֲבֵרוֹ.

וְנוֹהֵג בְּכָל מָקוֹם וּבְכָל זְמַן.

עא. מִצְוַת לֹא־תַעֲשֶׂה עַל הַדַּיָּן שֶׁלֹּא לִקַּח שֹׁחַד

שֶׁנֶּאֱמַר (שמות כג, ח): "וְשֹׁחַד לֹא תִקָּח". וַאֲפִלּוּ לָדוּן אֱמֶת. וְחַיָּב לְהַחֲזִיר. וַאֲפִלּוּ שֹׁחַד דְּבָרִים אָסוּר. וְהַנּוֹתֵן עוֹבֵר עַל לָאו דְ"לִפְנֵי עִוֵּר לֹא תִתֵּן מִכְשֹׁל" (ויקרא יט, יד). וּשְׂכַר בַּטָּלָה, שֶׁנִּכָּר שֶׁהוּא בָטֵל מִמְּלַאכְתּוֹ בְּעוֹד שֶׁהוּא עָסוּק בַּדִּין, מֻתָּר לִקַּח, מִשְּׁנֵי הַבַּעֲלֵי־דִין בְּשָׁוֶה.

69. It is a negative commandment to commit no injustice in rendering judgment

as Scripture says, *You shall do no injustice in judgment* (*Va-yikra* 19:15). This means not to declare the guilty innocent or the innocent guilty. Included in this prohibition is the rule not to delay the verdict. After it has become evident to the judge where justice lies, if he dwells at length on clear matters in order to cause one of the litigants distress, this is in the general category of injustice.

70. It is a negative commandment to show no honor to an eminent man in a court judgment

as Scripture says, *nor shall you favor the person of the mighty* (*Va-yikra* 19:15). This means that if people come before him [a justice] in a lawsuit, one great and one small [in importance, etc.] he is not to honor the great one and is not to treat him cordially. He is not to greet that one to any greater extent than the other one.

It applies in every place and every time.

71. It is a negative commandment for a judge to accept no bribe

as Scripture says, *And you shall take no bribe* (*Sh'moth* 23:8) — even to render a true judgment. He is duty-bound to return it. And even a bribe of words [flattery] is forbidden. Whoever gives it violates the prohibition [§76], *nor shall you put a stumbling-block before the blind* (*Va-yikra* 19:14). As for payment for being idled, since it is evident that he is interrupted from his work while he is occupied with the judgment, it is permissible for him to take [a fee] from both litigants equally.

עב. מִצְוַת לֹא־תַעֲשֶׂה שֶׁלֹּא יִירָא הַדַּיָּן מֵהַבַּעַל־דִּין

שֶׁנֶּאֱמַר (דברים א, יז): "לֹא תָגוּרוּ מִפְּנֵי אִישׁ". וְאַף עַל פִּי שֶׁהַבַּעַל־דִּין הוּא בַּעַל זְרוֹעַ, לֹא יִירָא מִמֶּנּוּ שֶׁלֹּא יַזִּיקֶנּוּ. וְכָל זְמַן שֶׁאֵין הַדַּיָּן יוֹדֵעַ לְהֵיכָן הַדִּין נוֹטֶה, יָכוֹל לְסַלֵּק אֶת עַצְמוֹ מִן הַדִּין, וְלוֹמַר: אֵין אֲנִי מִזְדַּקֵּק לָכֶם. אֲבָל מִשֶּׁיִּשְׁמַע דִּבְרֵיהֶם, וְיוֹדֵעַ לְהֵיכָן הַדִּין נוֹטֶה, אֵינוֹ רַשַּׁאי לְסַלֵּק עַצְמוֹ מִפְּנֵי שֶׁהוּא יָרֵא מֵאֶחָד מֵהֶם שֶׁלֹּא יַזִּיקֶנּוּ. וְנִכְלָל בָּזֶה, תַּלְמִיד שֶׁיּוֹשֵׁב לִפְנֵי רַבּוֹ, וְרוֹאֶה זְכוּת לֶעָנִי וְחוֹבָה לֶעָשִׁיר, וְשׁוֹתֵק — הֲרֵי זֶה עוֹבֵר עַל לָאו זֶה.

וְנוֹהֵג בְּכָל מָקוֹם וּבְכָל זְמַן.

עג. מִצְוַת לֹא־תַעֲשֶׂה שֶׁלֹּא לְהָקִים דָּבָר עַל פִּי עֵד אֶחָד

שֶׁנֶּאֱמַר (דברים יט, טו): "לֹא יָקוּם עֵד אֶחָד בְּאִישׁ לְכָל עָוֹן וּלְכָל חַטָּאת". הַיְנוּ, לְחַיֵּב עַל פִּי עֵד אֶחָד.

וְנוֹהֵג בְּכָל מָקוֹם וּבְכָל זְמַן.

עד. מִצְוַת לֹא־תַעֲשֶׂה עַל הַבֵּית דִּין שֶׁלֹּא לְקַבֵּל עֵדוּת קָרוֹב

שֶׁנֶּאֱמַר (דברים כד, טז): "לֹא יוּמְתוּ אָבוֹת עַל בָּנִים". רוֹצֶה לוֹמַר, בְּעֵדוּת בָּנִים. וְהוּא הַדִּין שְׁאָר קְרוֹבִים.

72. It is a negative commandment that the judge should have no fear of a party to a lawsuit

as Scripture says, *you shall not be afraid of the presence of any man* (*D'varim* 1:17). Even if a man on trial is powerful, he should not be afraid of him that he may harm him. Now, as long as the judge does not know in which direction justice tends in the case, he can remove himself from the judgment, saying, "I am not bound to you [to have to try your case]." But from the time he hears their statements and knows which way the justice tends to lie in the case, he has no right to remove himself because he fears one of them, that he may injure him. Included in this is the rule that if a disciple is sitting before his master [when the instructor is trying a case] and he sees a point in favor of a poor man and to the disadvantage of a rich man, and he remains silent, he violates this prohibition.

It applies everywhere, in every time.

73. It is a negative commandment to establish nothing as certain by the word of one witness

for Scripture states, *A single witness shall not stand up against a man for any iniquity or for any sin* (*D'varim* 19:15) — which means to impose punishment on the word of one witness.

It is in effect everywhere, in every time.

74. It is a negative commandment for the court not to accept the testimony of a close relative

for Scripture states, *Fathers shall not be put to death through children* (*D'varim* 24:16), which means through the testimony of the children; and the law is the same for other near relatives.

עה. מִצְוַת לֹא־תַעֲשֶׂה עַל הַבֵּית דִּין שֶׁלֹּא לְקַבֵּל עֵדוּת בַּעַל־עֲבֵרָה

שֶׁנֶּאֱמַר (שמות כג, א): "אַל תָּשֶׁת יָדְךָ עִם רָשָׁע לִהְיֹת עֵד חָמָס". וְעֵד כָּשֵׁר הַיּוֹדֵעַ בַּחֲבֵרוֹ שֶׁהוּא רָשָׁע, וְאֵין הַדַּיָּנִים מַכִּירִים רִשְׁעוֹ — אָסוּר לוֹ לְהָעִיד עִמּוֹ אֲפִלּוּ הָעֵדוּת אֱמֶת, מִשּׁוּם "אַל תָּשֶׁת יָדְךָ עִם רָשָׁע", וְאֵין צָרִיךְ לוֹמַר אִם יוֹדֵעַ שֶׁהָעֵד הַשֵּׁנִי יָעִיד שֶׁקֶר, שֶׁאָסוּר לוֹ לְהָעִיד עִמּוֹ.

וְנוֹהֵג בְּכָל מָקוֹם וּבְכָל זְמַן.

עו. מִצְוַת לֹא־תַעֲשֶׂה שֶׁלֹּא לְהַכְשִׁיל לַחֲבֵרוֹ בְּשׁוּם דָּבָר

שֶׁנֶּאֱמַר (ויקרא יט, יד): "וְלִפְנֵי עִוֵּר לֹא תִתֵּן מִכְשֹׁל". רָצָה לוֹמַר, אִם הוּא עִוֵּר בְּדָבָר, וּבָא לִשְׁאֹל עֵצָה, לֹא יִתֵּן לוֹ עֵצָה שֶׁאֵינָהּ הוֹגֶנֶת; וְזֶה כּוֹלֵל כָּל דָּבָר, בֵּין מֵעִנְיְנֵי הָעוֹלָם בֵּין בְּעִנְיְנֵי הַתּוֹרָה. וְאָסוּר לְהָבִיא אוֹ לַעֲזֹר וּלְסַבֵּב חֲבֵרוֹ לִידֵי עֲבֵרָה, וַאֲפִלּוּ לְעַכּוּ"ם אָסוּר לַהֲבִיאוֹ לַעֲבֹר עַל דִּינֵי הַתּוֹרָה מַה שֶּׁהוּא מֻזְהָר עָלָיו (מִשֶּׁבַע מִצְווֹת בְּנֵי נֹחַ).

וְנוֹהֵג בְּכָל מָקוֹם וּבְכָל זְמַן, בִּזְכָרִים וּבִנְקֵבוֹת.

עז. מִצְוַת לֹא־תַעֲשֶׂה שֶׁלֹּא לְהַגִּיד לַחֲבֵרוֹ דְּבָרִים שֶׁכְּנֶגְדּוֹ דִּבֵּר עָלָיו

שֶׁנֶּאֱמַר (ויקרא יט, טז): "לֹא תֵלֵךְ רָכִיל בְּעַמֶּיךָ". וְאַף עַל פִּי שֶׁהוּא אוֹמֵר אֱמֶת, הֲרֵי זֶה מַחֲרִיב הָעוֹלָם. וְעָוֹן גָּדוֹל הוּא, וְגוֹרֵם לַהֲרֹג נְפָשׁוֹת מִיִּשְׂרָאֵל, כִּדְמָצִינוּ בְדוֹאֵג הָאֲדוֹמִי.

75. It is a negative commandment for the court not to accept the testimony of a man of sin

for Scripture says, *You shall not set your hand with the wicked to be a malicious witness* (*Sh'moth* 23:1). If one qualified witness knows that the other one is wicked while the judges do not recognize his sinfulness, he is forbidden to give testimony with the other — even true testimony — on account of the prohibition, *You shall not set your hand with the wicked.* There is no need to add that if he knows that the second witness is going to give false testimony, he is forbidden to testify with the other.

This is in effect everywhere, in every time.

76. It is a negative commandment not to cause one's fellow-man to stumble over anything

as Scripture says, *nor shall you put a stumbling-block before the blind* (*Va-yikra* 19:14) — which means that if the other person is blind about something and he comes to ask advice, we are not to give him counsel that is not right. This includes everything, whether in worldly matters or in matters of Torah. It is forbidden, too, to bring someone, or to help him or cause him to come, into the power of sin. It is even forbidden to bring a heathen to transgress the laws of the Torah which he is enjoined to observe (any of the seven commandments for all descendants of Noah).

This applies everywhere and always, for both man and woman.

77. It is a negative commandment not to tell anyone things that another person said against him

for Scripture states, *You shall not go about as a tale-bearer among your people* (*Va-yikra* 19:16). Even if he speaks the truth, a person thus brings ruin into the world. It is an enormous wrong, which causes the murder of lives among the Jewish people, as we find with Do'ég the Edomite.

וְיֵשׁ עָוֹן גָּדוֹל מִזֶּה עַד מְאֹד וְהוּא בִכְלָל לָאו זֶה, וְהוּא 'לָשׁוֹן הָרָע'. וְזֶהוּ הַמְּדַבֵּר בִּגְנוּת חֲבֵרוֹ, אַף עַל פִּי שֶׁאוֹמֵר אֱמֶת. וְהָאוֹמֵר שֶׁקֶר, נִקְרָא 'מוֹצִיא שֵׁם רָע'. וְלָשׁוֹן הָרָע הוּא, הָאוֹמֵר: כָּךְ וְכָךְ עָשָׂה פְלוֹנִי; כָּךְ וְכָךְ הָיוּ אֲבוֹתָיו; וְכָךְ שָׁמַעְתִּי עָלָיו, וְאוֹמֵר דְּבָרִים שֶׁל גְּנַאי — עַל זֶה אָמַר הַכָּתוּב (תהלים יב, ד): "יַכְרֵת ה' כָּל שִׂפְתֵי חֲלָקוֹת לָשׁוֹן מְדַבֶּרֶת גְּדֹלוֹת".

וְאָמְרוּ חֲזַ"ל (ירושלמי פאה, פרק א'; ראה רמב"ם הלכות דעות, פרק ז' הלכה ג'): "שָׁלֹשׁ עֲבֵרוֹת נִפְרָעִין מִן הָאָדָם בָּעוֹלָם הַזֶּה, וְאֵין לוֹ חֵלֶק לָעוֹלָם הַבָּא: עֲבוֹדָה זָרָה, גִּלּוּי עֲרָיוֹת וּשְׁפִיכוּת דָּמִים; וְלָשׁוֹן הָרָע כְּנֶגֶד כֻּלָּם". וְעוֹד אָמְרוּ חֲזַ"ל (ילקוט תהלים תרנ"ו): "הַמְסַפֵּר לָשׁוֹן הָרָע, כְּאִלּוּ כָּפַר בָּעִקָּר". וְעוֹד אָמְרוּ (דברים רבה ה' י'): "לָשׁוֹן הָרָע הוֹרֶגֶת שְׁלֹשָׁה: הָאוֹמְרוֹ, וְהַמְקַבְּלוֹ, וְהַנֶּאֱמָר עָלָיו. וְהַמְקַבְּלוֹ — יוֹתֵר מֵהָאוֹמְרוֹ".

וְיֵשׁ דְּבָרִים שֶׁהֵם אֲבַק לָשׁוֹן הָרָע, כְּגוֹן: מִי יֹאמַר לִפְלוֹנִי שֶׁיִּהְיֶה כְּמוֹ שֶׁהוּא עַתָּה, אוֹ שֶׁיֹּאמַר: שִׁתְקוּ מִפְּלוֹנִי! אֵינֶנִּי רוֹצֶה לְהוֹדִיעַ מַה אֵרַע בּוֹ. וְכֵן הַמְסַפֵּר בְּטוֹבַת חֲבֵרוֹ בִּפְנֵי שׂוֹנְאוֹ, שֶׁזֶּה גּוֹרֵם שֶׁיְּסַפְּרוּ בִגְנוּתוֹ; וְכֵן הַמְסַפֵּר לָשׁוֹן הָרָע דֶּרֶךְ שְׂחוֹק; וְכֵן הַמְסַפֵּר דֶּרֶךְ רַמָּאוּת, כְּאִלּוּ אֵינוֹ יוֹדֵעַ שֶׁדָּבָר זֶה הוּא לָשׁוֹן הָרָע.

אֶחָד הַמְסַפֵּר לָשׁוֹן הָרָע בִּפְנֵי חֲבֵרוֹ, אוֹ שֶׁלֹּא בְּפָנָיו; וְהַמְסַפֵּר דְּבָרִים שֶׁגּוֹרְמִים, אִם נִשְׁמְעוּ אִישׁ מִפִּי אִישׁ, לְהַזִּיק חֲבֵרוֹ בְּגוּפוֹ אוֹ בְמָמוֹנוֹ, וַאֲפִלּוּ לְהָצֵר לוֹ אוֹ לְהַפְחִידוֹ; וְאֵין צָרִיךְ לוֹמַר הַמַּלְשִׁין חֲבֵרוֹ לִפְנֵי הַשַּׂר,

Now, there is a criminal act very far worse than this, included under this prohibition, and that is evil gossip. This means that a person speaks disparagingly about his fellow-man, even though he tells the truth; for a person who speaks falsehood is called "one who spreads a bad report." It is evil gossip when one says, "So-and-so did this and that. Thus and so were his forefathers. This is what I heard about him." And so he relates matters of disgrace. Regarding this the Writ says, *Hashem will cut off all unctuous lips, the tongue that speaks proud things* (*T'hillim* 12:4).

The Sages of blessed memory taught (Talmud Yerushalmi, *Pé'ah i*; see Rambam, *Yad, hilchoth dé'oth* vii 3): For three transgressions punishment is exacted from a person in this world, and he has no share in the world-to-come: idol-worship, incest or adultery, and bloodshed. But evil gossip is equal in seriousness to them all. Our Sages of blessed memory taught further (*Yalkut Shim'oni, T'hillim* §656): If someone relates evil gossip, it is as though he denied the main principle [of the one and only God]. And our Sages of blessed memory said, too (*D'varim Rabbah* v 10): Evil gossip kills three: the one who tells it, the one who accepts it, and the one about whom it is told. But the one who accepts it is affected more than the one who tells it.

There are certain matters that constitute a "shade" of evil gossip. For example, "If only someone would tell so-and-so that he should always be as he is now"; or if one says, "Do not talk about so-and-so. I don't want to tell what happened with him." So also if one speaks well of another person before someone who hates him, because that makes that person speak in disparagement of him. So too if someone speaks evil gossip by way of a joke. And so likewise if it is told in a way of guile and deceit, as if he does not know that this matter is evil gossip.

It is all one whether a person tells evil gossip in the other's presence or in his absence. So too, if a person tells things that cause [trouble] if they are conveyed from one man to another, harming his fellow-man physically or through his possessions, or even [merely] distressing or frightening him — and there is no need to add, if one

וְגוֹרֵם שֶׁלּוֹקֵחַ מָמוֹנוֹ — דַּהֲוֵי כְּאִלּוּ מְמִיתוֹ וְאִשְׁתּוֹ וּבָנָיו הַתְּלוּיִין בּוֹ — שֶׁהוּא 'מוֹסֵר', וְגֵיהִנֹּם כָּלֶה וְהוּא אֵינוֹ כָלֶה. (וְעַיֵּן בְּסֵפֶר 'חָפֵץ חַיִּים' וּ'שְׁמִירַת הַלָּשׁוֹן', גֹּדֶל הֶעָוֹן הַזֶּה שֶׁל לָשׁוֹן הָרָע וְעָנְשׁוֹ.)

וְנוֹהֵג בְּכָל מָקוֹם וּבְכָל זְמַן, בִּזְכָרִים וּבִנְקֵבוֹת.

עח. ◆ מִצְוַת לֹא-תַעֲשֶׂה שֶׁלֹּא לִשְׂנֹא בַּלֵּב אָדָם כָּשֵׁר מִיִּשְׂרָאֵל

שֶׁנֶּאֱמַר (ויקרא יט, יז): "לֹא תִשְׂנָא אֶת אָחִיךָ בִּלְבָבֶךָ". וּכְשֶׁיֶּחֱטָא אִישׁ לְאִישׁ, לֹא יִשְׂטְמֶנּוּ בַּלֵּב וְיִשְׁתֹּק, אֶלָּא מִצְוָה עָלָיו לְהוֹדִיעוֹ, וְלוֹמַר לוֹ: לָמָּה עָשִׂיתָ לִי כָּךְ וְכָךְ? וְיִמְחֶה הַשִּׂנְאָה מִלִּבּוֹ. אֲבָל אִם רָאָהוּ שֶׁעָבַר עֲבֵרָה, וְהִתְרָה בּוֹ וְלֹא חָזַר, הֲרֵי זֶה מִצְוָה לִשְׂנֹא אוֹתוֹ, (כֵּיוָן שֶׁאֵינוֹ נוֹהֵג כְּאָחִיךָ).

וְנוֹהֵג בְּכָל מָקוֹם וּבְכָל זְמַן, בִּזְכָרִים וּבִנְקֵבוֹת.

עט. ◆ מִצְוַת לֹא-תַעֲשֶׂה שֶׁלֹּא לְבַיֵּשׁ אֶת חֲבֵרוֹ

שֶׁנֶּאֱמַר (ויקרא יט, יז): "וְלֹא תִשָּׂא עָלָיו חֵטְא". וְכָל שֶׁכֵּן בָּרַבִּים, וְעָוֹן גָּדוֹל הוּא, וְאָמְרוּ חֲזַ"ל (בבא מציעא נט ע"א): "הַמַּלְבִּין פְּנֵי חֲבֵרוֹ בָּרַבִּים, אֵין לוֹ חֵלֶק לָעוֹלָם הַבָּא". לְפִיכָךְ יִזָּהֵר שֶׁלֹּא לְבַיֵּשׁ קָטָן וְגָדוֹל, וְלֹא יִקְרָאֵהוּ בְּשֵׁם שֶׁהוּא בוֹשׁ מִמֶּנּוּ. וְדַוְקָא בְּדָבָר שֶׁבֵּין אָדָם לַחֲבֵרוֹ, אֲבָל

informs on his fellow-man before a government officer and thus causes him to take the other's items of monetary value. It is as though he killed him and the wife and children who depend on him. For he is an informer [in effect]. Purgatory will finish, and he will not be finished [with his punishment]. (See the volumes *Ḥafetz Ḥayyim* and *Sh'mirath haLashon* on the enormity of this crime of evil gossip, and its punishment.)

It is in force everywhere and always, for both man and woman.

78. It is a negative commandment not to hate in one's heart any decent person in Jewry

as Scripture says, *You shall not hate your brother in your heart* (*Va-yikra* 19:17). And should one man sin against another, he should not bear hatred for him in his heart and keep silent. Instead, it is a religious duty for him to inform the other person and tell him, "Why did you do thus-and-so to me?" And he should erase the hatred from his heart. If, however, he saw the other person committing a sin, whereupon he warned him, but the other did not turn back, it is then a religious duty for him to hate the other one (since he does not conduct himself as "your brother").

This applies everywhere, in every time, for both man and woman.

79. It is a negative commandment not to shame one's fellow-man

as Scripture says, *and you shall not bear sin because of him* (*Va-yikra* 19:17); and all the more certainly so in public. It is a great wrong; the Sages of blessed memory said (Talmud Bavli, *Bava M'tzi'a* 59a): Whoever shames his fellow-man in public has no share in the world-to-come. We must therefore take care not to disgrace anyone, be he of low or high stature. Nor should we call him by any name of which he is ashamed. This applies, however, specifically to a matter between one man and his fellow-man. In matters of

בְּמִילֵי דִשְׁמַיָּא — אִם לֹא חָזַר בּוֹ כְּשֶׁהוֹכִיחוֹ בַּסֵּתֶר, מַכְלִימִין אוֹתוֹ בָּרַבִּים, וּמְפַרְסְמִין חֶטְאוֹ בָּרַבִּים עַד שֶׁיַּחֲזוֹר לְמוּטָב.

וְנוֹהֵג בְּכָל מָקוֹם וּבְכָל זְמַן, בִּזְכָרִים וּבִנְקֵבוֹת.

פ. מִצְוַת לֹא־תַעֲשֶׂה שֶׁלֹּא לִנְקֹם מֵחֲבֵרוֹ

שֶׁנֶּאֱמַר (ויקרא יט, יח): "לֹא תִקֹּם". נְקִימָה הִיא, שֶׁהוּא גוֹמֵל לַמֵּרֵעַ לוֹ כְּמַעֲשֵׂהוּ, כְּגוֹן שֶׁאָמַר לַחֲבֵרוֹ: הַשְׁאִילֵנִי קַרְדֻּמְּךָ — וְלֹא הִשְׁאִיל לוֹ, לְמָחָר צָרִיךְ לַחֲבֵרוֹ לִשְׁאֹל מִמֶּנּוּ, וְאָמַר לוֹ: אֵין אֲנִי מַשְׁאִילְךָ, כְּדֶרֶךְ שֶׁלֹּא הִשְׁאַלְתַּנִי כְּשֶׁרָצִיתִי לִשְׁאֹל מִמְּךָ — הֲרֵי זֶה נְקִימָה, שֶׁנּוֹקֵם מִמֶּנּוּ וְגוֹמֵל לוֹ כְּמַעֲשֵׂהוּ הָרָע.

וְנוֹהֵג בְּכָל מָקוֹם וּבְכָל זְמַן, בִּזְכָרִים וּבִנְקֵבוֹת.

פא. מִצְוַת לֹא־תַעֲשֶׂה שֶׁלֹּא לִנְטֹר שִׂנְאָה בַּלֵּב עַל חֲבֵרוֹ

שֶׁנֶּאֱמַר (ויקרא יט, יח): "וְלֹא תִטֹּר". נְטִירָה הִיא, שֶׁנּוֹטֵר הַשִּׂנְאָה בְּלִבּוֹ, כְּגוֹן שֶׁיֹּאמַר לוֹ: הֲרֵינִי מַשְׁאִילְךָ, וְאֵין אֲנִי מְשַׁלֵּם לְךָ כְּפָעָלְךָ שֶׁלֹּא הִשְׁאַלְתַּנִי — זוֹהִי נְטִירָה, שֶׁנּוֹטֵר הַשִּׂנְאָה בַּלֵּב. אֶלָּא צָרִיךְ לְהַשְׁאִיל לוֹ בְּלֵב שָׁלֵם, וְלֹא יְהֵא לוֹ שׁוּם שִׂנְאָה בַּלֵּב, אֶלָּא יִמְחֶה הַדָּבָר מִלִּבּוֹ, וְלֹא יִטְּרֶנּוּ וְלֹא יִזְכְּרֶנּוּ כְּלָל. וּשְׁתֵּי מִדּוֹת הַלָּלוּ הֵמָּה רָעוֹת לִמְאֹד — שֶׁכָּל דִּבְרֵי הָעוֹלָם הַזֶּה הֶבֶל וַהֲבַאי, וְאֵינָן כְּדַאי לִנְקֹם וְלִנְטֹר עֲלֵיהֶן.

Heaven, though, if a person [sinned and he] did not repent when he was rebuked in private, he is to be shamed publicly, and his sin is to be made known in public, until he returns to the good path.

It is in force everywhere and always, for both man and woman.

80. It is a negative commandment not to take revenge from one's fellow-man

as Scripture says, *You shall not take vengeance* (*Va-yikra* 19:18). Revenge means repaying a person who has harmed someone, according to his own act: for example, if one asked his neighbor, "Lend me your axe," and he would not lend it to him; and the next day his neighbor has to borrow something from him, whereupon he tells him, "I will not lend it to you, just as you refused me when I wanted to borrow from you." This is revenge, whereby he exacts vengeance from the other, repaying him according to his own evil action.

It applies in every place and time, for both man and woman.

81. It is a negative commandment to harbor no hatred in our heart toward our fellow-man

as Scripture says, *nor shall you bear any grudge* (*Va-yikra* 19:18). Bearing a grudge means that one harbors hate in his heart: for instance [in the example given in §80], if he tells him, "Here I am lending it to you; I am not paying you back as you acted toward me, refusing to lend me something." This is bearing a grudge, where he nurses hate in his heart. Instead, he has to lend it to him wholeheartedly; there should be no ill will whatever in his heart, but he should rather erase the matter from his heart, and not retain it or remember it at all. These two qualities [§80 and §81] are extremely bad. For all the matters and concerns of this world are vapid nonsense and triviality, and it is not worth taking revenge or bearing a grudge about them.

וְנוֹהֵג בְּכָל מָקוֹם וּבְכָל זְמַן, בִּזְכָרִים וּבִנְקֵבוֹת.

פב. מִצְוַת לֹא־תַעֲשֶׂה שֶׁלֹּא לִמְנֹעַ מִלְּהַצִּיל חֲבֵרוֹ מִסַּכָּנָה

שֶׁנֶּאֱמַר (ויקרא יט, טז): "לֹא תַעֲמֹד עַל דַּם רֵעֶךָ". כְּגוֹן: רָאָה אֶת חֲבֵרוֹ טוֹבֵעַ בַּנָּהָר, אוֹ בִּשְׁאָר סַכָּנוֹת — חַיָּב לְהַצִּילוֹ בְּכָל מַה דְּאֶפְשָׁר. וּבִכְלָל זֶה, לְהַצִּיל אֶת חֲבֵרוֹ מֵהֶפְסֵד מָמוֹן, כְּגוֹן שֶׁיּוֹדֵעַ שֶׁעַכּוּ"ם אוֹ אַנָּס רוֹצִים לָבוֹא עַל חֲבֵרוֹ, וְיֵשׁ בְּיָדוֹ לְפַיְּסָן, שֶׁחַיָּב לְפַיְּסָן.

וְנוֹהֵג בְּכָל מָקוֹם וּבְכָל זְמַן, בִּזְכָרִים וּבִנְקֵבוֹת.

פג. מִצְוַת לֹא־תַעֲשֶׂה שֶׁלֹּא לַעֲשׂוֹת עָוֶל בְּמִדּוֹת וּמִשְׁקָלוֹת

שֶׁנֶּאֱמַר (ויקרא יט, לה): "לֹא תַעֲשׂוּ עָוֶל בַּמִּשְׁפָּט בַּמִּדָּה בַּמִּשְׁקָל וּבַמְּשׂוּרָה", וְדָרְשׁוּ חֲזַ"ל (תורת כהנים שם): "בַּמִּשְׁפָּט" — זֶה מִשְׁפַּט הַמִּדּוֹת; "בַּמִּדָּה בַּמִּשְׁקָל" — שֶׁלֹּא יֶחְסַר מִן הַמִּדָּה אוֹ הַמִּשְׁקָל מִמַּה שֶּׁהִסְכִּימוּ עָלָיו בְּנֵי הַמְּדִינָה, וְכֵן שֶׁלֹּא לְהַטְעוֹת חֲבֵרוֹ בִּמְדִידַת הַקַּרְקַע. "וּבַמְּשׂוּרָה" — הִקְפִּידָה תוֹרָה אֲפִלּוּ עַל מִדָּה קְטַנָּה כִּמְשׂוּרָה, שֶׁהוּא אֶחָד מִשְּׁלֹשִׁים וְשִׁשָּׁה בְּלֹג.

וּמִי שֶׁעָבַר עַל זֶה, בִּטֵּל מִצְוַת־עֲשֵׂה (שֶׁל "מֹאזְנֵי צֶדֶק וְגוֹ' וְהִין צֶדֶק יִהְיֶה לָכֶם" (ויקרא יט, לו)), וְעָבַר עַל לָאו זֶה. וַאֲפִלּוּ אִם נָתַן לְעַכּוּ"ם מִדָּה אוֹ מִשְׁקָל חָסֵר, עוֹבֵר עַל זֶה, וְחַיָּב לְהַחֲזִיר. וְאָסוּר לְהַטְעוֹת לְעַכּוּ"ם בְּחֶשְׁבּוֹן, וַהֲרֵי הוּא מִכְּלָל "כִּי תוֹעֲבַת ה' אֱלֹהֶיךָ וְגוֹ' כֹּל עֹשֵׂה עָוֶל" (דברים כה, טז).

וְחַיָּבִין בֵּית דִּין לְהַעֲמִיד מְמֻנִּים לְהַחֲזִיר עַל הַחֲנֻיּוֹת,

This applies in every place and time, for both man and woman.

82. It is a negative commandment not to refrain from rescuing one's fellow-man from danger

for Scripture says, *neither shall you stand idly by the blood of your brother* (*Va-yikra* 19:16). For example, if someone sees another person drowning in the river, or in any other perils, he is duty-bound to save him in any way possible. Included in this is the duty to save one's fellow-man from a monetary loss: for example, if he knows that a heathen or a bandit wishes to attack his fellow, and it lies in his ability to pacify him [the outlaw], he has a duty to pacify him.

This is in force everywhere, in every time, for both man and woman.

83. It is a negative commandment to do no wrong with any measures or weights

for Scripture says, *You shall do no wrong in* mishpat, *in size, in weight, or in* m'surah (*Va-yikra* 19:35); and the Sages of blessed memory interpreted (*Sifra, ibid.*): *mishpat* means the system of standards; "in size, in weight" — that nothing should be lacking from the [standard] size or weight as the people of the country have agreed upon it; and so likewise not to mislead one's fellow-man in the measurement of land. "Or in *m'surah*" — the Torah was particular even about a small quantity like a *m'surah*, which is a thirty-sixth part of a *log*.

If someone transgresses this, he disobeys a positive commandment (*Just balances . . . and a just* hin *shall you have* — *Va-yikra* 19:36), and he violates this prohibition. Even if he gives a heathen a short measure or weight, he violates this, and is duty-bound to return [the amount lacking]. It is forbidden to mislead a heathen in an accounting; this is included in the scope of the verse, *For all . . . that do wrong are an abomination to Hashem your God* (*D'varim* 25:16).

The court has a duty to appoint officials to make the

לְהַצְדִּיק הַמֹּאזְנַיִם וְהַמִּשְׁקָלוֹת וְהַמִּדּוֹת, וְלִפְסֹק שְׁעָרִים. וּמִי שֶׁמִּדּוֹתָיו אוֹ מִשְׁקָלָיו אוֹ מֹאזְנָיו אֵינָם בְּצֶדֶק, יֵשׁ לָהֶם לְהוֹצִיאָם מִתַּחַת יָדוֹ וּלְקָנְסוֹ; וּמִי שֶׁמַּפְקִיעַ שְׁעָרִים, כּוֹפִין אוֹתוֹ לִמְכֹּר בְּשַׁעַר הַשּׁוּק. קָשֶׁה עָנְשָׁן שֶׁל מִדּוֹת יוֹתֵר מֵעָנְשָׁן שֶׁל עֲרָיוֹת, וַהֲרֵי הוּא כְּכוֹפֵר בִּיצִיאַת מִצְרַיִם.

וְנוֹהֵג בְּכָל מָקוֹם וּבְכָל זְמַן, בִּזְכָרִים וּבִנְקֵבוֹת.

פד. מִצְוַת לֹא־תַעֲשֶׂה שֶׁלֹּא לְהַשְׁהוֹת בִּרְשׁוּתוֹ מִדָּה אוֹ מִשְׁקָל חָסֵר

שֶׁנֶּאֱמַר (דברים כה, יג־יד): "לֹא יִהְיֶה לְךָ בְּכִיסְךָ אֶבֶן וְגוֹ׳ אֵיפָה וְאֵיפָה". אַף עַל פִּי שֶׁאֵינוֹ שׁוֹקֵל בָּהּ וְאֵינֶנּוּ מוֹדֵד בָּהּ.

וְנוֹהֵג בְּכָל מָקוֹם וּבְכָל זְמַן, בִּזְכָרִים וּבִנְקֵבוֹת.

פה. מִצְוַת לֹא־תַעֲשֶׂה שֶׁלֹּא לְהַסִּיג גְּבוּל רֵעֵהוּ וְדַוְקָא בְּאֶרֶץ יִשְׂרָאֵל

שֶׁנֶּאֱמַר (דברים יט, יד): "לֹא תַסִּיג גְּבוּל רֵעֲךָ וְגוֹ׳ בְּנַחֲלָתְךָ אֲשֶׁר תִּנְחַל", הַיְנוּ לִקַּח מִקַּרְקַע שֶׁלּוֹ. וְאִם הִכְנִיס לִתְחוּם חֲבֵרוֹ אֲפִלּוּ מְלֹא אֶצְבַּע, אֲפִלּוּ בְּחוּץ לָאָרֶץ, אִם בְּחָזְקָה — הֲרֵי זֶה גַּזְלָן, וְאִם בַּסֵּתֶר — הֲרֵי זֶה גַּנָּב.

וְנוֹהֵג בְּכָל מָקוֹם וּבְכָל זְמַן, בִּזְכָרִים וּבִנְקֵבוֹת.

rounds among the stores and shops to correct the scales, weights and measures, and to establish market prices. If someone's measures, weights or scales are not accurate, they are to take them away from him and are to penalize him with a fine. If someone charges above the going prices, they are to compel him to sell at the market prices. The punishment [by Heaven] over weights and measures is more severe than the punishment for immorality; he [the guilty person] is as one who denies the exodus from Egypt.

This applies in every place and time, for both man and woman.

84. **It is a negative commandment not to retain in one's possession any short (defective) measure or weight**

for Scripture states, *You shall not have in your bag two kinds of stone weight . . . two kinds of measures, great and small* (*D'varim* 25:13-14) — even if he does no weighing or measuring with them.

This applies everywhere, in every time, for both man and woman.

85. **It is a negative commandment not to encroach beyond a neighbor's boundary, specifically in the Land of Israel**

as Scripture says, *You shall not move your neighbor's landmark . . . in your inheritance which you shall inherit* (*D'varim* 19:14)—which means taking some of his land. If a person entered his neighbor's domain by even the breadth of a finger, even outside the Land of Israel—if it was by main force, he is thus a robber; if it was by stealth, he is a thief.

This is in effect everywhere, in every time, for both man and woman.

פו. מִצְוַת לֹא-תַעֲשֶׂה שֶׁלֹּא לֶאֱכֹל נְבֵלָה

שֶׁנֶּאֱמַר (דברים יד, כא): "לֹא תֹאכְלוּ כָל נְבֵלָה". נְבֵלָה הִיא: כָּל בְּהֵמָה, חַיָּה וָעוֹף שֶׁמֵּתוּ מֵאֲלֵיהֶן, אוֹ שֶׁלֹּא נִשְׁחֲטוּ כָּרָאוּי. וְהָאוֹכֵל כְּזַיִת מִמֶּנּוּ, לוֹקֶה. וְהָאוֹכֵל כְּזַיִת מִבְּשַׂר נֶפֶל בְּהֵמָה טְהוֹרָה, עוֹבֵר מִשּׁוּם נְבֵלָה; לָכֵן אָסוּר לֶאֱכֹל וָלָד מִבְּהֵמָה שֶׁנּוֹלְדָה, עַד תְּחִלַּת לֵיל שְׁמִינִי, שֶׁיָּצָא מִסָּפֵק נֶפֶל. וְאִם נוֹדַע שֶׁכָּלוּ לוֹ חֳדָשָׁיו, מֻתָּר תֵּכֶף כְּשֶׁנּוֹלָד.

וְנוֹהֵג בְּכָל מָקוֹם וּבְכָל זְמַן, בִּזְכָרִים וּבִנְקֵבוֹת.

פז. מִצְוַת לֹא-תַעֲשֶׂה שֶׁלֹּא לֶאֱכֹל טְרֵפָה

שֶׁנֶּאֱמַר (שמות כב, ל): "וּבָשָׂר בַּשָּׂדֶה טְרֵפָה לֹא תֹאכֵלוּ". טְרֵפָה הָאֲמוּרָה בַּתּוֹרָה הוּא, שֶׁטְּרָפָה אוֹתָהּ חַיַּת הַיַּעַר, וְכֵן עוֹף שֶׁדָּרַס אוֹתוֹ עוֹף הַדּוֹרֵס, כְּגוֹן נֵץ וְכַיּוֹצֵא בּוֹ, בְּאֹפֶן שֶׁאֵין הַבְּהֵמָה אוֹ הָעוֹף יְכוֹלִין לִחְיוֹת מֵחֲמַת אוֹתָהּ דְּרִיסָה; אַף עַל פִּי שֶׁקָּדַם וּשְׁחָטָהּ שְׁחִיטָה כְּשֵׁרָה, הֲרֵי זֶה אֲסוּרָה מִשּׁוּם טְרֵפָה, וְזוֹהִי נִקְרֵאת 'דְּרוּסָה'. וְיֵשׁ עוֹד שֶׁבַע מִינֵי טְרֵפוֹת, שֶׁהֵן הֲלָכָה לְמֹשֶׁה מִסִּינַי שֶׁהֵן אֲסוּרוֹת, וְאֵלּוּ הֵן: נְקוּבָה, נְטוּלָה, נְפוּלָה, חֲסֵרָה, פְּסוּקָה, קְרוּעָה, שְׁבוּרָה. וְכָל שֶׁנּוֹלָד לִבְהֵמָה אוֹ לְעוֹף מַכָּה שֶׁאֵינָהּ יְכוֹלָה לִחְיוֹת שְׁנֵים-עָשָׂר חֹדֶשׁ מֵחֲמַת מַכָּה זוֹ, בֵּין שֶׁבָּאָה לָהּ הַמַּכָּה עַל יְדֵי חַיָּה, אוֹ עַל יְדֵי אָדָם,

86. **It is a negative commandment to eat no *n'vélah***

for Scripture states, *You shall not eat anything that dies of itself* (*D'varim* 14:21). The term *n'vélah* denotes any domestic or wild animal, or fowl, that died of itself or that was not given proper *sheḥittah* (ritual slaughter). Whoever eats an olive's amount from it should receive whiplashes. If someone eats an olive's amount of the flesh of a stillborn kosher animal, he violates the prohibition on *n'vélah*. It is forbidden therefore to eat the newborn young of an animal until the start of the night of the eighth day, when it is no longer in doubt of being able to survive. If it is known that its months of gestation have been completed, it is permissible immediately at birth.

This is in effect everywhere, in every time, for both man and woman.

87. **It is a negative commandment to eat no *t'réfah***

as Scripture says, *and you shall not eat any flesh in the field that is* t'réfah, *torn of beasts* (*Sh'moth* 22:30). The term *t'réfah* stated in the Torah means an animal which a wild beast of the forest has torn, and so likewise a fowl that was clawed by a bird of prey, such as a falcon or anything similar, in such a way that the animal or fowl cannot survive, because of that attack. Even if a person acts in advance and ritually slays it with a proper, kosher *sheḥittah*, it is forbidden as *t'réfah*. This is called *d'rusah* ("clawed"). Then there are seven other kinds of *t'réfah* animals, which are forbidden by a law given orally to Moses at Sinai. These are: a creature with a perforated vital organ; one with an internal organ removed; one that fell from a height; one with an internal organ, etc. missing originally; one with a severance of the spinal column; one with the flesh covering the stomach torn; and one with most of its ribs broken. Whenever an animal or fowl develops a wound, such that it cannot live another twelve months because of this wound, whether it received the wound from a wild beast or a human being or by the hand of Heaven [natural causes] or

אוֹ בִידֵי שָׁמַיִם, אוֹ שֶׁנָּפְלָה מִן הַגַּג — הֲרֵי זוֹ אֲסוּרָה. וְכֵן בָּשָׂר מִן הַחַי, נִקְרָא גַּם כֵּן 'טְרֵפָה', וּמִי שֶׁאָכַל כְּזַיִת מִמֶּנּוּ, לוֹקֶה מִן הַתּוֹרָה. אִם הוֹצִיא עֻבָּר אֶת יָדוֹ מֵרֶחֶם הַבְּהֵמָה, הֲרֵי אֵבֶר זֶה טְרֵפָה, מִשּׁוּם 'בָּשָׂר שֶׁיָּצָא חוּץ לִמְחִצָּתוֹ'.

וְנוֹהֵג בְּכָל מָקוֹם וּבְכָל זְמַן, בִּזְכָרִים וּבִנְקֵבוֹת.

פח. ◆ מִצְוַת לֹא־תַעֲשֶׂה שֶׁלֹּא לֶאֱכֹל חֵלֶב

שֶׁנֶּאֱמַר (ויקרא ז, כג): "כָּל חֵלֶב שׁוֹר וְכֶשֶׂב וָעֵז לֹא תֹאכֵלוּ". הָאוֹכֵל כְּזַיִת חֵלֶב מֵאֶחָד מִשָּׁלֹשׁ בְּהֵמוֹת הַלָּלוּ בְּמֵזִיד, חַיָּב כָּרֵת; וּבְשׁוֹגֵג, חַטָּאת. חֵלֶב הָאַלְיָה מֻתָּר, שֶׁלֹּא נִקְרָא "חֵלֶב" אֶלָּא [כָּל] מַה שֶּׁשַּׁיָּךְ לְקָרְבָּן, כְּמוֹ חֵלֶב שֶׁעַל הַקֶּרֶב וְהַכְּלָיוֹת וּכְסָלִים. חוּטִין שֶׁבַּחֵלֶב, אֲסוּרִין. חֵלֶב חַיָּה, מֻתָּר.

וְנוֹהֵג בְּכָל מָקוֹם וּבְכָל זְמַן, בִּזְכָרִים וּבִנְקֵבוֹת.

פט. ◆ מִצְוַת לֹא־תַעֲשֶׂה שֶׁלֹּא לֶאֱכֹל כָּל דָּם

שֶׁנֶּאֱמַר (ויקרא ז, כו): "וְכָל דָּם לֹא תֹאכְלוּ וְגוֹ' לָעוֹף וְלַבְּהֵמָה". וְחַיָּה בִּכְלַל בְּהֵמָה. וְהָאוֹכֵל כְּזַיִת דָּם בְּמֵזִיד, חַיָּב כָּרֵת; וּבְשׁוֹגֵג, חַטָּאת. דַּם אָדָם, אָסוּר מִדִּבְרֵי סוֹפְרִים, וְדַוְקָא אִם פֵּרֵשׁ מִן הָאָדָם. דַּם דָּגִים וַחֲגָבִים טְהוֹרִים, מֻתָּר.

it fell from the roof — it is forbidden. So too, flesh from a living creature is likewise called *t'réfah*; and whoever eats an olive's amount of it should receive whiplashes by the law of the Torah. If an embryo put out its foreleg from the womb of the animal, that limb is forbidden, in the category of flesh that has gone out of its bounds.

This is in effect everywhere, at every time, for both man and woman.

88. It is a negative commandment to eat no forbidden fat

for Scripture says, *You shall eat no* ḥélev *(forbidden fat) of ox or sheep or goat* (*Va-yikra* 7:23). If someone ate an olive's amount of *ḥélev* from one of these three animals, if it was deliberate, he would deserve *karéth* [Divine severance of existence]; and if unintentional, he would be required to offer up a *ḥattath* (sin-offering). The *ḥélev* (fat) of the fat tail [of a ram] is permissible; because not all that is connected with an offering is called *ḥélev*, only such as the fat on the entrails, the kidneys and the loins. Sinews in *ḥélev* are forbidden. The *ḥélev* of untamed species of [kosher] animals is permissible.

This is in force everywhere, at every time, for both man and woman.

89. It is a negative commandment to eat no blood at all

as Scripture states, *And you shall eat no blood whatever, whether of fowl or of animal* (*Va-yikra* 7:26). Untamed animals are included under the term *b'hémah* ("animal"). If someone ate an olive's amount of blood deliberately, he would deserve *karéth* [Divine severance of existence]; if it was unwitting, he would have to bring a *ḥattath* (sin-offering). Human blood is forbidden by the law of the Sages, but only if it left the person. The blood of kosher fish and locusts is permissible.

וְנוֹהֵג בְּכָל מָקוֹם וּבְכָל זְמַן, בִּזְכָרִים וּבִנְקֵבוֹת.

צ. מִצְוַת לֹא־תַעֲשֶׂה שֶׁלֹּא לֶאֱכֹל אֵבֶר מִן הַחַי

שֶׁנֶּאֱמַר (דברים יב, כג): "וְלֹא תֹאכַל הַנֶּפֶשׁ עִם הַבָּשָׂר". מִפִּי הַשְּׁמוּעָה לָמְדוּ, שֶׁזֶּה אַזְהָרָה שֶׁלֹּא לֶאֱכֹל אֵבֶר שֶׁנֶּחְתַּךְ מִן הַחַי. וְהָאוֹכֵל כְּזַיִת מִן הַחַי, לוֹקֶה. אֲפִלּוּ אָכַל אֵבֶר שָׁלֵם — אִם יֵשׁ בּוֹ כְּזַיִת, לוֹקֶה, וְאִם אֵין בּוֹ כְּזַיִת, פָּטוּר. וְאִם אָכַל אֵבֶר מִן הַחַי וּבָשָׂר מִן הַחַי, עוֹבֵר בִּשְׁנֵי לָאוִין (מִשּׁוּם "וְלֹא תֹאכַל הַנֶּפֶשׁ עִם הַבָּשָׂר", וְאֶחָד מִשּׁוּם "וּבָשָׂר בַּשָּׂדֶה טְרֵפָה לֹא תֹאכֵלוּ" (שמות כב, ל)).

וְנוֹהֵג בְּכָל מָקוֹם וּבְכָל זְמַן, בִּזְכָרִים וּבִנְקֵבוֹת.

צא. מִצְוַת לֹא־תַעֲשֶׂה שֶׁלֹּא לְבַשֵּׁל בָּשָׂר בְּחָלָב

שֶׁנֶּאֱמַר (שמות כג, יט): "לֹא תְבַשֵּׁל גְּדִי בַּחֲלֵב אִמּוֹ". וְהַמְבַשֵּׁל בָּשָׂר בְּחָלָב, כְּזַיִת מִשְּׁתֵּיהֶן, לוֹקֶה, אַף עַל פִּי שֶׁלֹּא אָכַל. וְאָסוּר בַּהֲנָאָה; וְטָעוּן קְבוּרָה; וְאֶפְרוֹ אָסוּר בַּהֲנָאָה. וְדַוְקָא בְשַׂר בְּהֵמָה טְהוֹרָה בַּחֲלֵב בְּהֵמָה טְהוֹרָה, אֲפִלּוּ נְבֵלָה, לוֹקִין עַל בִּשּׁוּלוֹ; אֲבָל בְּשַׂר בְּהֵמָה טְהוֹרָה בַּחֲלֵב טְמֵאָה, אוֹ בְשַׂר טְמֵאָה בַּחֲלֵב טְהוֹרָה, אוֹ בְשַׂר חַיָּה וָעוֹף הַטְּהוֹרִין בְּחָלָב — מֻתָּר בְּבִשּׁוּל וּבַהֲנָאָה, אֲבָל לֹא בַּאֲכִילָה.

This applies in every place and time, for both man and woman.

90. It is a negative commandment to eat no limb or part of a living creature

for Scripture says, *and you shall not eat the life with the flesh* (*D'varim* 12:23); and by the Oral Tradition it was learned that this is an admonition not to eat a limb or part that was cut from a living creature. If someone ate an olive's amount from a living animal, he should receive whiplashes. Even if he ate a whole organ or limb, if it contained an olive's amount he should be whipped; and if it did not contain an olive's amount, he would be free of penalty. Yet if he ate an organ or limb from a living creature and also some flesh from a live animal, he would violate two prohibitions (*you shall not eat the life with the flesh* [*ibid.*], and §87, *you shall not eat any flesh in the field that is* t'réfah [*Sh'moth* 22:30].

This is in force everywhere, in every time, for both man and woman.

91. It is a negative commandment to cook no meat in milk

for Scripture says, *You shall not boil a kid in its mother's milk* (*Sh'moth* 23:19). If someone cooks meat in milk [using] an olive's amount of the both, he should receive whiplashes, even if he does not eat it. It is forbidden to have any benefit from it, and it requires burial, and it is [even] forbidden to have any benefit from its ash [if he burned it]. This applies, however, specifically to meat of a kosher animal in milk from a kosher animal, even if it was *n'vélah* [see above, §86]; then whiplashes should be suffered for cooking it. But if it was meat of a kosher animal in the milk of a non-kosher animal, or meat from a non-kosher animal in the milk of a kosher one, or it was the meat of a kosher untamed animal or fowl in milk—cooking it and having benefit from it are permitted, but not eating it.

וְנוֹהֵג בְּכָל מָקוֹם וּבְכָל זְמַן, בִּזְכָרִים וּבִנְקֵבוֹת.

צב. מִצְוַת לֹא־תַעֲשֶׂה שֶׁלֹּא לֶאֱכֹל בָּשָׂר שֶׁנִּתְבַּשֵּׁל בְּחָלָב

שֶׁנֶּאֱמַר (שמות לד, כו): "לֹא תְבַשֵּׁל גְּדִי בַּחֲלֵב אִמּוֹ". וְעַל אֲכִילַת כְּזַיִת אֶחָד מִשְּׁנֵיהֶם, לוֹקֶה. וְחַיָּב אֲפִלּוּ לֹא נֶהֱנָה בַּאֲכִילָתוֹ, כְּגוֹן שֶׁהָיָה חַם בְּיוֹתֵר עַד שֶׁשָּׂרַף גְּרוֹנוֹ בַּאֲכִילָתוֹ, אוֹ שֶׁנָּתַן בְּתוֹכוֹ דָבָר מַר בְּעִנְיָן שֶׁלֹּא נֶהֱנָה כְּלָל בַּאֲכִילָתוֹ, אֲפִלּוּ הָכֵי לוֹקֶה. בָּשָׂר בְּחָלָב כְּשֶׁאֵינוֹ דֶּרֶךְ בִּשּׁוּל, אֶלָּא כָּבוּשׁ אוֹ מָלוּחַ בְּיַחַד, אָסוּר מִדִּבְרֵי סוֹפְרִים בַּאֲכִילָה וּמֻתָּר בַּהֲנָאָה. בְּשַׂר חַיָּה וָעוֹף שֶׁנִּתְבַּשְּׁלוּ — בֵּין בַּחֲלֵב בְּהֵמָה, בֵּין בַּחֲלֵב חַיָּה — אֵין אֲסוּרִין בַּאֲכִילָה אֶלָּא מִדִּבְרֵי סוֹפְרִים. דָּגִים וַחֲגָבִים מֻתָּר לְבַשֵּׁל בְּחָלָב, וּמֻתָּר לְאָכְלָן.

וְנוֹהֵג בְּכָל מָקוֹם וּבְכָל זְמַן, בִּזְכָרִים וּבִנְקֵבוֹת.

צג. מִצְוַת לֹא־תַעֲשֶׂה שֶׁלֹּא לֶאֱכֹל בְּשַׂר בְּהֵמָה וְחַיָּה הַטְּמֵאִים

שֶׁנֶּאֱמַר (ויקרא יא, ד): "אֶת זֶה לֹא תֹאכְלוּ וְגוֹ'". וְכָל שֶׁאֵינוֹ מַעֲלֶה גֵרָה וְאֵינוֹ מַפְרִיס פַּרְסָה הוּא טָמֵא. וְהָאוֹכֵל כְּזַיִת, בֵּין מִבְּהֵמָה וּבֵין מֵחַיָּה הַטְּמֵאִים, לוֹקֶה. וּבְשַׂר אָדָם הוּא בְּאִסּוּר עֲשֵׂה, שֶׁאֵינוֹ בִכְלַל "זֹאת הַחַיָּה" (ויקרא יא, ב). כָּל הַיּוֹצֵא מֵהַמִּינִים הָאֲסוּרִים, כְּגוֹן חֲלֵב בְּהֵמָה וְחַיָּה הַטְּמֵאִים, אֲסוּרִים בַּאֲכִילָה מִן הַתּוֹרָה. וּדְבַשׁ דְּבוֹרִים

This is in force everywhere, in every time, for both man and woman.

92. It is a negative commandment to eat no meat that was cooked with milk

for Scripture states, *You shall not boil a kid in its mother's milk* (*Sh'moth* 34:26). For eating an olive's amount of the both, one should receive whiplashes. He is punishable even if he had no enjoyment in eating it: for example, if it was so unduly hot that it burned his throat when he ate it, or he put something bitter into it with the result that he had no enjoyment whatever in eating it. Nevertheless, he should be given whiplashes. If meat and milk were prepared not by cooking but by steeping (soaking), or they were salted together, it is forbidden to be eaten by the law of the Sages, but benefit from it is permitted. If the meat of an untamed animal or a fowl was cooked with the milk of either a domestic or an untamed animal, the ban on eating it is only by the law of the Sages. It is permissible to cook fish or locusts with milk, and permissible to eat them.

This is in effect everywhere, in every time, for both man and woman.

93. It is a negative commandment to eat no meat from non-kosher domestic or untamed animals

for Scripture states, *But these you shall not eat,* etc. (*Va-yikra* 11:4), and whatever does not chew its cud or does not have a parted hoof is non-kosher. If anyone eats an olive's amount from a non-kosher animal, whether domestic or untamed, he should receive whiplashes. Human flesh is under a prohibition derived from a positive commandment, since it is not within the scope of the instruction, *These are the living things which you may eat* (*ibid.* 11:2) [the Torah did not include it among the permitted kinds]. Whatever comes out of the forbidden kinds, such as milk from non-kosher domestic or untamed animals, is forbidden to be eaten, by the law of the Torah. However, honey from bees or wasps

וּצְרָעִים, מֻתָּר, מִפְּנֵי שֶׁאֵינָן מִמַּצּוֹת זֶה מִגּוּפָן. חֲלֵב אִשָּׁה, מֻתָּר, אֲבָל אָסוּר לְגָדוֹל לִינֹק מִן הַדַּד. חָלָב שֶׁבְּיַד עַכּו"ם וְאֵין יִשְׂרָאֵל רוֹאֵהוּ שֶׁחֲלָבוֹ, אָסוּר, שֶׁמָּא עֵרֵב בּוֹ חָלָב מִבְּהֵמָה טְמֵאָה. וּגְבִינַת עַכּו"ם — מִן הַתּוֹרָה מֻתָּר, שֶׁאֵין חוֹשְׁשִׁין שֶׁמָּא בָּא מִבְּהֵמָה טְמֵאָה, שֶׁאֵין חֲלֵב בְּהֵמָה טְמֵאָה מִתְגַּבֵּן, אֶלָּא שֶׁחֲזַ"ל אָסְרוּ גְּבִינַת עַכּו"ם, מִפְּנֵי כַּמָּה טְעָמִים.

וְנוֹהֵג בְּכָל מָקוֹם וּבְכָל זְמַן, בִּזְכָרִים וּבִנְקֵבוֹת.

צד. • מִצְוַת לֹא־תַעֲשֶׂה שֶׁלֹּא לֶאֱכֹל עוֹף טָמֵא

שֶׁנֶּאֱמַר (ויקרא יא, יג): "וְאֶת אֵלֶּה תְּשַׁקְּצוּ מִן הָעוֹף לֹא יֵאָכְלוּ". וְכָל עוֹף הַחוֹלֵק אֶת רַגְלָיו כְּשֶׁמּוֹתְחִין לוֹ חוּט, שְׁתֵּי אֶצְבָּעוֹת לְכָאן וּשְׁתֵּי אֶצְבָּעוֹת לְכָאן, אוֹ שֶׁקּוֹלֵט מִן הָאֲוִיר וְאוֹכֵל בָּאֲוִיר — הֲרֵי זֶה 'דּוֹרֵס', וְטָמֵא. וְכָל הַשּׁוֹכֵן עִם הַטְּמֵאִים וְנִדְמֶה לָהֶם, הֲרֵי זֶה טָמֵא. וְהָאוֹכֵל כְּזַיִת מֵעוֹף טָמֵא, לוֹקֶה. בֵּיצֵי עוֹף טָמֵא, אֲסוּרִים בַּאֲכִילָה מִן הַתּוֹרָה.

וְנוֹהֵג בְּכָל מָקוֹם וּבְכָל זְמַן, בִּזְכָרִים וּבִנְקֵבוֹת.

צה. • מִצְוַת לֹא־תַעֲשֶׂה שֶׁלֹּא לֶאֱכֹל דָּג טָמֵא

שֶׁנֶּאֱמַר (ויקרא יא, יא): "וְשֶׁקֶץ יִהְיוּ לָכֶם מִבְּשָׂרָם לֹא תֹאכֵלוּ". וְכָל שֶׁאֵין לוֹ סְנַפִּיר וְקַשְׂקֶשֶׂת הוּא טָמֵא, וְהָאוֹכֵל כְּזַיִת מִמֶּנּוּ, לוֹקֶה.

is permissible, since they do not emit it from their bodies. Human milk is permissible; but a grown person is forbidden to suckle at the breast. If there is milk in a heathen's possession, and no Jew saw him doing the milking, it is forbidden, since he may have mixed into it milk from a non-kosher kind of animal. The cheese of a heathen is permitted by the law of the Torah, because we are not apprehensive that perhaps it came from a non-kosher animal, since the milk of a non-kosher animal cannot turn into cheese. Only, the Sages of blessed memory forbade the cheese of a heathen for many reasons.

This is in force everywhere, in every time, for both man and woman.

94. It is a negative commandment not to eat non-kosher fowl

as Scripture says, *And these you shall hold in abomination among the fowl; they shall not be eaten* (*Va-yikra* 11:13). Any bird that divides its feet when a string is stretched for it [to walk on, placing] two talons on one side and two talons on the other, or that takes in food from the air and eats in mid-air, is a bird of prey, and is non-kosher. Whatever dwells with non-kosher birds and resembles them is non-kosher. If someone ate an olive's amount from a non-kosher kind of bird, he should receive whiplashes. The eggs of a non-kosher species of bird are forbidden to be eaten, by the law of the Torah.

It is in force everywhere, in every time, for both man and woman.

95. It is a negative commandment not to eat non-kosher fish

as Scripture says, *and they shall be an abomination to you; of their flesh you shall not eat* (*Va-yikra* 11:11). Whatever does not have fins and scales is non-kosher, and if anyone eats an olive's amount from it, he should receive whiplashes.

וְנוֹהֵג בְּכָל מָקוֹם וּבְכָל זְמַן, בִּזְכָרִים וּבִנְקֵבוֹת.

צו. ♦ מִצְוַת לֹא־תַעֲשֶׂה שֶׁלֹּא לֶאֱכֹל שֶׁרֶץ הָעוֹף

שֶׁנֶּאֱמַר (דברים יד, יט): "וְכֹל שֶׁרֶץ הָעוֹף טָמֵא הוּא לָכֶם לֹא יֵאָכֵלוּ". וְהֵם: חֲגָבִים טְמֵאִים, זְבוּבִים, יַתּוּשִׁים, דְּבוֹרָה, צִרְעָה וְכַיּוֹצֵא בוֹ. הָאוֹכֵל כְּזַיִת מֵהֶם, לוֹקֶה. וְאִם אָכַל בְּרִיָּה שְׁלֵמָה, אַף עַל פִּי שֶׁאֵין בָּהּ כְּזַיִת, לוֹקֶה. אֲבָל חֲגָבִים טְהוֹרִים, מֻתָּר בַּאֲכִילָה. וְיֵשׁ לָהֶם שְׁלֹשָׁה* סִימָנֵי טָהֳרָה: כָּל שֶׁיֵּשׁ לוֹ אַרְבַּע רַגְלַיִם, וְאַרְבַּע כְּנָפַיִם הַחוֹפִים רֹב אֹרֶךְ וְרֹב הֶקֵּף גּוּפוֹ, וּשְׁנֵי כְרָעַיִם לְנַתֵּר בָּהֶן.

וְנוֹהֵג בְּכָל מָקוֹם וּבְכָל זְמַן, בִּזְכָרִים וּבִנְקֵבוֹת.

צז. ♦ מִצְוַת לֹא־תַעֲשֶׂה שֶׁלֹּא לֶאֱכֹל מִשֶּׁרֶץ הָאָרֶץ

שֶׁנֶּאֱמַר (ויקרא יא, מא): "וְכָל הַשֶּׁרֶץ הַשֹּׁרֵץ עַל הָאָרֶץ שֶׁקֶץ הוּא לֹא יֵאָכֵל". וְשֶׁרֶץ הָאָרֶץ הַיְנוּ, נְחָשִׁים וְעַקְרַבִּים וְחִפּוּשִׁית וְתוֹלָעִים. וְהָאוֹכֵל מֵהֶם בְּרִיָּה שְׁלֵמָה, לוֹקֶה. וְאִם אֵינָהּ שְׁלֵמָה — אִם אָכַל כְּזַיִת, לוֹקֶה. וְכָל הַשְּׁרָצִים מִצְטָרְפִין לִכְזַיִת.

וְנוֹהֵג בְּכָל מָקוֹם וּבְכָל זְמַן, בִּזְכָרִים וּבִנְקֵבוֹת.

*הערת המו"ל: בשולחן ערוך יורה דעה, סימן פ"ה סעיף א', יש סימן רביעי: ששמו 'חגב'.

It is in effect everywhere, in every time, for both man and woman.

96. It is a negative commandment to eat no winged swarming creature

as Scripture says, *And all winged swarming creatures are unclean for you; they shall not be eaten* (*D'varim* 14:19). These are non-kosher kinds of grasshoppers, flies, gnats, bees, wasps, and so forth. If someone eats an olive's amount of them, he should be given whiplashes. If he ate a whole creature, even if it did not comprise an olive's amount, he should receive whiplashes. Pure [kosher] kinds of grasshoppers however, are allowed to be eaten. They have three signs of purity: whatever has four legs, and four wings covering most of the length and most of the circumference of its body, and two jointed legs with which to jump.*

This is in effect everywhere, in every time, for both man and woman.

97. It is a negative commandment to eat no swarming creature of the ground

as Scripture says, *And every swarming thing that swarms upon the earth is an abomination; it shall not be eaten* (*Va-yikra* 11:41). "Swarming creatures of the ground" means snakes, scorpions, beetles and worms. Whoever eats of them a whole creature should be given whiplashes. And if it was not complete, then if he ate an olive's amount he should receive whiplashes. All swarming creatures [eaten] are reckoned together to add up to an olive's amount.

This is in force everywhere, in every time, for both man and woman.

* In *Shulchan Aruch, Yoreh Dé'ah*, §85, 1, there is a fourth sign of purity: that its name is *ḥagav*. [Ed.]

צח. מִצְוַת לֹא־תַעֲשֶׂה שֶׁלֹּא לֶאֱכֹל תּוֹלַעַת הַפֵּרוֹת וְהַזְּרָעִים

שֶׁנֶּאֱמַר (ויקרא יא, מב): ״לְכָל הַשֶּׁרֶץ הַשֹּׁרֵץ עַל הָאָרֶץ לֹא תֹאכְלוּם״.

וְנוֹהֵג בְּכָל מָקוֹם וּבְכָל זְמַן, בִּזְכָרִים וּבִנְקֵבוֹת.

צט. מִצְוַת לֹא־תַעֲשֶׂה שֶׁלֹּא לֶאֱכֹל שֶׁרֶץ הַמַּיִם

שֶׁנֶּאֱמַר (ויקרא יא, מג): ״אַל תְּשַׁקְּצוּ אֶת נַפְשֹׁתֵיכֶם בְּכָל הַשֶּׁרֶץ הַשֹּׁרֵץ״. וְשֶׁרֶץ הַמַּיִם בִּכְלָל, כְּגוֹן: הַצְּפַרְדֵּעַ וְהַסַּרְטָן וְכַיּוֹצֵא בוֹ, אוֹ תוֹלָעִים וַעֲלוּקָה, אוֹ חַיּוֹת הַיָּם וְכֶלֶב הַיָּם. וְהָאוֹכֵל כְּזַיִת מֵהֶן, לוֹקֶה.

וְנוֹהֵג בְּכָל מָקוֹם וּבְכָל זְמַן, בִּזְכָרִים וּבִנְקֵבוֹת.

ק. מִצְוַת לֹא־תַעֲשֶׂה שֶׁלֹּא לֶאֱכֹל רְמָשִׂים

שֶׁנֶּאֱמַר (ויקרא יא, מד): ״וְלֹא תְטַמְּאוּ אֶת נַפְשֹׁתֵיכֶם בְּכָל הַשֶּׁרֶץ הָרֹמֵשׂ עַל הָאָרֶץ״. רְמָשִׂים — הֵם הַבָּאִים מֵעִפּוּשִׁים, שֶׁלֹּא מִזָּכָר וּנְקֵבָה. וְהָאוֹכֵל כְּזַיִת מֵהֶן, לוֹקֶה.

וְנוֹהֵג בְּכָל מָקוֹם וּבְכָל זְמַן, בִּזְכָרִים וּבִנְקֵבוֹת.

קא. קב. קג.

מִצְוַת לֹא־תַעֲשֶׂה שֶׁלֹּא לֶאֱכֹל לֶחֶם מִתְּבוּאָה חֲדָשָׁה קֹדֶם לָעֹמֶר

וּמִצְוַת לֹא תַעֲשֶׂה שֶׁלֹּא לֶאֱכֹל קָלִי (הַיְנוּ גַּרְעִינִים מֵחֲמֵשֶׁת הַמִּינִין הַקְּלוּיִין בָּאוּר) מִתְּבוּאָה חֲדָשָׁה קֹדֶם לָעֹמֶר

98. It is a negative commandment to eat no worms of fruits or seeds

for Scripture states, *even all the swarming things that swarm upon the earth, them you shall not eat* (*Va-yikra* 11:42).

It is in effect everywhere, in every time, for both man and woman.

99. It is a negative commandment to eat no swarming creature of the water

for Scripture says, *You shall not make yourselves detestable with every swarming thing that swarms* (*Va-yikra* 11:43), and swarming water creatures are included: for example, frogs, crabs, and so forth; or worms and leeches; or sea animals and the sea dog. Whoever eats an olive's amount from them should receive whiplashes.

This applies in every place and time, for both man and woman.

100. It is a negative commandment to eat no *remmess* (creeping thing)

for Scripture says, *neither shall you defile yourselves with any swarming thing that* ro-més, *crawls, upon the earth* (*Va-yikra* 11:44). The creatures called *remmess* are what come from molds, not deriving from male and female creatures. Whoever eats an olive's amount of them should receive whiplashes.

It is in effect everywhere, in every time, for both man and woman.

101, 102, 103. It is a negative commandment to eat no bread from the new crop of grain before the *Omer* offering [was brought at the Sanctuary]. It is likewise a negative commandment to eat no *kali* (which means grains of the five species that were roasted in

וּמִצְוַת לֹא תַעֲשֶׂה שֶׁלֹּא לֶאֱכֹל כַּרְמֶל (הַיְנוּ שֶׁנִּתְמוֹלֵל בַּיָּד וְלֹא הֶבְהַב בָּאוּר) מִתְּבוּאָה חֲדָשָׁה קֹדֶם לָעֹמֶר

שֶׁנֶּאֱמַר (ויקרא כג, יד): "וְלֶחֶם וְקָלִי וְכַרְמֶל לֹא תֹאכְלוּ עַד עֶצֶם הַיּוֹם הַזֶּה". כָּל זֶה מֵחֲמֵשֶׁת מִינֵי דָגָן בִּלְבַד, וְהֵם: חִטִּים, שְׂעוֹרִים, כֻּסְמִין, שִׁבֹּלֶת שׁוּעָל וְשִׁיפוֹן (קָארְן בְּלַעַ"ז), אָסוּר. וְהָאוֹכֵל לֶחֶם וְקָלִי וְכַרְמֶל, כְּזַיִת מִכָּל אֶחָד, עוֹבֵר עַל שְׁלֹשָׁה לָאוִין. בִּזְמַן שֶׁבֵּית הַמִּקְדָּשׁ קַיָּם, אָסוּר בְּט"ז בְּנִיסָן עַד אַחַר הַקְרָבַת הָעֹמֶר; וּבִזְמַן שֶׁאֵין בֵּית הַמִּקְדָּשׁ קַיָּם, כָּל יוֹם ט"ז בְּנִיסָן אָסוּר מִן הַתּוֹרָה. וּבְחוּץ לָאָרֶץ, שֶׁעוֹשִׂין שְׁנֵי יָמִים טוֹבִים, אָסוּר מִדִּבְרֵי סוֹפְרִים כָּל יוֹם י"ז. וּתְבוּאָה שֶׁנִּשְׁרְשָׁה קֹדֶם הָעֹמֶר, אַף עַל פִּי שֶׁנִּגְמְרָה אַחַר הָעֹמֶר, הָעֹמֶר מַתִּירוֹ.

וְנוֹהֵג אִסּוּר זֶה שֶׁל חָדָשׁ, בְּכָל מָקוֹם וּבְכָל זְמַן, בִּזְכָרִים וּבִנְקֵבוֹת.

וְיֵשׁ מֵהָרִאשׁוֹנִים דִּסְבִירָא לְהוּ דְּחָדָשׁ בְּחוּץ לָאָרֶץ אֵינוֹ אֶלָּא מִדְּרַבָּנָן, מִשּׁוּם גְּזֵרָה, וְלֹא גָזְרוּ אֶלָּא בַּמְּקוֹמוֹת הַסְּמוּכִין לְאֶרֶץ יִשְׂרָאֵל. וְעַל כֵּן רֹב הָעוֹלָם אֵינָן נִזְהָרִין בָּזֶה. וְאַף שֶׁאֵין בְּיָדֵינוּ לִמְחוֹת בִּידֵי הַמְּקִילִין, מִכָּל מָקוֹם, כָּל בַּעַל נֶפֶשׁ יַחְמִיר לְעַצְמוֹ בְּכָל מַה דְּאֶפְשָׁר לוֹ, כִּי לְהַרְבֵּה גְּדוֹלֵי הָרִאשׁוֹנִים הוּא אִסּוּר דְּאוֹרַיְתָא בְּכָל גַּוְנֵי.

קד. ◆ מִצְוַת לֹא-תַעֲשֶׂה שֶׁלֹּא לֶאֱכֹל חָמֵץ עֶרֶב פֶּסַח אַחַר חֲצוֹת

שֶׁנֶּאֱמַר (דברים טז, ג): "לֹא תֹאכַל עָלָיו חָמֵץ", כְּלוֹמַר, עַל

the fire) from new grain, before the *Omer* offering. And it is also a negative commandment to eat no *karmel* (meaning that it was crushed by hand and not roasted in the fire) from new grain before the *Omer* offering

for Scripture says, *And you shall eat neither bread nor* kali *(parched grain) nor* karmel *(fresh grain) until this very day* (*Va-yikra* 23:14). All this [applies to grain] of the five species alone, which are wheat, barley, spelt, oats and rye; that is forbidden. If someone eats bread, parched grain, and *karmel*—an olive's amount of each—he violates three prohibitions. When the Sanctuary is in existence, it is forbidden on the sixteenth of Nissan until after the offering of the *Omer*. At the time that the Sanctuary is not in existence, it is forbidden the entire day of the sixteenth of Nissan, by the law of the Torah. And in the Diaspora, where two festival days are always observed, it is forbidden by the law of the Sages on the entire day of the seventeenth [as well]. As long as planted grain took root before the *Omer*, even if it ripened after the *Omer*, the *Omer* makes it permissible.

This prohibition on new grain is in effect everywhere, in every time, for both man and woman.

There are some early authorities who hold that the law on new grain in lands outside of Israel is only by the enactment of the Sages, as a protective measure; and they decreed it nowhere but in areas bordering on the Land of Israel. Therefore most of the world [of Jewry] is not careful about it. Even though it is not in our power to oppose the ones who are lenient, nevertheless every scrupulously observant person should be strict for himself in everything possible for him; because according to many great early authorities it is a prohibition by the Torah in all respects.

104. **It is a negative commandment to eat no *ḥamétz* (leavened food) on the day before Passover, after noon**

for Scripture says, *You shall eat no leavened bread over it* (*D'varim* 16:3), which means over [at the time of] the Passover

קָרְבַּן פֶּסַח שֶׁזְּמַן הַקְרָבָתוֹ מִשָּׁעָה שְׁבִיעִית. וְהָאוֹכֵל חָמֵץ בְּעֶרֶב פֶּסַח אַחַר שֵׁשׁ, לוֹקֶה. וְחֲזַ״ל אֲסָרוּהוּ מִתְּחִלַּת שָׁעָה שִׁשִּׁית בַּאֲכִילָה וּבַהֲנָאָה, וּבְשָׁעָה חֲמִישִׁית, אָסוּר בַּאֲכִילָה וּמֻתָּר בַּהֲנָאָה.

וְנוֹהֵג בְּכָל מָקוֹם וּבְכָל זְמַן, בִּזְכָרִים וּבִנְקֵבוֹת.

קה. מִצְוַת לֹא-תַעֲשֶׂה שֶׁלֹּא לֶאֱכֹל פֵּרוֹת אִילָן שָׁלֹשׁ שָׁנִים הָרִאשׁוֹנוֹת לִנְטִיעָתוֹ

שֶׁנֶּאֱמַר (ויקרא יט, כג): ״שָׁלֹשׁ שָׁנִים יִהְיֶה לָכֶם עֲרֵלִים לֹא יֵאָכֵל״. וַאֲפִלּוּ סָפֵק עָרְלָה, אָסוּר. וּבְחוּץ לָאָרֶץ — הֲלָכָה לְמֹשֶׁה מִסִּינַי שֶׁוַּדַּאי עָרְלָה אֲסוּרָה, וְסָפֵק עָרְלָה מֻתָּר. וְעַל וַדַּאי עָרְלָה — בְּאֶרֶץ יִשְׂרָאֵל, חַיָּב מַלְקוֹת; וּבְחוּץ לָאָרֶץ, מַכִּין אוֹתוֹ מַכּוֹת מַרְדּוּת.

וְנוֹהֵג בִּזְכָרִים וּבִנְקֵבוֹת.

קו. מִצְוַת לֹא-תַעֲשֶׂה שֶׁלֹּא לֶאֱכֹל אֲכִילַת בֵּן סוֹרֵר וּמוֹרֶה

שֶׁנֶּאֱמַר (ויקרא יט, כו): ״לֹא תֹאכְלוּ עַל הַדָּם״. וּפֵרוּשׁ: לֹא תֹאכְלוּ אֲכִילָה כָּזוֹ הַמְבִיאָה לִידֵי שְׁפִיכוּת דָּמִים, וְזוֹ הִיא אֲכִילַת בֵּן סוֹרֵר וּמוֹרֶה. גַּם זֶה הַפָּסוּק הוּא אַזְהָרָה שֶׁלֹּא לֶאֱכֹל מִבְּהֵמָה קֹדֶם שֶׁתֵּצֵא נַפְשָׁהּ. וְגַם הוּא אַזְהָרָה שֶׁלֹּא לֶאֱכֹל קֹדֶם שֶׁיִּתְפַּלֵּל.

וְנוֹהֵג בְּכָל מָקוֹם וּבְכָל זְמַן, בִּזְכָרִים וּבִנְקֵבוֹת.

sacrifice, the time for offering it up being from the seventh hour [of the day]. Whoever eats *ḥamétz* on the day before Passover after six hours [from the day's beginning] should receive whiplashes; and the Sages of blessed memory forbade eating it, or having any benefit from it, from the beginning of the sixth hour; while in the fifth hour eating it is forbidden but benefit from it is permissible.

This is in force everywhere, in every time, for both man and woman.

105. It is a negative commandment to eat no fruit of a tree in the three first years since its planting

as Scripture says, *three years it shall be as forbidden to you; it shall not be eaten* (*Va-yikra* 19:23). Even what is doubtfully [not certainly] *orlah*, fruit of the first three years, is forbidden. In lands other than Israel, there is a law given to Moses orally at Sinai that what is certainly *orlah* is forbidden, while fruit that is doubtfully *orlah* is permissible. Over certain, indisputable *orlah* in the Land of Israel, whiplashes are deserved; while in other countries one should be flogged with whiplashes of disobedience.

It applies to both man and woman.

106. It is a negative commandment not to eat the kind of food eaten by a wayward and rebellious son

for it is stated, *You shall not eat over blood* (*Va-yikra* 19:26), which is understood to mean, "You are not to eat the kind of meal that leads to bloodshed"—and that is the food eaten by a wayward and rebellious son. This verse of Scripture is also an injunction not to eat [any flesh] of an animal before its life expires. And it is also an injunction not to take any food before we pray.

It is in effect in every place and time, for both man and woman.

קז. מִצְוַת לֹא־תַעֲשֶׂה שֶׁלֹּא לִזְרֹעַ שְׁנֵי מִינֵי זְרָעִים בְּשָׂדֶה

שֶׁנֶּאֱמַר (ויקרא יט, יט): ״שָׂדְךָ לֹא תִזְרַע כִּלְאָיִם״. וּבְחוּץ לָאָרֶץ, מֻתָּר לְיִשְׂרָאֵל, לְכַתְּחִלָּה, לִזְרֹעַ כִּלְאֵי זְרָעִים. וְכִלְאֵי אִילָנוֹת — פֵּרוּשׁ: לְהַרְכִּיב אִילָן אֶתְרוֹג בְּתַפּוּחַ וְכַיּוֹצֵא בָזֶה, אָסוּר גַּם בְּחוּץ לָאָרֶץ. וְכֵן אָסוּר לְהַרְכִּיב אִילָן בְּיָרָק אוֹ יָרָק בְּאִילָן, אֲפִלּוּ בְחוּץ לָאָרֶץ. וּבֵין כִּלְאֵי זְרָעִים וּבֵין כִּלְאֵי אִילָנוֹת, אַף עַל פִּי שֶׁעוֹבֵר עַל זֶה, מִכָּל מָקוֹם מֻתָּרִין הֵם בַּאֲכִילָה, אֲפִלּוּ לָזֶה שֶׁעָשָׂה הָאִסּוּר. וְכִלְאֵי הַכֶּרֶם (דְּהַיְנוּ, לִזְרֹעַ תְּבוּאָה בַּכֶּרֶם), אָסוּר לִזְרֹעַ; וּבַאֲכִילָה וּבַהֲנָאָה — בְּחוּץ לָאָרֶץ, מִדִּבְרֵי סוֹפְרִים; וּבְאֶרֶץ יִשְׂרָאֵל, אָסוּר מִן הַתּוֹרָה.

קח. מִצְוַת לֹא־תַעֲשֶׂה שֶׁלֹּא לִשְׁחֹט בְּהֵמָה טְהוֹרָה הִיא וּוְלָדָהּ בְּיוֹם אֶחָד

שֶׁנֶּאֱמַר (ויקרא כב, כח): ״וְשׁוֹר אוֹ שֶׂה אֹתוֹ וְאֶת בְּנוֹ לֹא תִשְׁחֲטוּ בְּיוֹם אֶחָד״. וְאִם עָבַר וְשָׁחַט, הַבָּשָׂר כָּשֵׁר. וְהַיּוֹם הוֹלֵךְ אַחַר הַלַּיְלָה; לְפִיכָךְ, אִם שָׁחַט הָאֵם תְּחִלַּת לֵיל רְבִיעִי, לֹא יִשְׁחַט הַוָּלָד עַד תְּחִלַּת יוֹם חֲמִישִׁי; וְאִם שָׁחַט הָאֵם סוֹף יוֹם רְבִיעִי, מֻתָּר לִשְׁחֹט הַוָּלָד תְּחִלַּת לֵיל חֲמִישִׁי.

וְנוֹהֵג בְּכָל מָקוֹם וּבְכָל זְמַן, בִּזְכָרִים וּבִנְקֵבוֹת.

107. It is a negative commandment not to sow two kinds of seeds in a field

as Scripture states, *you shall not sow your field with two kinds of seed* (*Va-yikra* 19:19). In lands other than Israel, a Jew is permitted initially, from the start, to sow two kinds of seeds [together]. As for mixed kinds of trees, which means grafting an *ethrog* (citron) tree onto an apple tree, or anything similar, it is forbidden in the other lands as well. So too, it is forbidden to graft a tree onto a vegetable or a vegetable onto a tree, even in other lands. However, with both mixed kinds of seeds and mixtures of trees, even though a violation of the law is committed thereby, their produce is nevertheless permitted to be eaten, even by the one who did the forbidden act. As for mixtures of a vineyard (which means planting grain in a vineyard), it is forbidden to sow them, eat their produce, or derive any benefit from them—in other lands, by the law of the Sages; and in the Land of Israel, by the law of the Torah.

108. It is a negative commandment not to slay ritually both a pure [kosher] animal and its young in one day

for Scripture says, *And whether it is a cow or a ewe, you shall not slay it and its young both in one day* (*Va-yikra* 22:28). If someone transgressed and did ritually slay them, the meat is kosher [permissible]. The day follows the night [a day is reckoned from sunset to sunset]; therefore if a person ritually slew the mother-animal at the beginning of the night of the fourth day of the week, he should not slay the young until the beginning of the fifth day. But if he slew the mother-animal toward the end of the fourth day, he may ritually slay the young at the beginning of the night of the fifth.

This is in effect everywhere, in every time, for both man and woman.

קט. מִצְוַת לֹא-תַעֲשֶׂה שֶׁלֹּא לִפְדּוֹת בְּכוֹר בְּהֵמָה טְהוֹרָה

שֶׁנֶּאֱמַר (במדבר יח, יז): "אַךְ בְּכוֹר שׁוֹר וְגוֹ' לֹא תִפְדֶּה". וּבִזְמַן שֶׁאֵין בֵּית הַמִּקְדָּשׁ קַיָּם, מֻתָּר לְמָכְרוֹ, וְהַלּוֹקֵחַ יִנְהַג בּוֹ קְדֻשַּׁת בְּכוֹר. וּבְכוֹר בַּעַל מוּם, מֻתָּר לְמָכְרוֹ, בֵּין חַי וּבֵין שָׁחוּט, וּבִלְבַד שֶׁלֹּא יִמְכְּרֶנּוּ בְּמָקוּלִין.

וְנוֹהֵג בִּזְכָרִים וּבִנְקֵבוֹת.

קי. מִצְוַת לֹא-תַעֲשֶׂה שֶׁלֹּא לִקְרַב לַעֲרָיוֹת אֲפִלּוּ בְלֹא בִיאָה

שֶׁנֶּאֱמַר (ויקרא יח, ו): "אִישׁ אִישׁ אֶל כָּל שְׁאֵר בְּשָׂרוֹ לֹא תִקְרְבוּ לְגַלּוֹת עֶרְוָה", רוֹצֶה לוֹמַר, כְּגוֹן חִבּוּק וְנִשּׁוּק, שֶׁהֵם דְּבָרִים הַמְּבִיאִים לְגִלּוּי עֶרְוָה. וְהָעוֹבֵר עַל זֶה, וּמְחַבֵּק אוֹ מְנַשֵּׁק אוֹ נֶהֱנֶה בְּקֵרוּב בָּשָׂר, לוֹקֶה, וְחָשׁוּד עַל עֲרָיוֹת. וְאָסוּר לִקְרֹץ וְלִרְמֹז וְלִשְׂחֹק עִמָּהֶן, אוֹ לְהָרִיחַ בִּבְשָׂמִים שֶׁעֲלֵיהֶן, אוֹ לְהַבִּיט בְּיָפְיָן. וְלֹא יַעֲשֶׂה שׁוּם דָּבָר הַמֵּבִיא לִידֵי הִרְהוּר. וְאָסוּר לְהוֹצִיא שִׁכְבַת זֶרַע לְבַטָּלָה, וְעָוֹן חָמוּר הוּא מְאֹד. וְהַמַּקְשֶׁה עַצְמוֹ לָדַעַת, הוּא בְּנִדּוּי.

וּמִצְוַת חֲכָמִים הִיא, לְהַשִּׂיא בָּנָיו וּבְנוֹתָיו סָמוּךְ לְפִרְקָן; שֶׁאִם יַנִּיחָן, יָבוֹאוּ לִזְנוּת אוֹ לְהִרְהוּר. וְאָסוּר לְהַשִּׂיא אִשָּׁה לְקָטָן, דַּהֲוֵי כִּזְנוּת; וְלֹא יִשָּׂא בָחוּר זְקֵנָה, וְלֹא יִשָּׂא זָקֵן יַלְדָּה — שֶׁזֶּה גּוֹרֵם לִזְנוּת.

וְאָסוּר לְהִתְיַחֵד עִם הָעֲרָיוֹת. וְאָסוּר לְהִתְיַחֵד עִם

109. It is a negative commandment not to redeem the firstling of a pure [kosher] animal

for Scripture states, *But the firstling of an ox . . . you shall not redeem* (*Bemidbar* 18:17). At the time that the Sanctuary is not in existence, it is permissible to sell it; but the buyer has to treat it in accordance with the holiness of a firstborn animal. As for a firstling with a disfiguring defect, it is permissible to sell it, whether it be alive or ritually slaughtered, provided it is not sold at the meat-market.

It applies to both man and woman.

110. It is a negative commandment not to be in close contact with consanguineous relations, even without conjugal intimacy

as Scripture says, *None of you shall approach anyone near of kin to him, to uncover nakedness* (*Va-yikra* 18:6)—which means, for example, embracing and kissing, these being things that lead to "the uncovering of nakedness" [immorality]. If someone violates this and embraces or kisses [a forbidden consanguineous relation] or enjoys physical proximity with her, he should be given whiplashes, and is to be suspected of immorality. It is forbidden to wink or signal or play with them, or to sniff the perfume on them, or gaze at their beauty. One should do nothing that leads to improper fantasy; and it is forbidden to produce a seminal emission, this being a very severe sin. If someone deliberately brings on an erection, he is in a state of excommunication.

It is a religious commandment by the Sages to marry off one's sons and daughters close to their age of maturity; for if he lets them be, they will be led to immorality or improper fantasy. It is forbidden to marry a woman to a minor, for that is like immorality. A young man should not marry an old woman, nor should an old man marry a young girl, as that leads to immorality.

It is forbidden to be in private with a consanguineous relation, and it is also forbidden to be alone with a single

פְּנוּיָה. וְהַמִּתְיַחֵד עִם אִשָּׁה שֶׁאָסוּר לְהִתְיַחֵד עִמָּהּ, מַכִּין שְׁנֵיהֶם מַכּוֹת מַרְדּוּת וּמַכְרִיזִין עֲלֵיהֶן; חוּץ מֵאֵשֶׁת אִישׁ, שֶׁאֵין מַכִּין וְאֵין מַכְרִיזִין, אַף עַל פִּי שֶׁאָסוּר לְהִתְיַחֵד עִמָּהּ — שֶׁלֹּא לְהוֹצִיא לַעַז עַל בָּנֶיהָ.

וְנוֹהֵג בְּכָל מָקוֹם וּבְכָל זְמַן.

קיא. מִצְוַת לֹא־תַעֲשֶׂה שֶׁלֹּא לְגַלּוֹת עֶרְוַת הָאָב בְּמִשְׁכַּב זְכוּר

שֶׁנֶּאֱמַר (ויקרא יח, ז): "עֶרְוַת אָבִיךָ וְגוֹ' לֹא תְגַלֵּה". וְזֶה לָאו נוֹסָף עַל מִשְׁכַּב זְכוּר (לקמן לאו קט"ז). וְהָעוֹבֵר עַל זֶה, וּבָא עַל אָבִיו בְּהַכְנָסַת עֲטָרָה, בְּעֵדִים וְהַתְרָאָה — שְׁנֵיהֶם חַיָּבִים סְקִילָה; וּבְלֹא עֵדִים — בְּמֵזִיד, חַיָּבִים כָּרֵת; וּבְשׁוֹגֵג, חַיָּב שְׁתֵּי חַטָּאוֹת (מִשּׁוּם לָאו זֶה, וּמִשּׁוּם בָּא עַל הַזָּכָר).

וְנוֹהֵג בְּכָל מָקוֹם וּבְכָל זְמַן.

קיב. מִצְוַת לֹא־תַעֲשֶׂה שֶׁלֹּא לָבוֹא עַל אִמּוֹ

שֶׁנֶּאֱמַר (ויקרא יח, ז): "וְעֶרְוַת אִמְּךָ לֹא תְגַלֵּה". וַאֲפִלּוּ לֹא הָיְתָה אֵשֶׁת אָבִיו, רַק הִיא אִמּוֹ עַל יְדֵי זְנוּת, מִכָּל מָקוֹם אִמּוֹ הִיא. וְאֵין חִלּוּק בֵּין בָּא עָלֶיהָ בְּחַיֵּי אָבִיו אוֹ לְאַחַר מִיתַת אָבִיו — אִם הָיָה בְּעֵדִים וְהַתְרָאָה, חַיָּבִים סְקִילָה; וּבְלֹא עֵדִים — בְּמֵזִיד, כָּרֵת; וּבְשׁוֹגֵג, חַטָּאת. וְאִם הִיא

girl. If someone is alone with a woman with whom he is forbidden to be in private, both should be flogged with whiplashes of disobedience, and their misdeed should be proclaimed—except in the case of a married woman. Then no flogging is given and it is not proclaimed, although it is forbidden to be alone with her — so as not to give rise to slander about her children [that perhaps they are illegitimate].

This is in force everywhere, in every time.

111. It is a negative commandment not to uncover the nakedness of one's father in homosexual intimacy

as Scripture says, *The nakedness of your father . . . you shall not uncover* (*Va-yikra* 18:7). This is a prohibition in addition to the general ban on homosexuality (below, §116). If a person violated this and was carnally intimate with his father, with the intromission of the corona, where there were witnesses and a [prior] warning, both would deserve death by stoning. If it was without witnesses, but deliberate, they would deserve *karéth* [Divine severance of existence]; and if it was unwitting [they did not know it was forbidden] he would be obligated to bring two sin-offerings (over this prohibition, and on account of homosexuality).

This is in effect everywhere and always.

112. It is a negative commandment not to be conjugally intimate with one's mother

as Scripture says, *and the nakedness of your mother you shall not uncover* (*Va-yikra* 18:7). Even if she was not his father's wife but she was his mother through immoral relations, she is nevertheless his mother. It makes no difference if he was conjugally intimate with her during his father's lifetime or after his father's death. If it was with witnesses and a [prior] warning, they deserve to be stoned to death. Without witnesses, if it was deliberate, their punishment is *karéth* [Divine severance of existence]; and

אֵשֶׁת אָבִיו, חַיָּב שְׁתַּיִם (מִשּׁוּם אִמּוֹ וּמִשּׁוּם אֵשֶׁת אָבִיו). וּמִדִּבְרֵי סוֹפְרִים, הַנִּקְרָא 'שְׁנִיּוֹת דְּרַבָּנָן', אָסוּר גַּם בְּאֵם אִמּוֹ, וְאֵין לָהּ הֶפְסֵק עַד לְמַעְלָה; וְאֵם אֲבִי אִמּוֹ בִּלְבַד; וְאֵם אָבִיו, וְאֵין לָהּ הֶפְסֵק; וְאֵם אֲבִי אָבִיו בִּלְבַד.

וְנוֹהֵג בְּכָל מָקוֹם וּבְכָל זְמַן.

קיג. מִצְוַת לֹא־תַעֲשֶׂה שֶׁלֹּא לָבוֹא עַל אֵשֶׁת אָבִיו

שֶׁנֶּאֱמַר (ויקרא יח, ח): "עֶרְוַת אֵשֶׁת אָבִיךָ לֹא תְגַלֵּה". אֲפִלּוּ הִיא אֵינֶנָּה אִמּוֹ, אִם הִיא אֵשֶׁת אָבִיו — בֵּין מִן הָאֵרוּסִין, בֵּין מִן הַנִּשּׂוּאִין, בֵּין בְּחַיֵּי הָאָב, בֵּין לְאַחַר מִיתַת הָאָב — וַאֲפִלּוּ גֵּרְשָׁהּ. וְחַיָּבִין עַל זֶה בְּעֵדִים וְהַתְרָאָה — סְקִילָה; וּבְלֹא עֵדִים — בְּמֵזִיד, כָּרֵת; וּבְשׁוֹגֵג, חַטָּאת. וּשְׁנִיּוֹת מִדִּבְרֵי סוֹפְרִים: אֵשֶׁת אֲבִי אָבִיו, וְאֵין לָהּ הֶפְסֵק עַד לְמַעְלָה; וְאֵשֶׁת אֲבִי אִמּוֹ בִּלְבַד.

וְנוֹהֵג בְּכָל מָקוֹם וּבְכָל זְמַן.

if it was unwitting, a *ḥattath* (sin-offering) is required. If she was his father's wife, he would require two offerings (because she was his mother, and because she was his father's wife [§113]).

By the law of the Sages called "secondary consanguineous relations by the Sages' edict," one is also forbidden to be conjugally intimate with his mother's mother, etc. and there is no limit to this prohibition going back through the earlier generations; and so too the mother of his mother's father alone [but not extending back into earlier generations]. So also the mother of his father [and her mother, etc.] without limit going back; and the mother of his father's father alone.

This is in force everywhere and always.

113. It is a negative commandment not to be conjugally intimate with the wife of one's father

as Scripture says, *The nakedness of your father's wife you shall not uncover* (*Va-yikra* 18:8). [This applies] even if she is not his mother, if she is his father's wife either through *érusin* ["betrothal," the first stage of marriage] or through *n'su'in* ["marriage," the second stage]; both in the father's lifetime and after the father's death; and even if he divorced her. The punishment deserved for this, if there were witnesses and a [prior] warning, is death by stoning; and without witnesses, if it was deliberate, there would be *karéth* [Divine severance of existence], while if unwitting, a *ḥattath* (sin-offering) would be required. Secondary consanguineous relations by the Sages' edict are: the wife of one's father's father, and there is no limit to this up into the past generations; and the wife of one's mother's father alone.

It is in effect everywhere, in every time.

קיד. ◆ מִצְוַת לֹא־תַעֲשֶׂה שֶׁלֹּא לָבוֹא עַל אֲחִי אָבִיו בְּמִשְׁכַּב זְכוּר

שֶׁנֶּאֱמַר (ויקרא יח, יד): "עֶרְוַת אֲחִי אָבִיךָ לֹא תְגַלֵּה". וְזֶהוּ לָאו נוֹסָף עַל מִשְׁכַּב זְכוּר. וְאִם בָּא עַל אֲחִי אָבִיו בְּעֵדִים וְהַתְרָאָה, שְׁנֵיהֶם בִּסְקִילָה; וּבְלֹא הַתְרָאָה — בְּמֵזִיד, בְּכָרֵת; וּבְשׁוֹגֵג, חַיָּב שְׁתֵּי חַטָּאוֹת (מִשּׁוּם לָאו זֶה, וּמִשּׁוּם בָּא עַל הַזָּכָר).

וְנוֹהֵג בְּכָל מָקוֹם וּבְכָל זְמַן.

קטו. ◆ מִצְוַת לֹא־תַעֲשֶׂה שֶׁלֹּא לָבוֹא עַל כַּלָּתוֹ הִיא אֵשֶׁת בְּנוֹ

שֶׁנֶּאֱמַר (ויקרא יח, טו): "עֶרְוַת כַּלָּתְךָ לֹא תְגַלֵּה". בֵּין בְּחַיֵּי בְּנוֹ וַאֲפִלּוּ נִתְגָּרְשָׁה, בֵּין לְאַחַר מִיתַת בְּנוֹ. וְחַיָּבִין עַל זֶה — בְּעֵדִים וְהַתְרָאָה, סְקִילָה; וּבְמֵזִיד, בְּלֹא הַתְרָאָה, כָּרֵת; וּבְשׁוֹגֵג, חַטָּאת. וּשְׁנִיּוֹת מִדִּבְרֵי סוֹפְרִים: כַּלַּת בְּנוֹ, וְאֵין לָהּ הֶפְסֵק; וְכַלַּת בִּתּוֹ בִּלְבַד.

וְנוֹהֵג בְּכָל מָקוֹם וּבְכָל זְמַן.

קטז. ◆ מִצְוַת לֹא־תַעֲשֶׂה שֶׁלֹּא לָבוֹא עַל הַזָּכָר

שֶׁנֶּאֱמַר (ויקרא יח, כב): "וְאֶת זָכָר לֹא תִשְׁכַּב מִשְׁכְּבֵי אִשָּׁה". וְזֶהוּ אַזְהָרָה גַם לַנִּשְׁכָּב, וּקְרֵי בֵּיהּ: "לֹא תִשָּׁכֵב".

114. **It is a negative commandment not to be carnally intimate with one's father's brother in homosexuality**

as Scripture says, *The nakedness of your father's brother you shall not uncover* (*Va-yikra* 18:14). This is a prohibition in addition to the general ban on homosexuality [§116]. If one was carnally intimate with his father's brother, with witnesses and a [prior] warning, both would deserve death by stoning. If it was without a warning, if done deliberately they would deserve *karéth*; and if it was unwitting, he would be obligated to bring two sin-offerings (over this prohibition, and on account of homosexuality).

It is in effect everywhere and always.

115. **It is a negative commandment not to be conjugally intimate with one's daughter-in-law, which means his son's wife**

as Scripture says, *The nakedness of your daughter-in-law you shall not uncover* (*Va-yikra* 18:15). [This applies] both in his son's lifetime, and even if he divorced her, and after his son's death. The punishment deserved for this, if there were witnesses and a [prior] warning, is death by stoning. If it was deliberate but without a warning, the penalty is *karéth*; and if it was unwitting, the requirement is a *ḥattath* (sin-offering). Secondary consanguineous relations by the Sages' edict are: the daughter-in-law of one's son—and there is no limit to this down through further generations; and the daughter-in-law of one's daughter alone.

This is in effect everywhere, in every time.

116. **It is a negative commandment to have no carnal intimacy with a male**

as Scripture says, *You shall not lie with a male as with a woman* (*Va-yikra* 18:22). This is an admonition to the passive partner also, reading *lo thishkav* ("You shall not lie") as *lo*

וּמִשֶּׁהֶעֱרָה בְּהַכְנָסַת עֲטָרָה, חַיָּבִים שְׁנֵיהֶם סְקִילָה; וּבְמֵזִיד, בְּלֹא הַתְרָאָה, כָּרֵת; וּבְשׁוֹגֵג, חַטָּאת.

וְנוֹהֵג בְּכָל מָקוֹם וּבְכָל זְמַן.

קיז. קיח.

מִצְוַת לֹא־תַעֲשֶׂה שֶׁלֹּא לָבוֹא עַל בְּהֵמָה וְשֶׁלֹּא לְהָבִיא בְהֵמָה עָלָיו

שֶׁנֶּאֱמַר (ויקרא יח, כג): "וּבְכָל בְּהֵמָה לֹא תִתֵּן שְׁכָבְתְּךָ".

וּמִצְוַת לֹא־תַעֲשֶׂה שֶׁלֹּא תָבִיא אִשָּׁה בְהֵמָה עָלֶיהָ בֵּין כְּדַרְכָּהּ בֵּין שֶׁלֹּא כְדַרְכָּהּ

שֶׁנֶּאֱמַר (שם): "וְאִשָּׁה לֹא תַעֲמֹד לִפְנֵי בְהֵמָה לְרִבְעָהּ". וְלֹא חִלֵּק הַכָּתוּב בַּבְּהֵמָה בֵּין גְּדוֹלָה לִקְטַנָּה, וְהוּא הַדִּין חַיָּה אוֹ עוֹף — הַכֹּל בִּסְקִילָה, הָאָדָם וְהַבְּהֵמָה, אֲפִלּוּ עַל הָעֲרָאָה; וּבְלֹא הַתְרָאָה — הָאָדָם בְּכָרֵת, וְהַבְּהֵמָה בִּסְקִילָה; וּבְשׁוֹגֵג — הָאָדָם בְּחַטָּאת, וְהַבְּהֵמָה פְּטוּרָה.

וְנוֹהֵג בְּכָל מָקוֹם וּבְכָל זְמַן.

קיט.

מִצְוַת לֹא־תַעֲשֶׂה שֶׁלֹּא לָבוֹא עַל בַּת בְּנוֹ
וּמִצְוַת לֹא־תַעֲשֶׂה שֶׁלֹּא לָבוֹא עַל בַּת בִּתּוֹ

שֶׁנֶּאֱמַר (ויקרא יח, י): "עֶרְוַת בַּת בִּנְךָ אוֹ בַת בִּתְּךָ לֹא תְגַלֶּה עֶרְוָתָן". וְחַיָּבִים עַל כָּל אַחַת שְׂרֵפָה; וּבְמֵזִיד בְּלֹא

thishachav (the passive form). Once there was intimacy by the intromission of the corona, both would be punishable by the death of stoning. If it was deliberate but without a [prior] warning, the penalty would be *karéth* [Divine severance of existence]; and if it was done unwittingly, a *ḥattath* (sin-offering) would be required.

This is in force everywhere, in every time.

117, 118. It is a negative commandment to have no carnal intimacy with an animal in a male, active role, or in a female, receptive role

as Scripture says, *And you shall not lie with any beast* (*Va-yikra* 18:23).

It is a negative commandment, too, that a woman should not have an animal be carnally intimate with her, whether in natural or unnatural intimacy

as Scripture says, *neither shall a woman stand before a beast, to lie down to it* (*ibid.*). Now, Scripture made no distinction about the animal, between an old one and a young one; and the law is the same for an untamed beast, or a fowl—all are punishable by the death of stoning, the person and the beast, even for the beginning of carnal contact. If there was no [prior] warning, the human being's penalty is *karéth*, and the beast is to be stoned to death. If it was unwitting, the person must bring a *ḥattath*, and the beast is free of penalty.

It applies everywhere, in every time.

119. It is a negative commandment not to be conjugally intimate with the daughter of one's son; it is a negative commandment not to be conjugally intimate with the daughter of one's daughter

as Scripture says, *The nakedness of your son's daughter or your daughter's daughter, even their nakedness you shall not uncover* (*Va-yikra* 18:10). The punishment over each one is death by burning. If it was done willfully but without

עֵדִים, כָּרֵת; וּבְשׁוֹגֵג, חַטָּאת. שְׁנִיּוֹת מִדִּבְרֵי סוֹפְרִים שֶׁל בַּת בְּנוֹ: בַּת בַּת בְּנוֹ בִּלְבַד, וּבַת בֶּן בְּנוֹ בִּלְבַד. וּשְׁנִיּוֹת מִדִּבְרֵי סוֹפְרִים שֶׁל בַּת בִּתּוֹ: בַּת בַּת בִּתּוֹ בִּלְבַד, וּבַת בֶּן בִּתּוֹ בִּלְבַד.

וְנוֹהֵג בְּכָל מָקוֹם וּבְכָל זְמַן.

קכ. **מִצְוַת לֹא־תַעֲשֶׂה שֶׁלֹּא לָבוֹא עַל בִּתּוֹ אֲפִלּוּ שֶׁנּוֹלְדָה מִזְּנוּת מִכָּל מָקוֹם בִּתּוֹ הִיא**

לָאו זֶה לֹא בָא בַּכָּתוּב בְּפֵרוּשׁ, רַק לְמָדוּהוּ (סנהדרין עו ע״א) מִקַּל וָחֹמֶר וּגְזֵרָה שָׁוָה. וְחַיָּבִים עַל זֶה שְׂרֵפָה; וּבְמֵזִיד, בְּלֹא הַתְרָאָה, כָּרֵת; וּבְשׁוֹגֵג, חַטָּאת. וְאִם הִיא בִּתּוֹ מֵאִשְׁתּוֹ, חַיָּב שְׁתַּיִם (אַחַת מִשּׁוּם בִּתּוֹ, וְאַחַת מִשּׁוּם ״עֶרְוַת אִשָּׁה וּבִתָּהּ״ (ויקרא יח, יז)).

וְנוֹהֵג בְּכָל מָקוֹם וּבְכָל זְמַן.

קכא. קכב. קכג.

מִצְוַת לֹא־תַעֲשֶׂה שֶׁלֹּא לָבוֹא עַל אִשָּׁה וּבִתָּהּ

שֶׁנֶּאֱמַר (ויקרא יח, יז): ״עֶרְוַת אִשָּׁה וּבִתָּהּ לֹא תְגַלֵּה״.

וּמִצְוַת לֹא־תַעֲשֶׂה שֶׁלֹּא לָבוֹא עַל אִשָּׁה וּבַת בְּנָהּ

שֶׁנֶּאֱמַר (שם): ״אֶת בַּת בְּנָהּ״.

witnesses, the penalty is *karéth*; and if it was unwitting, a *ḥattath* is required.

The secondary consanguineous relations by the Sages' edict, for a son's daughter, are the daughter of the son's daughter alone [extending no further down the generations], and the daughter of a son's son alone. For a daughter's daughter, the secondary ones by the Sages' edict are the daughter of one's daughter's daughter alone, and the daughter of one's daughter's son alone.

It is in force everywhere and always.

120. **It is a negative commandment not to be conjugally intimate with one's daughter.**

Even if she was born through immoral relations, she is nevertheless his daughter. This prohibition does not appear explicitly in the Writ, but rather it was derived (Talmud Bavli, *Sanhedrin* 76a) by *kal va-ḥomer* (reasoning from the less to the more) and *g'zérah shavah* (equation through identical terms). The punishment for this is death by burning. If it was willful, but without a [prior] warning, the penalty is *karéth*; and if it was unwitting, the requirement is a *ḥattath*.If she is his daughter by his wife, he would be obligated to bring two sin-offerings (one because she is his daughter, and one because of intimacy with "a woman and her daughter" [*Va-yikra* 18:17; §121]).

It is in force everywhere and always.

121, 122, 123. **It is a negative commandment not to be conjugally intimate with a woman and her daughter**

as Scripture states, *You shall not uncover the nakedness of a woman and her daughter* (*Va-yikra* 18:17).

It is a negative commandment, too, not to be conjugally intimate with a woman and her son's daughter

as Scripture says, *her son's daughter*, etc. (*ibid.*).

וּמִצְוַת לֹא-תַעֲשֶׂה שֶׁלֹּא לָבוֹא עַל אִשָּׁה וּבַת בִּתָּהּ

שֶׁנֶּאֱמַר (שם): "וְאֶת בַּת בִּתָּהּ לֹא תִקַּח". וּמִשָּׁעָה שֶׁקִּדֵּשׁ אִשָּׁה, נֶאֱסָר בְּאִמָּהּ וּבְאֵם אִמָּהּ וּבְאֵם אָבִיהָ, וּבִתָּהּ וּבַת בִּתָּהּ וּבַת בְּנָהּ. וְחַיָּבִים עַל כָּל אַחַת מִשִּׁשָּׁה נָשִׁים הַלָּלוּ שְׂרֵפָה — אִם בָּא עֲלֵיהֶן בְּחַיֵּי אִשְׁתּוֹ — בֵּין בָּא עֲלֵיהֶן לְשֵׁם אִישׁוּת, בֵּין לְשֵׁם זְנוּת. וְאִם בָּא עֲלֵיהֶן לְאַחַר מִיתַת אִשְׁתּוֹ, הֲרֵי אֵלּוּ בְּכָרֵת; וּבְשׁוֹגֵג, חַטָּאת.

וְדַוְקָא אִם קִדֵּשׁ אִשָּׁה, נֶאֱסָר בִּקְרוֹבוֹתֶיהָ, אֲבָל אִם נָאַף עִם אִשָּׁה, לֹא נֶאֱסָר עָלָיו לִשָּׂא קְרוֹבוֹתֶיהָ, אֶלָּא שֶׁחֲזַ"ל אָסְרוּ לִקַּח קְרוֹבוֹת אִשָּׁה שֶׁנָּאַף עִמָּהּ, לְכַתְּחִלָּה, בְּחַיֶּיהָ; וְאִם כָּנַס, לֹא יוֹצִיא.

וּשְׁנִיּוֹת מִדִּבְרֵי סוֹפְרִים שֶׁל אִשָּׁה וּבַת בְּנָהּ: בַּת בֶּן בֶּן אִשְׁתּוֹ, וְאֵם אַב אֵם אִשְׁתּוֹ, [וְאֵם אֵם אֲבִי אִשְׁתּוֹ], וְאֵם אַב אֲבִי אִשְׁתּוֹ. וּשְׁנִיּוֹת מִדִּבְרֵי סוֹפְרִים שֶׁל אִשָּׁה וּבַת בִּתָּהּ: בַּת בַּת בַּת אִשְׁתּוֹ, אֵם אֵם אֵם אִשְׁתּוֹ.

וְנוֹהֵג בְּכָל מָקוֹם וּבְכָל זְמַן.

קכד. מִצְוַת לֹא-תַעֲשֶׂה שֶׁלֹּא לָבוֹא עַל אֵשֶׁת אִישׁ

שֶׁנֶּאֱמַר (שמות כ, יג): "לֹא תִנְאָף", וְנֶאֱמַר (ויקרא יח, כ): "וְאֶל אֵשֶׁת עֲמִיתְךָ לֹא תִתֵּן שְׁכָבְתְּךָ". וְהוּא וָהִיא, מִיתָתָם בְּחֶנֶק. וְאִם הִיא בַּת כֹּהֵן, הִיא בִּשְׂרֵפָה וְהוּא בְּחֶנֶק.

It is a negative commandment, further, not to be conjugally intimate with a woman and her daughter's daughter

as Scripture says, *or her daughter's daughter, you shall not take* (*ibid.*). From the time one marries a woman, her mother, mother's mother, and father's mother become forbidden to him, as well as her daughter, daughter's daughter, and son's daughter. Over each one of these six women the penalty is death by burning, if one was conjugally intimate with [any of] them while his wife was alive, whether he was thus intimate with them with the intention of marriage or for immorality. If he was conjugally intimate with [any of] them after his wife's death, they involve a penalty of *karéth*; and if it happened unwittingly, a *ḥattath* is required.

It is specifically if a person marries a woman that her relatives thus become forbidden to him. But if he had immoral relations with a woman, it would not become forbidden for him to marry her relatives. Only, the Sages of blessed memory forbade marrying these relatives of a woman, during her lifetime, with whom he had immoral relations beforehand. If he took [one of them, though] he need not divorce her.

The secondary ones by the Sages' edict, for a woman and her son's daughter, are: the daughter of his wife's son's son; the mother of his wife's mother's father; [the mother of his wife's father's mother]; the mother of his wife's father's father. The secondary ones by the Sages' edict, for a woman and her daughter's daughter, are: the daughter of his wife's daughter's daughter; the mother of his wife's mother's mother.

It is in effect everywhere, in every time.

124. It is a negative commandment not to be conjugally intimate with a married woman

as Scripture states, *You shall not commit adultery* (*Sh'moth* 20:13); and it says, *And you shall not lie carnally with your fellow's wife* (*Va-yikra* 18:20). Both he and she are to undergo death by strangulation. If she is the daughter of a *kohen*, her death is by burning, and his by strangulation. If she is a

וְאִם הִיא נַעֲרָה בְתוּלָה מְאֹרָסָה, וְעוֹדָהּ בְּבֵית אָבִיהָ, שְׁנֵיהֶם בִּסְקִילָה — וְכָל זֶה בְעֵדִים וְהַתְרָאָה. וּבְמֵזִיד, בְּלֹא הַתְרָאָה, בְּכָרֵת; וּבְשׁוֹגֵג, חַטָּאת.

וְנוֹהֵג בְּכָל מָקוֹם וּבְכָל זְמַן.

קכה. ◆ מִצְוַת לֹא־תַעֲשֶׂה שֶׁלֹּא לָבוֹא עַל דּוֹדָתוֹ הִיא אֵשֶׁת אֲחִי אָבִיו

שֶׁנֶּאֱמַר (ויקרא יח, יד): "אֶל אִשְׁתּוֹ לֹא תִקְרָב דֹּדָתְךָ הִוא". וְלָאו זֶה הוּא דַוְקָא אִם הוּא אֲחִי אָבִיו מִן הָאָב. וְאִם בָּא עָלֶיהָ בְּחַיֵּי דוֹדוֹ, שְׁנֵיהֶם בְּחֶנֶק — שֶׁהֲרֵי הִיא אֵשֶׁת אִישׁ. וּלְאַחַר מִיתַת דוֹדוֹ — בְּמֵזִיד, בְּכָרֵת; וּבְשׁוֹגֵג, חַטָּאת. וּשְׁנִיּוֹת מִדִּבְרֵי סוֹפְרִים: אֵשֶׁת אֲחִי הָאָב מִן הָאֵם, וְאֵשֶׁת אֲחִי הָאֵם, בֵּין מִן הָאָב בֵּין מִן הָאֵם.

וְנוֹהֵג בְּכָל מָקוֹם וּבְכָל זְמַן.

קכו. ◆ מִצְוַת לֹא־תַעֲשֶׂה שֶׁלֹּא לָבוֹא עַל אֵשֶׁת אָחִיו, בֵּין מִן הָאָב בֵּין מִן הָאֵם וַאֲפִלּוּ מִזְּנוּת

שֶׁנֶּאֱמַר (ויקרא יח, טז): "עֶרְוַת אֵשֶׁת אָחִיךָ לֹא תְגַלֵּה". וְאִם בָּא עָלֶיהָ בְּחַיֵּי אָחִיו, שְׁנֵיהֶם בְּחֶנֶק, כְּשֶׁלֹּא גֵרְשָׁהּ, שֶׁהֲרֵי אֵשֶׁת אִישׁ הִיא. וְאִם גֵּרְשָׁהּ אָחִיו, אוֹ בָא עָלֶיהָ לְאַחַר מִיתַת אָחִיו שֶׁלֹּא בִמְקוֹם יִבּוּם — בְּמֵזִיד, חַיָּב

betrothed virgin maiden, and still in her father's house, both of them are to die by stoning. All this, though, is where there were witnesses and a [prior] warning. If it was willful but without a warning, it is punishable by *karéth* [Divine severance of existence]; and if it was unwitting, a *ḥattath* is required.

It is in force everywhere, in every time.

125. It is a negative commandment not to be conjugally intimate with one's aunt, which means the wife of one's father's brother

as Scripture says, *you shall not approach his wife; she is your aunt* (*Va-yikra* 18:14). This prohibition applies specifically if he [the aunt's husband] is the father's brother from one father. If one was conjugally intimate with her in his uncle's lifetime, both should be executed by strangulation, since she is a married woman. After his uncle's death, if it was willful, it is punishable by *karéth*; and if unwitting, a *ḥattath* (sin-offering) is required.

The secondary ones by the Sages' edict are the wife of a father's brother from one mother, and the wife of one's mother's brother, whether from one father or one mother.

It is in effect everywhere and always.

126. It is a negative commandment not to be conjugally intimate with the wife of one's brother, whether from the same father or the same mother, and even [a brother] through [a parent's] immoral relations

for Scripture says, *The nakedness of your brother's wife you shall not uncover* (*Va-yikra* 18:16). If one was conjugally intimate with her in his brother's lifetime, both are to be executed by strangulation, if he did not divorce her [previously], since she was a married woman. If his brother had divorced her, or he was conjugally intimate with her after his brother's death, not in a situation requiring levirate marriage: if it was done willfully, he deserves *karéth* [Divine severance of existence]; if it was unwitting, a *ḥattath* is

כָּרֵת; וּבְשׁוֹגֵג, חַטָּאת. וְאִם הִיא יְבָמָה שֶׁחָלְצָה — אֵינָהּ בְּכָרֵת, אֶלָּא בְּלָאו דְּ״לֹא יִבְנֶה״ (דברים כה, ט).

וְנוֹהֵג בְּכָל מָקוֹם וּבְכָל זְמַן.

קכז. מִצְוַת לֹא־תַעֲשֶׂה שֶׁלֹּא לָבוֹא עַל אֲחוֹתוֹ בֵּין מִן הָאָב לְבַד אוֹ מִן הָאֵם לְבַד וַאֲפִלּוּ מִזְּנוּת

שֶׁנֶּאֱמַר (ויקרא יח, ט): ״עֶרְוַת אֲחוֹתְךָ בַת אָבִיךָ אוֹ בַת אִמֶּךָ מוֹלֶדֶת בַּיִת אוֹ מוֹלֶדֶת חוּץ לֹא תְגַלֶּה״. וְחַיָּבִים בְּמֵזִיד כָּרֵת; וּבְשׁוֹגֵג חַטָּאת. וְאִם הִיא גַּם כֵּן בַּת אֵשֶׁת אָבִיו, חַיָּב שְׁתַּיִם (מִשּׁוּם אֲחוֹתוֹ וּמִשּׁוּם בַּת אֵשֶׁת אָבִיו).

וְנוֹהֵג בְּכָל מָקוֹם וּבְכָל זְמַן.

קכח. מִצְוַת לֹא־תַעֲשֶׂה שֶׁלֹּא לָבוֹא עַל אֲחוֹתוֹ בַּת אֵשֶׁת אָבִיו

שֶׁנֶּאֱמַר (ויקרא יח, יא): ״עֶרְוַת בַּת אֵשֶׁת אָבִיךָ וְגוֹ׳ לֹא תְגַלֶּה״. רָצָה לוֹמַר כְּשֶׁהִיא אֲחוֹתוֹ, דְּאִם הִיא בַת אֵשֶׁת אָבִיו מֵאִישׁ אַחֵר הִיא מֻתֶּרֶת לְהִנָּשֵׂא לוֹ לְכַתְּחִלָּה, אֶלָּא רָצָה לוֹמַר כְּשֶׁהִיא אֲחוֹתוֹ. וְחַיָּב עָלֶיהָ שְׁתַּיִם, וְכַנִּזְכָּר לְעֵיל. וְאֵין בָּהּ מִיתַת בֵּית דִּין, אֶלָּא כָּרֵת; וּבְשׁוֹגֵג חַטָּאת.

וְנוֹהֵג בְּכָל מָקוֹם וּבְכָל זְמַן.

required. If she is a *yevamah*, his brother's childless widow, to whom he has granted *ḥalitzah* [a ritual freeing them from the obligation to marry], this does not deserve *karéth* but only transgresses the prohibition, *he shall not build up his brother's house* (*D'varim* 25:9).

This is in effect everywhere and always.

127. It is a negative commandment not to be conjugally intimate with one's sister, whether only from the same father or only from the same mother, or even from an immoral relationship

for Scripture says, *The nakedness of your sister, the daughter of your father or the daughter of your mother, whether born at home or born abroad, you shall not uncover* (*Va-yikra* 18:9). If it was willful, one deserves *karéth*; if unwitting, a *ḥattath* is required. And if she is also the daughter of his father's wife, one would be obligated to bring two sin-offerings (because she is his sister, and because she is his father's wife's daughter [§128]).

This is in effect everywhere and always.

128. It is a negative commandment not to be conjugally intimate with one's sister who is his father's wife's daughter

for Scripture says, *The nakedness of your father's wife's daughter . . . you shall not uncover* (*Va-yikra* 18:11)—which means when she is one's sister; for if she is the daughter of one's father's wife by another man, she is permitted to be married to him initially. Then it only means when she is his sister, and he is punishable twice over it, as written above [§127]. There is no [separate] death sentence by the court over it, but only *karéth*, and if it was unwitting, the requirement of a *ḥattath*.

It applies in every place and every time.

קכט. קל.

מִצְוַת לֹא־תַעֲשֶׂה שֶׁלֹּא לָבוֹא עַל אֲחוֹת אָבִיו

שֶׁנֶּאֱמַר (ויקרא יח, יב): "עֶרְוַת אֲחוֹת אָבִיךָ לֹא תְגַלֵּה".

וּמִצְוַת לֹא־תַעֲשֶׂה שֶׁלֹּא לָבוֹא עַל אֲחוֹת אִמּוֹ

שֶׁנֶּאֱמַר (שם שם, יג): "עֶרְוַת אֲחוֹת אִמְּךָ לֹא תְגַלֵּה". בֵּין שֶׁהִיא אֲחוֹת הָאָב אוֹ אֲחוֹת הָאֵם, בֵּין מִן הָאָב בֵּין מִן הָאֵם, וַאֲפִלּוּ מִזְּנוּת — מִכָּל מָקוֹם אֲחוֹת אָבִיו אוֹ אֲחוֹת אִמּוֹ הִיא. וְחַיָּבִין עַל כָּל אַחַת מִשְּׁתֵּי עֲרָיוֹת אֵלּוּ — בְּמֵזִיד, כָּרֵת, אֲפִלּוּ בְעֵדִים וּבְהַתְרָאָה; וּבְשׁוֹגֵג, חַטָּאת.

וְנוֹהֵג בְּכָל מָקוֹם וּבְכָל זְמַן.

קלא. מִצְוַת לֹא־תַעֲשֶׂה שֶׁלֹּא לָבוֹא עַל אֲחוֹת אִשְׁתּוֹ בְּחַיֵּי אִשְׁתּוֹ

שֶׁנֶּאֱמַר (ויקרא יח, יח): "וְאִשָּׁה אֶל אֲחֹתָהּ לֹא תִקָּח לִצְרֹר לְגַלּוֹת עֶרְוָתָהּ עָלֶיהָ בְּחַיֶּיהָ". וּמִשָּׁעָה שֶׁקִּדֵּשׁ אִשָּׁה, נֶאֱסַר בַּאֲחוֹתָהּ, בֵּין מִן הָאָב בֵּין מִן הָאֵם, וַאֲפִלּוּ מִזְּנוּת. וְאִם בָּא עַל אֲחוֹתָהּ בְּחַיֵּי אִשְׁתּוֹ, אֲפִלּוּ אִם גֵּרֵשׁ אִשְׁתּוֹ, חַיָּבִים כָּרֵת; וּבְשׁוֹגֵג, חַטָּאת.

וְנוֹהֵג בְּכָל מָקוֹם וּבְכָל זְמַן.

129, 130. It is a negative commandment not to be conjugally intimate with one's father's sister

as Scripture says, *You shall not uncover the nakedness of your father's sister* (*Va-yikra* 18:12).

It is a negative commandment, too, not to be conjugally intimate with one's mother's sister

as Scripture says *You shall not uncover the nakedness of your mother's sister* (*ibid.* 13). This applies to a sister of either the father or the mother from either the same father or the same mother; even if it is through [the parent's] immoral relations, she is nevertheless a sister of either his father or his mother; and the punishment deserved over either of these two consanguineous relations is *karéth* if the sin was willful, even if there were witnesses and a [prior] warning, whereas if it was unwitting, a *ḥattath* (sin-offering) would be required.

It is in effect everywhere, in every time.

131. It is a negative commandment not to be conjugally intimate with the sister of one's wife during his wife's lifetime

as Scripture says, *And you shall not take a woman to be a rival to her sister, to uncover her nakedness while with the other, in her lifetime* (*Va-yikra* 18:18). From the moment someone marries a woman, her sister becomes forbidden to him, be it a sister from the same father or from the same mother, and even if through [the parent's] immoral relations. Should he be conjugally intimate with her sister while his wife is alive, even if he divorced his wife, they would be punishable by *karéth*; and if it happened unwittingly, a *ḥattath* would be required.

This is in effect everywhere and always.

קלב. ♦ מִצְוַת לֹא־תַעֲשֶׂה שֶׁלֹּא לָבוֹא עַל הַנִּדָּה

שֶׁנֶּאֱמַר (ויקרא יח, יט): "וְאֶל אִשָּׁה בְּנִדַּת טֻמְאָתָהּ לֹא תִקְרַב". וְהָעוֹבֵר עַל זֶה וּבָא עַל אִשָּׁה נִדָּה, אֲפִלּוּ אַחַר שֶׁכָּלוּ יְמֵי הַנִּדָּה, כָּל זְמַן שֶׁלֹּא טָבְלָה בְּמִקְוֶה כְּשֵׁרָה כַּדִּין, שֶׁל אַרְבָּעִים סְאָה, שְׁנֵיהֶם חַיָּבִים כָּרֵת, וְהַוָּלָד הַנּוֹלָד הוּא פָּגוּם. (וּפֵרְשׁוּ הָאַחֲרוֹנִים: שֶׁהוּא פָּגוּם וּמְקֻלְקָל, וְרָאוּי לְהַרְחִיק מִמֶּנּוּ.)

וְאָסוּר לָבוֹא עַל אִשְׁתּוֹ סָמוּךְ לְוֶסְתָּהּ. וְכַמָּה נִקְרָא סָמוּךְ לְוֶסְתָּהּ? אִם הָיָה דַרְכָּהּ לִרְאוֹת בַּיּוֹם, אָסוּר מִתְּחִלַּת הַיּוֹם; וְאִם הָיָה דַרְכָּהּ לִרְאוֹת בַּלַּיְלָה, אָסוּר מִתְּחִלַּת הַלַּיְלָה.

וְיוֹלֶדֶת, טְמֵאָה לְבַעֲלָהּ כְּנִדָּה, וַאֲפִלּוּ לֹא רָאֲתָה דָּם בִּשְׁעַת לֵדָה, טְמֵאָה; בֵּין יָלְדָה חַי, בֵּין יָלְדָה נֵפֶל. וּבִמְדִינוֹתֵינוּ, לְאַחַר שִׁבְעָה יָמִים לְזָכָר וְאַרְבָּעָה־עָשָׂר לִנְקֵבָה, אִם טָהֲרָה מִדָּם, תּוּכַל לַעֲשׂוֹת בְּדִיקַת 'הֶפְסֵק טָהֳרָה' וְתַתְחִיל לִסְפֹּר שִׁבְעָה נְקִיִּים, וְתִטְבֹּל אַחַר כָּךְ, וּמֻתֶּרֶת לְבַעֲלָהּ. וְאִם תִּרְאֶה דָם לְאַחַר טְבִילָתָהּ, אֲסוּרָה לְבַעֲלָהּ כְּכָל הַנָּשִׁים (שֶׁאֵין לָהּ יְמֵי טֹהַר הַכָּתוּב בַּתּוֹרָה). וְהַבָּא עַל הַיּוֹלֶדֶת כָּל זְמַן שֶׁלֹּא טָבְלָה, הֲרֵי הוּא כְּבָא עַל הַנִּדָּה.

132. It is a negative commandment not to be conjugally intimate with a woman ritually unclean from the menses

as Scripture states, *And you shall not approach a woman to uncover her nakedness while she is in the defilement of her menstrual uncleanness* (*Va-yikra* 18:19). If a person transgresses this and is conjugally intimate with a menstrually defiled woman, even after the days of the menses have ended, as long as she has not undergone ritual immersion in a *mikveh* (ritualarium) that is acceptable by law, containing forty *se'ah* of water—both of them deserve *karéth* [Divine severance of existence]; and any child [born to them from the intimacy] is of defective status (and the later authorities explained this to mean that he becomes defective and marred, and it is fitting to keep away from him).

It is forbidden to be conjugally intimate with one's wife close to the beginning of her menses. What length of time is called "close to the start of her menses"? If she is accustomed to seeing [the start of the flow] during the day, it is forbidden from the beginning of the day. If she is accustomed to seeing [experiencing it] at night, it is forbidden from the beginning of the night.

A woman who has given birth is ritually unclean to her husband like one defiled by the menses. Even if she has seen no blood during the delivery, she is defiled, whether she gave birth to a healthy, viable child or to an infant that does not survive. In our lands, after seven days for a male child and fourteen for a female, if she is pure and free of any flow of blood she may make an inspection [of herself] for a pure period of cessation, and begin to count seven clean days, and then undergo ritual immersion afterward; and she is permissible to her husband. Should she see blood after her immersion, she is forbidden to her husband like all [menstruant] women (for she does not have the "days of purity" [when a flow of blood does not defile her] which is written in the Torah). If one is conjugally intimate with a woman who has given birth, as long as she has not

וְהִנֵּה, בְּעִנְיַן עֶצֶם חִיּוּב הַטְּבִילָה לְנִדָּה, לֹא הֻצְרַכְנוּ לְדַבֵּר, כִּי מִי מִבְּנֵי עַמֵּנוּ לֹא יָדַע אֶת גֹּדֶל חִיּוּבָהּ עַל פִּי הַתּוֹרָה, כִּי הֲלֹא נִדָּה הִיא כָּל זְמַן שֶׁלֹּא טָבְלָה; וַאֲפִלּוּ נִמְשַׁךְ כַּמָּה שָׁנִים מֵעֵת רְאִיָּתָהּ, וּכְבָר נַעֲשְׂתָה זְקֵנָה שֶׁפָּסְקָה מִלִּרְאוֹת, מִכָּל מָקוֹם עֲדַיִן טְמֵאָה הִיא מִן הַתּוֹרָה, מֵעֵת שֶׁרָאֲתָה וַעֲדַיִן לֹא נִטְהֲרָה. וְאִסּוּר נִדָּה מְפֻרְסָם בְּכָל יִשְׂרָאֵל, אֲפִלּוּ לְקָטָן שֶׁבִּקְטַנִּים שֶׁיֵּשׁ לוֹ מְעַט יְדִיעָה בְּחֻמָּשׁ, כִּי הֲלֹא מִקְרָא מָלֵא הוּא (ויקרא יח, יט): ״וְאֶל אִשָּׁה בְּנִדַּת טֻמְאָתָהּ לֹא תִקְרַב לְגַלּוֹת עֶרְוָתָהּ״, וּכְתִיב בְּסוֹף הַפָּרָשָׁה (שם שם, כט): ״כִּי כָּל אֲשֶׁר יַעֲשֶׂה מִכֹּל הַתּוֹעֵבוֹת הָאֵלֶּה וְנִכְרְתוּ הַנְּפָשׁוֹת הָעֹשֹׂת מִקֶּרֶב עַמָּם״, וְהַיְנוּ, שֶׁגַּם הָאִשָּׁה נִכְרְתָה עֲבוּר זֶה. וְנִשְׁנָה הַדָּבָר הַזֶּה בַּפָּרָשָׁה כַּמָּה פְּעָמִים שֶׁהוּא תוֹעֵבָה, וּמְטַמֵּא הָאָרֶץ וּמְטַמֵּא הַנֶּפֶשׁ, וְנַפְשׁוֹ נִכְרֶתֶת מֵאֶרֶץ הַחַיִּים לְגַמְרֵי. וַאֲפִלּוּ אִם יִכְפּוּהוּ עַכּוּ״ם לָזֶה, צָרִיךְ לִמְסֹר נַפְשׁוֹ וְלֹא יַעֲבֹר עַל זֶה — שֶׁהוּא שָׁקוּל כְּמוֹ עֲבוֹדָה זָרָה.

וְהִנֵּה, מֵחֲמַת גֹּדֶל פִּרְסוּמוֹ בֵּין הָאֻמָּה, הָיָה דָבָר זֶה לְפֶלֶא וּלְתִמָּהוֹן אִם הָיִינוּ מַעְתִּיקִים לִפְנֵי הַקּוֹרֵא גֹּדֶל אִסּוּרָהּ; וּכְמוֹ שֶׁאֵין צָרִיךְ לְהַזְהִיר לְכָל אֶחָד שֶׁלֹּא יַחְתֹּךְ אֶת רֹאשׁוֹ. אָכֵן, עַתָּה, בַּעֲוֹנוֹתֵינוּ הָרַבִּים, הֵחֵלּוּ אֲנָשִׁים קַלֵּי הַדַּעַת וּבוּרִים, לִפְרֹץ פִּרְצָה בְּעִנְיַן הַטְּבִילָה לְגַמְרֵי, שֶׁנְּשׁוֹתֵיהֶן אֵינָן טוֹבְלוֹת כְּלָל לְנִדּוּתָן, וְחוֹשְׁבוֹת שֶׁזֶּה רַק מִנְהָג שֶׁל יַהֲדוּת בְּעָלְמָא; עַל כֵּן אָנוּ צְרִיכִים לְהַאֲרִיךְ

undergone ritual immersion, he is like one who is thus intimate with a woman defiled by the menses.

Now, on the subject of the actual duty of ritual immersion for a woman unclean from the menses, there is no need for us to speak. For who among our people does not know the seriousness of her duty according to the Torah? She is clearly ritually unclean from the menses as long as she has not undergone immersion. Even if many years go by from the time she has seen [experienced her menses] and she has already become old, so that she has ceased seeing [any flow], she nevertheless remains defiled by the law of the Torah from the time she saw [the menses]. She has still not become ritually purified. And the prohibition on a *niddah*, a woman unclean from the menses, is well and widely known throughout Jewry, even to the very youngest one among the young who has but a bit of knowledge of the Five Books of Moses in our Written Torah. For it is a plain, explicit verse: *And you shall not approach a woman to uncover her nakedness while she is in the defilement of her menstrual uncleanness* (*Va-yikra* 18:19). Then it is written at the end of the Scriptural portion: *For whoever shall do any of these abominations, the souls that do them shall be cut off from among their people* (*ibid.* 29): which means that the woman also suffers *karéth* [Divine severance of existence] on account of this. And many times in this Scriptural portion the point is repeated that it is an abomination which defiles the land and defiles the soul, so that one's soul is cut off completely from the land of the living. Even if heathens should compel him to do this, a person has to give up his life sooner than commit this sin, since it is equivalent to idol-worship.

Now, in view of the great extent to which this is common knowledge among the Jewish people, it might seem a wonder and a puzzlement if we were to set down before the reader the great seriousness of its prohibition—just as there is no need to warn everyone not to cut off his head. Yet now, for our numerous sins, mindless persons and dolts have begun to make a complete breach in the matter of ritual immersion. Their wives do not undergo immersion at all for their defilement by the menses, thinking it only

קְצָת בְּגֹדֶל הֶעָוֹן הַזֶּה, כְּדֵי לְהַזְהִיר לְהָעָם מֵהַחֵטְא הַנּוֹרָא הַזֶּה.

רִאשׁוֹן לַכֹּל צָרִיךְ הָאָדָם לָדַעַת, שֶׁכָּל הָעֳנָשִׁים הַנֶּאֱמָרִים בְּתוֹרָתֵנוּ הַקְּדוֹשָׁה וּבְחָזַ״ל עַל מִי שֶׁעוֹבֵר עַל אִסּוּר עֲרָיוֹת, הוּא גַם עַל אִסּוּר נִדָּה, וּשְׁנֵיהֶם חַיָּבִים כָּרֵת עֲבוּר זֶה. וְהָעוֹבֵר עַל זֶה בְּזָדוֹן לִבּוֹ, הוּא רָשָׁע גָּמוּר, וּפָסוּל לְעֵדוּת וְלִשְׁבוּעָה, וְנִקְרָא ׳פּוֹשֵׁעַ יִשְׂרָאֵל בְּגוּפוֹ׳ עֲבוּר זֶה. וְדִינוֹ (של פושע ישראל בגופו) נִפְסָק (ראש השנה יז ע״א) — דְּמִי שֶׁיֵּשׁ לוֹ רֹב עֲוֹנוֹת, וּבְתוֹךְ הָעֲוֹנוֹת נִמְצָא גַם עָוֹן זֶה, נִדּוֹן בַּגֵּיהִנָּם שְׁנֵים־עָשָׂר חֹדֶשׁ, וְאַחַר כָּךְ גּוּפוֹ כָּלֶה וְנִשְׁמָתוֹ נִשְׂרֶפֶת, וְהָרוּחַ מְפַזֶּרֶת לְאֶפְרוֹ תַּחַת כַּפּוֹת רַגְלֵי הַצַּדִּיקִים. וּמִי יוּכַל לְשַׁעֵר גֹּדֶל הַיִּסּוּרִים וְהַצָּרוֹת שֶׁיִּסְבְּלוּ שְׁנֵיהֶם בַּגֵּיהִנָּם, אֲפִלּוּ עַל פַּעַם אַחַת שֶׁעוֹבְרִין עַל אִסּוּר זֶה, וְכָל שֶׁכֵּן אִם הֶפְקֵר, חַס וְשָׁלוֹם, בְּעֵינֵיהֶם עָוֹן זֶה הֶחָמוּר, לַעֲבֹר עָלָיו כַּמָּה פְּעָמִים.

וְגַם הַרְבֵּה פְּעָמִים גּוֹרֵם הֶעָוֹן הַזֶּה שֶׁתָּמוּת בְּעֵת שֶׁתֵּשֵׁב עַל הַמַּשְׁבֵּר, כְּמוֹ שֶׁאָמְרוּ חֲזַ״ל (שבת לא ע״ב): ״עַל שָׁלֹשׁ עֲבֵרוֹת נָשִׁים מֵתוֹת בִּשְׁעַת לֵדָתָן: עַל שֶׁאֵינָן זְהִירוֹת בַּנִּדָּה, בַּחַלָּה וּבְהַדְלָקַת הַנֵּר״. גַּם הֶעָוֹן הַזֶּה גּוֹרֵם כַּמָּה פְּעָמִים שֶׁיָּמוּתוּ בְנֵיהֶם. וַאֲפִלּוּ אִם הוּא רוֹאֶה שֶׁבָּנָיו קַיָּמִים, לֹא יַחֲשֹׁב כִּי שָׁלוֹם יִהְיֶה לוֹ, כִּי אֵינֶנּוּ יוֹדֵעַ מַה יִּהְיֶה בְּסוֹף יָמָיו. וְגַם הַבָּנִים אֲשֶׁר יִוָּלְדוּ לוֹ עַל יְדֵי זֶה, יִהְיוּ בְּוַדַּאי רְשָׁעִים גְּמוּרִים, כִּי הֵם מִבְּנֵי ׳תֵשַׁע

some mere custom of Judaism. It is therefore necessary for us to be a bit lengthy about the seriousness of this wrong, so as to warn the people against this enormous, frightful sin.

First of all, a man must know that all punishments stated in our holy Torah and by the Sages of blessed memory, for anyone who transgresses the prohibition on conjugal intimacy with consanguineous relations (close kin), applies also to the prohibition on a woman menstrually defiled; and both of them [both partners to the sin] are punishable by *karéth* [Divine severance of existence] on account of it. If someone transgresses it out of the willfulness of his heart, he is utterly wicked and is disqualified to give testimony or to take a vow. On account of this he is called a deliberate Jewish sinner with his body, and to him the ruling applies (Talmud Bavli, *Rosh haShanah* 17a) that if someone has a majority of sins [in his heavenly account] and among those sins there is also this wrong deed, he is sentenced to twelve months in Gehinnom (purgatory), after which his body's existence is ended and his soul is consumed in fire, whereupon the wind scatters his ashes under the feet of the righteous. Who can gauge or imagine the enormous afflictions and tribulations that the both of them [the man and the woman] will suffer in Gehinnom even for violating this prohibition but one time, and all the more certainly if (Heaven forbid) this severe sin has become an indifferent matter in their eyes, so that they transgress it any number of times.

Moreover, in many instances this sin causes her to die when the time comes for her to deliver a child. As the Sages of blessed memory taught (Talmud Bavli, *Shabbath* 31b): Over three sins women die at the time they give birth: because they are not careful about menstrual defilement, separating a portion of the dough for the *kohen*, and lighting the Sabbath candles. This sin is also the cause, many times, that their children die. But even if one sees that his children survive, let him not think that all will be well for him; for he does not know what will happen at the end of his days. Furthermore, the children born to him in consequence of this transgression will certainly be completely wicked. For

מִדּוֹת׳, שֶׁאַחַת מֵהַתֵּשַׁע הוּא ׳בְּנֵי נִדָּה׳, שֶׁעֲלֵיהֶם אָמַר הַכָּתוּב (יחזקאל כ, לח): ״וּבָרוֹתִי מִכֶּם הַמֹּרְדִים וְהַפּוֹשְׁעִים בִּי״, כְּמוֹ שֶׁאָמְרוּ חֲזַ״ל (נדרים כ ע״ב). וְכַמָּה יִצְטָעֵר עַל זֶה לֶעָתִיד לָבוֹא! כִּי לֹא דַי שֶׁהוּא בְּעַצְמוֹ קִלְקֵל כָּל יְמֵי חַיָּיו, הֵבִיא עוֹד רְשָׁעִים בָּעוֹלָם לִמְרֹד בַּה׳ וְתוֹרָתוֹ כָּל יְמֵי חַיֵּיהֶם, וְיִהְיֶה פְּעֻלָּתָם הָרָעָה גַּם לוֹ לְמַזְכֶּרֶת עָוֹן לָנֶצַח. וְכֵן אִיתָא בַזֹּהַר הַקָּדוֹשׁ (פרשת שמות): ״זַרְעָא דְּיוֹלִיד בְּהַהִיא שַׁעְתָּא, מַשְׁכִין עֲלֵיהּ רוּחַ מְסַאֲבָא, וְכָל יוֹמוֹי יְהוּ בִמְסַאֲבָא. דְּהָא בִנְיָנָא וִיסוֹדָא דִילֵיהּ אִיהוּ בִמְסַאֲבָא רַב וְתַקִּיף מִכָּל מְסַאֲבִין דְּעָלְמָא״. [תרגום: הַזֶּרַע שֶׁהוּא מוֹלִיד בּוֹ בַּזְּמַן, נִמְשָׁךְ עָלָיו רוּחַ טֻמְאָה, וְכָל יָמָיו יְהֵא בְטֻמְאָה. כִּי הַבִּנְיָן וְהַיְּסוֹד שֶׁלּוֹ הִנּוֹ בְטֻמְאָה גְדוֹלָה וְקָשָׁה מִכָּל טֻמְאוֹת שֶׁבָּעוֹלָם.] (ועיין שם מה שהאריך בזה.)

וְעַל כֵּן, כָּל אִישׁ אֲשֶׁר בְּשֵׁם יִשְׂרָאֵל יְכֻנֶּה, יָחוּס עַל עַצְמוֹ וְעַל כָּל דּוֹרוֹתָיו הַבָּאִים אַחֲרָיו, שֶׁלֹּא יִכְלוּ בַּעֲוֹנוֹתָיו, וְיִתְחַזֵּק עַל יִצְרוֹ שֶׁלֹּא לַעֲבֹר עַל אִסּוּר הַמַּר הַזֶּה, וְיִהְיֶה לוֹ טוֹב בַּזֶּה וּבַבָּא.

וּלְפִי זֶה, צָרִיךְ לִזָּהֵר מְאֹד שֶׁלֹּא לָדוּר עִם אִשְׁתּוֹ בְעִיר שֶׁאֵין שָׁם מִקְוֶה כְּשֵׁרָה. וַאֲפִלּוּ מִי שֶׁתָּלוּי בּוֹ טַפְלֵי, וְעִקַּר פַּרְנָסָתוֹ, לְפִי מַרְאִית עֵינָיו, הוּא תָלוּי רַק בַּמָּקוֹם הַזֶּה, לֹא יַחֲלִיף עוֹלָם עוֹמֵד לָעַד לְעוֹלָם בְּעוֹלָם עוֹבֵר, כִּי בְּוַדַּאי כְּשֶׁיָּדוּר בִּקְבִיעוּת עִם אִשְׁתּוֹ בַּמָּקוֹם הַזֶּה, בְּהֶמְשֵׁךְ הַיָּמִים יָבוֹא לִידֵי מִכְשׁוֹל אִסּוּר כָּרֵת, רַחֲמָנָא לִצְלָן. וְיָשִׂים בִּטְחוֹנוֹ בַּה׳, שֶׁלֹּא יַעַזְבֵהוּ גַּם שָׁם.

they are among the nine types—since one of the nine is the sons of a menstrually defiled woman—about whom Scripture says, *I will purge out from among you the rebels and those who sin against Me* (*Yeḥezkel* 20:38) — as the Sages of blessed memory said (Talmud Bavli, *Nedarim* 20b). How much he will suffer over this in the ultimate future: for as if it was not enough that for himself he ruined all the days of his life, he also brought wicked people into the world to rebel against Hashem and His Torah all the days of their life. Their evil activity will remain a remembrance of sin for him perpetually. And so we read in the holy Zohar (the portion *Sh'moth*): The progeny that he begets at that moment draw down upon them a spirit of uncleanness, and all their days they will be in impurity. For here his edifice and foundation stay in an uncleanness greater and stronger than all defilements in the world (see there how it continues at length).

For this reason, let every man who is designated by the name Jew take pity on himself and on all his generations of descendants that will come after him, that they should not be consumed through his sins. Let him muster his strength against his impulse, so as not to transgress this severe prohibition; and it will be well for him in this world and the next.

It follows from this that it is necessary to take great care not to live with one's wife in a town or city where there is no kosher [proper, acceptable] *mikveh* (ritualarium). Even if someone has children who are dependent upon him, and his main way of earning a living, as he sees it, is connected solely with that place, let him not exchange a world that endures ever and always for a world that passes away. For quite certainly, if he lives permanently with his wife in that place, in the course of time he will come to stumble over the prohibition punishable by *karéth* (Heaven preserve us). Then let him place his trust in Hashem, that He will not abandon him elsewhere either.

קלג. מִצְוַת לֹא־תַעֲשֶׂה שֶׁלֹּא לָבוֹא עַל קְדֵשָׁה בְּלֹא קִדּוּשִׁין

שֶׁנֶּאֱמַר (דברים כג, יח): "לֹא תִהְיֶה קְדֵשָׁה מִבְּנוֹת יִשְׂרָאֵל". 'קְדֵשָׁה' הִיא פְּנוּיָה שֶׁהִפְקִירָה עַצְמָהּ לִזְנוּת, אוֹ שֶׁאָבִיהָ מְסָרָהּ לְבִיאָה שֶׁלֹּא לְשֵׁם אִישׁוּת, אוֹ הִפְקִירָהּ הָאָב לִזְנוּת. וְהַבָּא עַל אִשָּׁה קְדֵשָׁה לְשֵׁם זְנוּת בְּלֹא קִדּוּשִׁין, עוֹבְרִים שְׁנֵיהֶם עַל לָאו זֶה.

וְנוֹהֵג בְּכָל מָקוֹם וּבְכָל זְמַן.

קלד. מִצְוַת לֹא־תַעֲשֶׂה שֶׁלֹּא לְהַחֲזִיר גְּרוּשָׁתוֹ מִשֶּׁנִּשֵּׂאת לְאַחֵר

שֶׁנֶּאֱמַר (דברים כד, ד): "לֹא יוּכַל בַּעְלָהּ הָרִאשׁוֹן אֲשֶׁר שִׁלְּחָהּ לָשׁוּב לְקַחְתָּהּ וְגוֹ' אַחֲרֵי אֲשֶׁר הֻטַּמָּאָה". וְאִם הֶחֱזִירָהּ הָרִאשׁוֹן בְּקִדּוּשִׁין וּבְעָלָהּ, הֲרֵי זֶה עוֹבֵר עַל לָאו זֶה, וְכוֹפִין אוֹתוֹ לְהוֹצִיאָהּ. וַאֲפִלּוּ לֹא נִשֵּׂאת, רַק נִתְקַדְּשָׁה לְאַחֵר, נֶאֱסְרָה עַל בַּעְלָהּ הָרִאשׁוֹן. אֲבָל אִם זָנְתָה אַחַר הַגֵּרוּשִׁין, לֹא נֶאֶסְרָה עַל הַמְגָרֵשׁ.

וּבִכְלָל לָאו זֶה, אִשָּׁה שֶׁזָּנְתָה תַּחַת בַּעְלָהּ, שֶׁנֶּאֶסְרָה עַל בַּעְלָהּ, שֶׁנֶּאֱמַר (שם): "אַחֲרֵי אֲשֶׁר הֻטַּמָּאָה", וַהֲרֵי נִטְמְאָה. וְאִם נֶאֶנְסָה, וְלֹא הָיְתָה אֵשֶׁת כֹּהֵן, לֹא נֶאֶסְרָה עַל בַּעְלָהּ.

וְנוֹהֵג בְּכָל מָקוֹם וּבְכָל זְמַן.

133. It is a negative commandment not to be conjugally intimate with a *k'déshah* without the marriage ceremony of consecration

for Scripture says, *There shall be no* k'déshah *of the daughters of Israel* (*D'varim* 23:18). The term *k'déshah* denotes an unmarried woman who has abandoned herself to harlotry, or her father has given her over for conjugal intimacy without the purpose of marriage, or her father has submitted her to harlotry. If someone is conjugally intimate with a *k'déshah* for immoral purposes, without the consecration of marriage, both of them violate this prohibition.

It applies in every place and every time.

134. It is a negative commandment not to take back one's divorced wife once she has been married to another man

for Scripture states, *her former husband, who sent her away, may not take her again to be his wife, after she has been defiled* (*D'varim* 24:4). If the first husband did take her back and he was conjugally intimate with her, he would violate this injunction; and they [the *beth din*] compel him to send her away. Even if she did not become fully married but only consecrated by *érusin*, "betrothal," to another man, she would become forbidden to her first husband. But if she had immoral relations after the divorce, she would not become forbidden to the one who divorced her.

Included in this prohibition is the rule that a woman who is unfaithful to her husband through immorality becomes forbidden to her husband; for Scripture says, *after she has been defiled,* and here she was defiled. If she was raped, however, and she was not the wife of a *kohen*, she would not become forbidden to her husband.

This is in force everywhere and always.

קלה. מִצְוַת לֹא-תַעֲשֶׂה שֶׁלֹּא תִנָּשֵׂא אֵשֶׁת הַמֵּת בְּלֹא בָנִים לְאִישׁ זָר

שֶׁנֶּאֱמַר (דברים כה, ה): "לֹא תִהְיֶה אֵשֶׁת הַמֵּת הַחוּצָה לְאִישׁ זָר". וְאִם יֵשׁ לַמֵּת אָח מִן הָאָב — אִם לֹא חֲלָצָהּ קֹדֶם, אִם נִשֵּׂאת לְזָר וּבְעָלָהּ, הֲרֵי שְׁנֵיהֶם עוֹבְרִים בְּלָאו זֶה; וּמוֹצִיאָהּ בְּגֵט, וּצְרִיכָה חֲלִיצָה מֵהַיָּבָם, וְאָז הִיא מֻתֶּרֶת לְזָר. (ועיין בחלק המצוות-עשה, עשה מ"ו.)

וְנוֹהֵג בְּכָל מָקוֹם וּבְכָל זְמַן.

קלו. מִצְוַת לֹא-תַעֲשֶׂה שֶׁלֹּא יִשָּׂא פְצוּעַ דַּכָּא וּכְרוּת שָׁפְכָה בַּת יִשְׂרָאֵל

שֶׁנֶּאֱמַר (דברים כג, ב): "לֹא יָבֹא פְצוּעַ דַּכָּא וּכְרוּת שָׁפְכָה בִּקְהַל ה'". וְאִם עָבְרוּ וְנָשְׂאוּ בַּת יִשְׂרָאֵל וּבְעָלוּ, לוֹקִין. וּמֻתָּרִין לִשָּׂא גִּיֹּרֶת, וַאֲפִלּוּ כֹּהֵן שֶׁהוּא פְּצוּעַ דַּכָּא מֻתָּר בְּגִיֹּרֶת. פְּצוּעַ דַּכָּא הוּא, שֶׁנִּפְצַע אוֹ נִכְרַת אוֹ נִדּוֹךְ אֲפִלּוּ אַחַת מֵהַבֵּיצִים שֶׁלּוֹ, אוֹ חוּטֵי הַבֵּיצִים — בִּידֵי אָדָם. (פֵּרוּשׁ: שֶׁנַּעֲשָׂה עַל יְדֵי סִבָּה, וְלֹא נוֹלַד כָּךְ. אֲבָל אִם נוֹלַד כָּךְ, נִקְרָא 'בִידֵי שָׁמַיִם', וְכָשֵׁר לָבוֹא בַקָּהָל.) כְּרוּת שָׁפְכָה הוּא, שֶׁנִּכְרַת אוֹ נִדּוֹךְ אוֹ נִפְצַע הַגִּיד, אוֹ שֶׁנִּכְרְתָה הָעֲטָרָה אוֹ לְמַעְלָה מֵעֲטָרָה, בִּידֵי אָדָם; אֲבָל לֹא בִידֵי שָׁמַיִם, שֶׁבִּידֵי שָׁמַיִם כָּשֵׁר לָבוֹא בַקָּהָל.

וְנוֹהֵג בְּכָל מָקוֹם וּבְכָל זְמַן.

135. It is a negative commandment that the wife of a dead man without children is not to marry an outsider [someone other than the man's brother]

for Scripture says, *the wife of the dead man shall not be married outside [the family] to an outsider* (*D'varim* 25:5). If there is a brother of the dead man and he did not undergo *ḥalitzah* with her first, then if she became married to an outsider and he was conjugally intimate with her, they would both violate this prohibition, and he is to send her away with a divorce. She needs *ḥalitzah* from the *yavam* (her brother-in-law), and then she is permitted to an outsider (see the section of positive commandments, §46).

This is in effect everywhere and always.

136. It is a negative commandment that no man with crushed testes or severed membrum is to marry a daughter of Jewry

as Scripture states, *He whose testes are crushed or whose membrum is cut off shall not enter the assembly of Hashem* (*D'varim* 23:2). If they transgressed and married Jewish daughters and were conjugally intimate with them, they should suffer whiplashes. Such a person is, however, permitted to marry a female convert to Judaism. Even a *kohen* who is *p'tzu'a dakka* (with crushed testes) may marry a female convert. The term *p'tzu'a dakka* denotes a person who has even one testicle, or tubes of the testes, that were wounded or cut or crushed by human hand (meaning that it happened through an incident; he was not born like that; but if he was born like that, it is called "by Heaven's hand," and he is acceptable to "enter the assembly"). The term *k'ruth shaf'chah* (one with severed membrum) denotes a person whose organ of generation was cut, crushed or wounded; or whose glans, or a part of the glans, was severed—by human hands, but not by Heaven's hand. For if it was by Heaven's hand, he is acceptable to "enter the assembly."

It is in force everywhere and in every time.

קלז. ◆ מִצְוַת לֹא־תַעֲשֶׂה שֶׁלֹּא יִשָּׂא מַמְזֵר בַּת יִשְׂרָאֵל

שֶׁנֶּאֱמַר (דברים כג, ג): "לֹא יָבֹא מַמְזֵר בִּקְהַל ה'". וּמַמְזֵר הוּא, שֶׁבָּא מִבִּיאַת חַיָּבֵי כְרֵתוֹת; חוּץ מִנִּדָּה, שֶׁהַוָּלָד מִמֶּנּוּ פָּגוּם וְאֵינוֹ מַמְזֵר.

וְאֶחָד זְכָרִים וְאֶחָד נְקֵבוֹת, אֲסוּרִים לְעוֹלָם. וּמַמְזֵר וּמַמְזֶרֶת מֻתָּרִים בְּגֵרִים, וְהַבָּנִים הֵם מַמְזֵרִים.

וּמִי שֶׁנּוֹלַד מֵאִשָּׁה פְּנוּיָה, וְלֹא אָמְרָה מִמִּי נִתְעַבְּרָה, אוֹ שֶׁאָמְרָה: "מִפְּלוֹנִי מַמְזֵר נִתְעַבַּרְתִּי" — הֲרֵי זֶה סְפֵק מַמְזֵר. וְכֵן וָלָד הַנִּמְצָא בַּשּׁוּק, וְאֵינוֹ יָדוּעַ לֹא אִמּוֹ וְלֹא אָבִיו — הֲרֵי זֶה סָפֵק מַמְזֵר. וּמִן הַתּוֹרָה, מַמְזֵר סָפֵק מֻתָּר לָבוֹא בַקָּהָל, אֶלָּא חֲזַ"ל (קידושין עג ע"א) אֲסָרוּם לָבוֹא בַקָּהָל. וַאֲסוּרִים בְּמַמְזֵרִים וּבִסְפֵק מַמְזֵרִים.

וְיֵשׁ מַמְזֵר מִדִּבְרֵי סוֹפְרִים, כְּגוֹן אִשָּׁה שֶׁשָּׁמְעָה שֶׁמֵּת בַּעֲלָהּ, וְנִשֵּׂאת, וַהֲרֵי בַעֲלָהּ קַיָּם; וּבָא בַעֲלָהּ הָרִאשׁוֹן עָלֶיהָ כְּשֶׁהִיא תַחַת הַשֵּׁנִי — הֲרֵי הַבֵּן הַזֶּה מַמְזֵר מִדִּבְרֵי סוֹפְרִים. וּמַמְזֵר מִדִּבְרֵי סוֹפְרִים, מֻתָּר גַּם כֵּן רַק בְּמַמְזֵר מִדִּבְרֵי סוֹפְרִים.

וְנוֹהֵג בְּכָל מָקוֹם וּבְכָל זְמַן.

קלח. ◆ מִצְוַת לֹא־תַעֲשֶׂה שֶׁלֹּא יִקַּח כֹּהֵן אִשָּׁה זוֹנָה

שֶׁנֶּאֱמַר (ויקרא כא, ז): "אִשָּׁה זֹנָה וְגוֹ' לֹא יִקָּחוּ". זוֹנָה

137. **It is a negative commandment that a *mamzér* (bastard) is not to marry a daughter of Jewry**

as Scripture says, *A bastard shall not enter the assembly of Hashem* (*D'varim* 23:3). The term *mamzér* denotes a person who issues from the conjugal union of those who are punishable [for their intimacy] by *karéth*—except for a woman ritually unclean from the menses: A child by her is of defective status, but is not a *mamzér*.

It is all one whether they [such children] are male or female: they are forbidden forever [to marry into the Jewish community]. Both a male and a female *mamzér* may marry converts to Judaism, and their children have the status of *mamzér*.

If someone was born from an unmarried woman and she did not say by whom she conceived the child, or she said, "I conceived from this-and-that *mamzér*," the child is an undetermined, possible *mamzér*. So too, if a child is found in the marketplace and neither his mother nor his father is known, he is an undetermined, possible *mamzér*. By the law of the Torah, an undetermined *mamzér* is permitted to "enter the assembly" (marry into the community), but the Sages forbade them (Talmud Bavli, *Kiddushin* 73a) to marry into the community. They are also forbidden to marry either a definite *mamzér* or an undetermined, possible one.

There is, as well, a *mamzér* by the law of the Sages: for example, if a woman heard that her husband died, and she remarried, but her husband was actually alive; and then her first husband was conjugally intimate with her while she was living with the second man: This son [from that intimacy] is a *mamzér* by the law of the Sages. A *mamzér* by the Sages' law is permitted to marry only another *mamzér* by the Sages' law.

This is in effect everywhere, in every time.

138. **It is a negative commandment that a *kohen* is not to marry a *zonah***

for Scripture says, *A woman that is* zonah . . . *they shall*

הָאֲמוּרָה בַּתּוֹרָה: כָּל שֶׁאֵינָהּ בַּת יִשְׂרָאֵל, אוֹ בַּת יִשְׂרָאֵל שֶׁנִּבְעֲלָה לְאָדָם שֶׁהִיא אֲסוּרָה לְהִנָּשֵׂא לוֹ, אוֹ שֶׁנִּבְעֲלָה לְחָלָל, אַף עַל פִּי שֶׁהִיא מֻתֶּרֶת לְהִנָּשֵׂא לוֹ; אֲפִלּוּ נִבְעֲלָה בְּאֹנֶס, אוֹ שֶׁלֹּא כְּדַרְכָּהּ — נַעֲשֵׂית זוֹנָה. אֲבָל הַבָּא עַל הַפְּנוּיָה, אַף עַל פִּי שֶׁהִיא קְדֵשָׁה שֶׁהִפְקִירָה עַצְמָהּ לַכֹּל, אוֹ בָּא עַל הַנִּדָּה, אוֹ נִרְבַּעַת לִבְהֵמָה — לֹא נַעֲשֵׂית זוֹנָה עַל יְדֵי זֶה.

וְנוֹהֵג בְּכָל מָקוֹם וּבְכָל זְמַן.

קלט. מִצְוַת לֹא־תַעֲשֶׂה שֶׁלֹּא יִקַּח כֹּהֵן חֲלָלָה

שֶׁנֶּאֱמַר (ויקרא כא, ז): "אִשָּׁה וְגוֹ' וַחֲלָלָה לֹא יִקָּחוּ". וַחֲלָלָה הִיא, שֶׁנּוֹלְדָה מֵאִסּוּרֵי כְהֻנָּה, אוֹ אִשָּׁה שֶׁאֲסוּרָה לִכְהֻנָּה שֶׁנִּבְעֲלָה אוֹ שֶׁנִּשֵּׂאת לְכֹהֵן.

וְנוֹהֵג בְּכָל מָקוֹם וּבְכָל זְמַן.

קמ. מִצְוַת לֹא־תַעֲשֶׂה שֶׁלֹּא יִקַּח כֹּהֵן גְּרוּשָׁה

שֶׁנֶּאֱמַר (ויקרא כא, ז): "וְאִשָּׁה גְּרוּשָׁה מֵאִישָׁהּ לֹא יִקָּחוּ". וּמִדִּבְרֵי סוֹפְרִים, חֲלוּצָה אֲסוּרָה גַּם כֵּן לְכֹהֵן, וְהִיא וּוְלָדָהּ חֲלָלִים מִדִּבְרֵי סוֹפְרִים. וְכֹהֵן שֶׁנָּשָׂא אַחַת מִשָּׁלֹשׁ נָשִׁים הַנִּזְכָּרוֹת לְעֵיל, דֶּרֶךְ אִישׁוּת, וּבְעָלָהּ, לוֹקֶה. וְעַל סָפֵק חֲלָלָה וְעַל חֲלָלָה מִדִּבְרֵי סוֹפְרִים, מַכִּין אוֹתוֹ מַכּוֹת

not take (*Va-yikra* 21:7). The term *zonah* stated in the Torah means anyone who is not a daughter of Jewry, or a Jewish daughter who was conjugally intimate with a man whom she is forbidden to marry, or one who was conjugally intimate with a profaned *kohen*, even though she is permitted to marry him. Even if she was thus intimate through rape or by unnatural union, she would become a *zonah*. If, however, someone is conjugally intimate with an unmarried woman, although she is a *k'déshah* [harlot; see §133] since she has made herself available to all; or if he is conjugally intimate with a woman defiled by the menses; or if she underwent carnal intimacy with an animal—she would not become a *zonah* thereby.

It is in effect everywhere, in every place.

139. It is a negative commandment that a *kohen* should not marry a profaned woman

for Scripture says, *A woman that is . . . profaned . . . they shall not take* (*Va-yikra* 21:7). A profaned woman is one born from any of the women forbidden to a *kohen*, or a woman forbidden to a *kohen* who was conjugally intimate with one or married to one.

This is in force everywhere and always.

140. It is a negative commandment that a *kohen* is not to marry a divorced woman

for Scripture says, *neither shall they take a woman divorced from her husband* (*Va-yikra* 21:7). By the law of the Sages, a woman who underwent *ḥalitzah* [see the positive commandments, §46] is likewise forbidden to a *kohen*; and [if she does marry one] she and her children are ranked as profaned by the Sages' law. If a *kohen* took any one of the three kinds of women listed above [§§138–140] in proper marriage and was conjugally intimate with her, he should receive whiplashes. Over a woman who is doubtfully profaned or profaned by the law of the Sages, he should be flogged with whiplashes of disobedience. Female *kohanim*

מַרְדּוּת. וְכֹהֲנוֹת כְּשֵׁרוֹת, לֹא הֻזְהֲרוּ לְהִנָּשֵׂא לִפְסוּלֵי כְהֻנָּה.

קמא. מִצְוַת לֹא־תַעֲשֶׂה שֶׁלֹּא יִטַּמָּא כֹּהֵן לְמֵת

שֶׁנֶּאֱמַר (ויקרא כא, א): "לְנֶפֶשׁ לֹא יִטַּמָּא בְּעַמָּיו". וְכֵן הַנּוֹגֵעַ בְּמֵת, אוֹ מַאֲהִיל, אוֹ נוֹשֵׂא, אוֹ נוֹגֵעַ בְּקֶבֶר. אֶחָד הַמֵּת וְאֶחָד טֻמְאוֹת הַפּוֹרְשׁוֹת מִן הַמֵּת, כְּגוֹן דָּם — אִם בְּמֵזִיד טִמֵּא אֶת עַצְמוֹ בְּאַחַת מִכָּל טֻמְאוֹת הַמֵּת, לוֹקֶה. וּלְמֵת מִצְוָה, מֻתָּר לְטַמֵּא אֶת עַצְמוֹ.

וְנוֹהֵג בְּכָל מָקוֹם וּבְכָל זְמַן, בְּזִכְרֵי כְהֻנָּה הַכְּשֵׁרִים (וְלֹא חֲלָלִים), וְלֹא בִנְקֵבוֹת.

קמב. מִצְוַת לֹא־תַעֲשֶׂה שֶׁלֹּא לְהַרְבִּיעַ חַיָּה וָעוֹף מִין בְּשֶׁאֵינוֹ מִינוֹ

שֶׁנֶּאֱמַר (ויקרא יט, יט): "בְּהֶמְתְּךָ לֹא תַרְבִּיעַ כִּלְאַיִם". וְקִבְּלוּ חֲזַ"ל, דְּהוּא הַדִּין חַיָּה וָעוֹף.

וְנוֹהֵג בְּכָל מָקוֹם וּבְכָל זְמַן, בִּזְכָרִים וּבִנְקֵבוֹת.

קמג. מִצְוַת לֹא־תַעֲשֶׂה שֶׁלֹּא לְסָרֵס זָכָר מִשּׁוּם בַּעַל חַי

שֶׁנֶּאֱמַר (ויקרא כב, כד): "וּמָעוּךְ וְכָתוּת וְנָתוּק וְכָרוּת וְגוֹ' וּבְאַרְצְכֶם לֹא תַעֲשׂוּ". לָמְדוּ חֲזַ"ל (שבת קי ע"ב) עִנְיַן הַכָּתוּב: שֶׁלֹּא תַעֲשֶׂה זֹאת בְּיִשְׂרָאֵל, בֵּין בְּגוּפָן, בֵּין בִּשְׁאָר

(*kohanoth*) of worthy, acceptable rank are not enjoined against marrying disqualified *kohanim*.

141. It is a negative commandment that a *kohen* is not to become defiled by a dead person

as Scripture states, *None shall defile himself for the dead among his people* (*Va-yikra* 21:1). It applies equally to touching a dead person, forming a "tent" [by bending over him], carrying him, or touching the grave. The law is all one for a corpse and for sources of defilement that have separated from a corpse, such as blood: If someone has defiled himself deliberately by any one of the uncleannesses that derive from a corpse, he should be given whiplashes. For a dead person of religious obligation [an abandoned corpse with none to attend to its burial] he is permitted to defile himself.

This is in effect everywhere and always, for male *kohanim* of worthy, acceptable status (but not profaned ones) and not for women.

142. It is a negative commandment not to mate a beast or a bird with a creature not of its own species

as Scripture says, *You shall not let your cattle breed with a different kind* (*Va-yikra* 19:19); and the Sages of blessed memory received the teaching [in the Oral Tradition] that the law is the same for an untamed beast and fowl.

It applies in every place and time, for both man and woman.

143. It is a negative commandment to emasculate no male being whatever

for Scripture says, *Any with testes bruised or crushed or torn or cut... and in your land you shall not do thus* (*Va-yikra* 22:24). The Sages of blessed memory learned (Talmud Bavli, *Shabbath* 110b) that the meaning of the verse is that this is not to be done among the Jewish people, either to their own

בַּעֲלֵי חַיִּים, טְמֵאִים וּטְהוֹרִים. וְכָל הַמְסָרֵס, לוֹקֶה; אֲפִלּוּ הַמְסָרֵס אַחַר הַמְסָרֵס, לוֹקֶה; בֵּין בְּאָדָם, בֵּין בִּשְׁאָר בַּעֲלֵי חַיִּים. וְאִשָּׁה אֲסוּרָה לְסָרֵס אֶת הַזָּכָר. וְאָסוּר לְהַשְׁקוֹת כּוֹס שֶׁל עִקָּרִין, בֵּין לְאָדָם בֵּין לִשְׁאָר בַּעֲלֵי חַיִּים. וְאִשָּׁה מֻתֶּרֶת לִשְׁתּוֹת כּוֹס שֶׁל עִקָּרִין. וְאָסוּר לוֹמַר לְעַכּוּ״ם לְסָרֵס בַּעֲלֵי חַיִּים שֶׁלָּנוּ. לְקָחָהּ הָעַכּוּ״ם מֵעַצְמוֹ וְסֵרְסָהּ, מֻתֶּרֶת. וְאִם הֶעֱרִים יִשְׂרָאֵל — קוֹנְסִין אוֹתוֹ, וּמוֹכְרוֹ לְיִשְׂרָאֵל אַחֵר.

וְנוֹהֵג בְּכָל מָקוֹם וּבְכָל זְמַן.

קמד. מִצְוַת לֹא־תַעֲשֶׂה שֶׁלֹּא לַעֲשׂוֹת צוּרַת אָדָם אֲפִלּוּ לְנוֹי

שֶׁנֶּאֱמַר (שמות כ, כ): ״לֹא תַעֲשׂוּן אִתִּי״. וְדַוְקָא צוּרָה בּוֹלֶטֶת אָסוּר; וְאִם עָשָׂה, לוֹקֶה. אֲבָל אִם הָיְתָה מְשֻׁקַּעַת, אוֹ שֶׁל סַמְמָנִים בְּצִיּוּר, מֻתָּר. טַבַּעַת שֶׁיֵּשׁ עָלֶיהָ חוֹתַם־צוּרַת־אָדָם, בּוֹלֶטֶת — אָסוּר לְהַנִּיחָהּ וּמֻתָּר לַחְתֹּם בָּהּ; וְאִם הָיְתָה הַצּוּרָה מְשֻׁקַּעַת — מֻתָּר לְהַנִּיחָהּ וְאָסוּר לַחְתֹּם בָּהּ, מִפְּנֵי שֶׁבְּהַנֶּחְתָּם יִהְיֶה בּוֹלֵט.

וְאָסוּר לְצַיֵּר דְּמוּת חַמָּה וּלְבָנָה וְכַיּוֹצֵא בָהֶם, שֶׁנֶּאֱמַר: ״לֹא תַעֲשׂוּן אִתִּי״ — כִּדְמוּת שַׁמָּשַׁי הַמְשַׁמְשִׁין לְפָנַי בַּמָּרוֹם. וְאָסוּר אֲפִלּוּ עַל לוּחַ, שֶׁאֵינָן בּוֹלְטוֹת. לְצַיֵּר צוּרוֹת שְׁאָר בַּעֲלֵי חַיִּים, וְצוּרוֹת אִילָנוֹת וּדְשָׁאִים — מֻתָּר לָצוּר אֲפִלּוּ בְּצוּרָה בּוֹלֶטֶת.

וְאָסוּר לַעֲשׂוֹת בַּיִת — תַּבְנִית הֵיכָל; אַכְסַדְרָה — כְּנֶגֶד

bodies or to any other living creatures, impure or pure [kosher]. Whoever performs an emasculation should receive whiplashes. Even if someone does emasculation after another has done it [on the same being], he should be given whiplashes, whether it was on a human being or on some other living creature. A woman is forbidden to emasculate a male creature. It is forbidden to give either a man or any other creature a cup of liquid to drink that causes sterility; but a woman may drink a cup of such liquid. It is forbidden to tell a non-Jew to emasculate a living creature of ours. If the non-Jew took it of his own accord and gelded it, it is permissible. But if the Jew [for whom he did it] used guile [to convey his wish for this] he is penalized that he must sell it to another Jew.

This is in effect everywhere, in every time.

144. **It is a negative commandment to make no image of a human being, even for ornamentation [as art]**

for Scripture states, *You shall not make with Me gods of silver,* etc. (*Sh'moth* 20:20). Specifically, a protruding [sculptured] image is forbidden, and if a person made one he should be given whiplashes. But if it was sunken [in relief], or it is a portrait with paints, it is permissible. If a ring contains the stamp of a protruding image of a human being, it is forbidden to wear it but permitted to use it as a seal. If the image is sunken [in relief], it is permissible to wear it but forbidden to use it as a seal, since pressing it [into the sealing wax] will make a protruding image.

It is forbidden to draw a likeness of the sun or the moon, and so forth, since Scripture says, *You shall not make with Me*—the likeness of My attendants that serve before Me in the supernal realm—and it is forbidden even on a flat surface, where they will not protrude. It is permitted, however, to fashion the likenesses of other living creatures and the likenesses of trees and plants, even in protruding [sculptured] form.

It is forbidden to make a house on the plan of the Sanctuary building; a terrace corresponding to the *ulam*,

אוּלָם (פֵּרֵשׁ רַשִׁ״י: שֶׁיִּהְיֶה רָחְבּוֹ עֶשְׂרִים וְגָבְהוֹ אַרְבָּעִים); חָצֵר — כְּנֶגֶד הָעֲזָרָה; שֻׁלְחָן — בְּצוּרַת שֻׁלְחָן שֶׁבַּהֵיכָל; וּמְנוֹרָה שֶׁל מַתֶּכֶת — שֶׁל שִׁבְעָה קָנִים, בְּצוּרַת מְנוֹרָה שֶׁבַּהֵיכָל. אֲבָל פָּחוֹת אוֹ יוֹתֵר מִשִּׁבְעָה קָנִים, אוֹ מְנוֹרָה שֶׁאֵינָהּ שֶׁל מַתֶּכֶת, אֲפִלּוּ מִשִּׁבְעָה קָנִים, מֻתָּר.

וְנוֹהֵג בְּכָל מָקוֹם וּבְכָל זְמַן, בִּזְכָרִים וּבִנְקֵבוֹת.

קמה. מִצְוַת לֹא־תַעֲשֶׂה שֶׁלֹּא לַעֲשׂוֹת שֶׁמֶן כְּמוֹ שֶׁמֶן הַמִּשְׁחָה

שֶׁנֶּאֱמַר (שמות ל, לב): ״וּבְמַתְכֻּנְתּוֹ לֹא תַעֲשׂוּ כָּמֹהוּ״. וְרָצָה לוֹמַר, שֶׁלֹּא יַעֲשֶׂה כְּמַעֲשֵׂה שֶׁמֶן הַמִּשְׁחָה הַכָּתוּב בּוֹ, וּכְמִשְׁקָלוֹ. וְאִם עָשָׂה בְּמֵזִיד, חַיָּב כָּרֵת; וּבְשׁוֹגֵג, חַטָּאת. וְדַוְקָא לְהִמָּשַׁח בּוֹ חַיָּב, אֲבָל לְהִתְלַמֵּד, פָּטוּר.

וְנוֹהֵג בְּכָל מָקוֹם וּבְכָל זְמַן, בִּזְכָרִים וּבִנְקֵבוֹת.

קמו. מִצְוַת לֹא־תַעֲשֶׂה שֶׁלֹּא לַעֲשׂוֹת בְּמַתְכֹּנֶת קְטֹרֶת

שֶׁנֶּאֱמַר (שמות ל, לז־לח): ״וְהַקְּטֹרֶת וְגוֹ׳ בְּמַתְכֻּנְתָּהּ לֹא תַעֲשׂוּ לָכֶם אִישׁ אֲשֶׁר יַעֲשֶׂה כָמוֹהָ לְהָרִיחַ בָּהּ וְנִכְרַת״. אַף עַל פִּי שֶׁלֹּא עָשָׂה כָּל הַמִּשְׁקָל אֶלָּא חֶצְיוֹ אוֹ שְׁלִישׁוֹ, הוֹאִיל וְעָשָׂה לְפִי עֵרֶךְ מִשְׁקְלוֹתָיו, חַיָּב כָּרֵת; וּבְשׁוֹגֵג, חַטָּאת. עֲשָׂאָהּ לְהָרִיחַ, אַף עַל פִּי שֶׁלֹּא הֵרִיחַ, חַיָּב. וְאִם עֲשָׂאָהּ לְהִתְלַמֵּד, פָּטוּר.

the entrance to the holy chambers (Rashi explains that this means having its width twenty cubits and its height forty); a courtyard corresponding to the Temple forecourt; a table in the form of the table that was in the Sanctuary; or a metal lamp of seven branches in the form of the *menorah* in the Sanctuary. But if there are fewer or more than seven branches, or if it is a lamp not made of metal, even with seven branches, it is permissible.

This is in force everywhere and always, for both man and woman.

145. It is a negative commandment to make no oil like the anointing oil

for Scripture says, *and you shall not make any like it, according to its composition* (*Sh'moth* 30:32), which means that we are not to prepare anything according to the preparation of the anointing oil that is written about it [in Scripture] and of equal weight [amount]. If someone did so willfully, he would deserve *karéth* [Divine severance of existence]; and if unwittingly, a *ḥattath* (sin-offering) would be required. However, only if one intends to be anointed with it is he guilty; but if it is in order to learn, he is free of penalty.

It is in effect everywhere and always, for both man and woman.

146. It is a negative commandment not to reproduce the composition of the incense [at the Sanctuary]

for Scripture says, *And the incense . . . in its composition you shall not make for yourselves . . . Whoever shall make any like it to savor its scent shall be cut off* (*Sh'moth* 30:37–38). Even if a person did not make its full weight [quantity, as at the Sanctuary] but only a half or a third of it, since he compounded it according to the ratio of its [original] ingredients, he would deserve *karéth* [Divine severance of existence]; and if unwittingly, a *ḥattath* (sin-offering) would be required. If he made it with the intention of savoring its

וְנוֹהֵג בְּכָל מָקוֹם וּבְכָל זְמַן, בִּזְכָרִים וּבִנְקֵבוֹת.

קמז. מִצְוַת לֹא־תַעֲשֶׂה שֶׁלֹּא לַעֲשׂוֹת מְלָאכָה בְּיוֹם רִאשׁוֹן שֶׁל פֶּסַח

שֶׁנֶּאֱמַר (ויקרא כג, ו־ז): "וּבַחֲמִשָּׁה עָשָׂר וְגוֹ' כָּל מְלֶאכֶת עֲבֹדָה לֹא תַעֲשׂוּ". (עיין בחלק המצוות־עשה, מצוה כ"ה.)

וְנוֹהֵג בְּכָל מָקוֹם וּבְכָל זְמַן, בִּזְכָרִים וּבִנְקֵבוֹת.

קמח. מִצְוַת לֹא־תַעֲשֶׂה שֶׁלֹּא לַעֲשׂוֹת מְלָאכָה בְּיוֹם שְׁבִיעִי שֶׁל פֶּסַח

שֶׁנֶּאֱמַר (ויקרא כג, ח): "בַּיּוֹם הַשְּׁבִיעִי מִקְרָא קֹדֶשׁ כָּל מְלֶאכֶת עֲבֹדָה לֹא תַעֲשׂוּ".

וְנוֹהֵג בְּכָל מָקוֹם וּבְכָל זְמַן, בִּזְכָרִים וּבִנְקֵבוֹת.

קמט. מִצְוַת לֹא־תַעֲשֶׂה שֶׁלֹּא לַעֲשׂוֹת מְלָאכָה בְּחַג הַשָּׁבוּעוֹת

שֶׁנֶּאֱמַר (ויקרא כג, כא): "וּקְרָאתֶם בְּעֶצֶם הַיּוֹם הַזֶּה מִקְרָא קֹדֶשׁ יִהְיֶה לָכֶם כָּל מְלֶאכֶת עֲבֹדָה לֹא תַעֲשׂוּ".

וְנוֹהֵג בְּכָל מָקוֹם וּבְכָל זְמַן, בִּזְכָרִים וּבִנְקֵבוֹת.

קנ. מִצְוַת לֹא־תַעֲשֶׂה שֶׁלֹּא לַעֲשׂוֹת מְלָאכָה בְּרֹאשׁ הַשָּׁנָה

שֶׁנֶּאֱמַר (ויקרא כג, כד־כה): "בַּחֹדֶשׁ הַשְּׁבִיעִי בְּאֶחָד לַחֹדֶשׁ וְגוֹ' כָּל מְלֶאכֶת עֲבֹדָה לֹא תַעֲשׂוּ".

scent, even though he didn't actually smell it, nevertheless he is guilty; but if he made it in order to learn, he would be free of penalty.

This is in effect everywhere and always, for both man and woman.

147. It is a negative commandment to do no work on the first day of Passover

as Scripture says, *And on the fifteenth day . . . you shall do no laborious work* (*Va-yikra* 23:6–7). (See the section of positive commandments, §25.)

This applies in every place and time, for both man and woman.

148. It is a negative commandment to do no work on the seventh day of Passover

as Scripture says, *on the seventh day is a holy convocation; you shall do no laborious work* (*Va-yikra* 23:8).

This applies in every place and time, for both man and woman.

149. It is a negative commandment to do no work on the festival of *Shavu'oth*

as Scripture says, *And you shall proclaim on this very day: it shall be a holy convocation unto you; you shall do no laborious work* (*Va-yikra* 23:21).

It is in force in every place and time, for both man and woman.

150. It is a negative commandment to do no work on Rosh haShanah (the beginning of the year)

as Scripture says, *In the seventh month, on the first day of the month . . . You shall do no laborious work* (*Va-yikra* 23:24–25).

וְנוֹהֵג בְּכָל מָקוֹם וּבְכָל זְמַן, בִּזְכָרִים וּבִנְקֵבוֹת.

קנא. מִצְוַת לֹא־תַעֲשֶׂה שֶׁלֹּא לַעֲשׂוֹת מְלָאכָה בְּיוֹם הַכִּפּוּרִים

שֶׁנֶּאֱמַר (ויקרא כג, כח): ״וְכָל מְלָאכָה לֹא תַעֲשׂוּ״. (ועיין בחלק המצוות־עשה, מצוה ל״א.)

וְנוֹהֵג בְּכָל מָקוֹם וּבְכָל זְמַן, בִּזְכָרִים וּבִנְקֵבוֹת.

קנב. מִצְוַת לֹא־תַעֲשֶׂה שֶׁלֹּא לֶאֱכֹל וְלִשְׁתּוֹת בְּיוֹם הַכִּפּוּרִים

שֶׁנֶּאֱמַר (ויקרא כג, כט): ״כִּי כָל הַנֶּפֶשׁ אֲשֶׁר לֹא תְעֻנֶּה וְגוֹ׳ וְנִכְרְתָה״. וְהָאוֹכֵל בְּיוֹם הַכִּפּוּרִים, אֲפִלּוּ [כְּכוֹתֶבֶת הַגַּסָּה, וְהוּא] פָּחוֹת מִכְּבֵיצָה, מַאֲכָלִים הָרְאוּיִים לַאֲכִילַת אָדָם, הֲרֵי זֶה חַיָּב כָּרֵת; וּבְשׁוֹגֵג, חַטָּאת. וְכָל הָאֳכָלִים מִצְטָרְפִים לְשִׁעוּר זֶה. וְהַשּׁוֹתֶה מַשְׁקִין רְאוּיִים לִשְׁתִיַּת אָדָם, כִּמְלֹא לֻגְמָיו, שֶׁהוּא שִׁעוּר פָּחוֹת מֵרְבִיעִית בְּאָדָם בֵּינוֹנִי, חַיָּב כָּרֵת. וְכָל הַמַּשְׁקִין מִצְטָרְפִין לְשִׁעוּר זֶה. פָּחוֹת מִשִּׁעוּרִים הַנִּזְכָּרִים לְעֵיל, אָסוּר מִן הַתּוֹרָה, וְאֵין בּוֹ כָּרֵת, אֲבָל מַכִּין אוֹתוֹ מַכּוֹת מַרְדּוּת. וּמִדִּבְרֵי סוֹפְרִים, אָסוּר בְּיוֹם הַכִּפּוּרִים: רְחִיצָה וְסִיכָה וּנְעִילַת הַסַּנְדָּל וְתַשְׁמִישׁ הַמִּטָּה. וְעַל אֵלּוּ אִם עָבַר, מַכִּין מַכּוֹת מַרְדּוּת.

וְנוֹהֵג בְּכָל מָקוֹם וּבְכָל זְמַן, בִּזְכָרִים וּבִנְקֵבוֹת.

It applies in every place and time, for both man and woman.

151. **It is a negative commandment to do no work on Yom Kippur (the Day of Atonement)**

for Scripture says, *And you shall do no work* (*Va-yikra* 23:28). (See the section of positive commandments, §31.)

It applies in every place and time, for both man and woman.

152. **It is a negative commandment to eat and drink nothing on Yom Kippur**

as Scripture says, *For whatever soul it be that shall not undergo affliction . . . that soul shall be cut off* (*Va-yikra* 23:29). If anyone eats on Yom Kippur even [an amount equal to the bulk of a big date, which is] less than an egg's quantity of food fit for human consumption, he deserves *karéth* [Divine severance of existence]; and if it was unwitting, he has the obligation of a *ḥattath* (sin-offering); and all foods [eaten] are reckoned together to add up to this minimal quantity. If a person drinks liquids fit for human consumption, enough to fill his cheeks, which is a quantity less than a *r'vi'ith* (a quarter of a *log*) for an average person, he deserves *karéth*; and all liquids are reckoned together to add up to this minimal quantity. Smaller quantities than those given here are forbidden by the law of the Torah, but they do not bring a penalty of *karéth*. However, the sinner should be flogged with whiplashes of disobedience. By the law of the Sages these too are forbidden on Yom Kippur: washing, applying oil to the skin, wearing leather footgear, and conjugal intimacy. Over these, if a person has transgressed, whiplashes of disobedience should be given.

It is in force everywhere and always, for both man and woman.

קנג. מִצְוַת לֹא־תַעֲשֶׂה שֶׁלֹּא לַעֲשׂוֹת מְלָאכָה בְּיוֹם רִאשׁוֹן שֶׁל סֻכּוֹת

שֶׁנֶּאֱמַר (ויקרא כג, לה): "בַּיּוֹם הָרִאשׁוֹן וְגוֹ' כָּל מְלֶאכֶת עֲבֹדָה לֹא תַעֲשׂוּ".

וְנוֹהֵג בְּכָל מָקוֹם וּבְכָל זְמַן, בִּזְכָרִים וּבִנְקֵבוֹת.

קנד. מִצְוַת לֹא־תַעֲשֶׂה שֶׁלֹּא לַעֲשׂוֹת מְלָאכָה בִּשְׁמִינִי עֲצֶרֶת

שֶׁנֶּאֱמַר (ויקרא כג, לו): "בַּיּוֹם הַשְּׁמִינִי מִקְרָא קֹדֶשׁ וְגוֹ' עֲצֶרֶת הִוא כָּל מְלֶאכֶת עֲבֹדָה לֹא תַעֲשׂוּ".

וְנוֹהֵג בְּכָל מָקוֹם וּבְכָל זְמַן, בִּזְכָרִים וּבִנְקֵבוֹת.

קנה. מִצְוַת לֹא־תַעֲשֶׂה שֶׁלֹּא לַעֲשׂוֹת שׁוּם דָּבָר שֶׁיִּמָּשֵׁךְ מִמֶּנּוּ חִלּוּל הַשֵּׁם

שֶׁנֶּאֱמַר (ויקרא כב, לב): "וְלֹא תְחַלְּלוּ אֶת שֵׁם קָדְשִׁי". וְעָוֹן זֶה נֶחֱלָק לִשְׁלֹשָׁה חֲלָקִים: א) שֶׁכָּל מִי שֶׁיְּבֻקַּשׁ מִמֶּנּוּ שֶׁיַּעֲבֹר עַל אַחַת מִמִּצְווֹת ה' בְּעֵת צָרַת שְׁמָד, וְהָיָה הָאַנָּס מִתְכַּוֵּן לְהַעֲבִירוֹ עַל הַדָּת — בֵּין מִצְווֹת קַלּוֹת, בֵּין מִצְווֹת חֲמוּרוֹת; אוֹ מִי שֶׁיְּבֻקַּשׁ מִמֶּנּוּ לַעֲבֹר עַל עֲבוֹדָה זָרָה, גִּלּוּי עֲרָיוֹת וּשְׁפִיכוּת דָּמִים, אֲפִלּוּ בְּצִנְעָא וְשֶׁלֹּא בִּשְׁעַת הַשְּׁמָד, וְהָאַנָּס מִתְכַּוֵּן לַהֲנָאָתוֹ — אֲפִלּוּ הָכִי, מְחֻיָּב הוּא לְהַפְקִיר עַצְמוֹ לַהֲרִיגָה, וְלֹא יַעֲבֹר. וְאִם עָבַר וְלֹא נֶהֱרַג, הֲרֵי זֶה חִלֵּל אֶת הַשֵּׁם, וְעָבַר עַל לָאו זֶה. וְאִם הָיָה הָעוֹבֵר בְּמָקוֹם שֶׁיֵּשׁ עֲשָׂרָה מִיִּשְׂרָאֵל, הֲרֵי זֶה חִלֵּל

153. It is a negative commandment to do no work on the first day of *Sukkoth*

as Scripture says, *On the first day . . . you shall do no laborious work* (*Va-yikra* 23:35).

It applies everywhere and always, for both man and woman.

154. It is a negative commandment to do no work on *Sh'mini Atzereth* (the Eighth Day of Assembly)

as Scripture says, *on the eighth day there shall be a holy convocation for you . . . it is a solemn assembly; you shall do no laborious work* (*Va-yikra* 23:36).

It is in effect everywhere and always, for both man and woman.

155. It is a negative commandment to do nothing whatever from which there can result *ḥillul Hashem*, a desecration of the Divine name;

for Scripture states, *And you shall not profane My holy name* (*Va-yikra* 22:32). This sin is divided into three sections: (1) When it is demanded of anyone that he should violate one of the commandments of Hashem during a troubled time of religious persecution, and the one compelling him is intent on making him change his faith—whether it involves light, minor *mitzvoth* or severe, major ones; or when it is demanded of him to violate the prohibition against idol-worship, incestuous or adulterous conjugal intimacy, or bloodshed—even if in private, and not at a time of religious persecution, and the one compelling him is intent on his own enjoyment: nevertheless he is duty-bound to surrender to death and not commit the sin. If he committed the sin and was not put to death, he would thus desecrate the Divine name and would violate this prohibition. If the sinner was in a location where ten members of Jewry were present, he would thus desecrate the Divine

אֶת הַשֵּׁם בָּרַבִּים, וְחֶטְאוֹ גָּדוֹל מְאֹד. ב) כְּשֶׁיַּעֲשֶׂה אָדָם עֲבֵרָה, שֶׁאֵין לוֹ הֲנָאָה מֵאוֹתָהּ עֲבֵרָה וְלֹא תַאֲוָה, רַק לְהַכְעִיס, לִמְרֹד וְלִפְרֹק עֹל מַלְכוּת שָׁמַיִם, הֲרֵי זֶה חִלֵּל אֶת הַשֵּׁם. ג) אִם אָדָם חָשׁוּב עוֹשֶׂה פְּעֻלָּה, וְנִרְאֶה בְּעֵינֵי הֶהָמוֹן שֶׁהִיא עֲבֵרָה, אַף עַל פִּי שֶׁהַמַּעֲשֶׂה מֻתָּר, הִנֵּה הוּא חִלֵּל אֶת הַשֵּׁם.

וְעָוֹן חִלּוּל הַשֵּׁם חָמוּר מְאֹד — שֶׁאֵין כֹּחַ בִּתְשׁוּבָה וְיוֹם הַכִּפּוּרִים לְכַפֵּר, אֶלָּא הֵן תּוֹלִין וּמִיתָה מְכַפֶּרֶת.

וְנוֹהֵג בְּכָל מָקוֹם וּבְכָל זְמַן, בִּזְכָרִים וּבִנְקֵבוֹת.

קנו. מִצְוַת לֹא־תַעֲשֶׂה שֶׁלֹּא לָתוּר אַחַר מַחְשֶׁבֶת הַלֵּב וּרְאִיַּת הָעֵינַיִם

שֶׁנֶּאֱמַר (במדבר טו, לט): "וְלֹא תָתוּרוּ אַחֲרֵי לְבַבְכֶם וְאַחֲרֵי עֵינֵיכֶם". רוֹצֶה לוֹמַר, שֶׁלֹּא נַעֲלֶה עַל לִבֵּנוּ מַחֲשָׁבָה שֶׁגּוֹרֶם לַעֲקֹר עִקָּר מֵעִקְּרֵי הַדָּת, כִּי הַשָּׂטָן יְסִיתֵנוּ לְמִינוּת, חַס וְשָׁלוֹם. וְאַחַר רְאִיַּת הָעֵינַיִם — רוֹצֶה לוֹמַר, זְנוּת. וְכֵן אָמְרוּ חֲזַ"ל (ברכות יב ע"ב): "אַחֲרֵי לְבַבְכֶם" — זוֹ מִינוּת, "וְאַחֲרֵי עֵינֵיכֶם" — זוֹ זְנוּת.

וּבִכְלָל זֶה, שֶׁלֹּא לַחֲשֹׁב וְלִרְדֹּף אַחַר שְׁאָר תַּעֲנוּגִים וְתַאֲווֹת עוֹלָם הַזֶּה. וּמְאֹד מְאֹד צָרִיךְ לִזָּהֵר מִמַּחֲשָׁבוֹת פְּסוּלוֹת, שֶׁזֶּה יָתֵד שֶׁהַכֹּל תָּלוּי בּוֹ — שֶׁצָּרִיךְ הָאָדָם לְקַדֵּשׁ וּלְטַהֵר מַחְשְׁבוֹתָיו בְּכָל כֹּחוֹ. וְאִם בָּא לוֹ אֵיזֶה תַעֲנוּג, יְכַוֵּן שֶׁיְּהֵא לוֹ כֹּחַ עַל יְדֵי זֶה לַעֲמֹד בְּהֵיכַל הַמֶּלֶךְ, מַלְכּוֹ שֶׁל עוֹלָם, בָּרוּךְ הוּא, וְשֶׁלֹּא יֶחֱלַשׁ גּוּפוֹ לַעֲבוֹדַת הַבּוֹרֵא.

וּמִי שֶׁעָבַר עַל זֶה, וְהֶעֱלָה בְּמַחֲשַׁבְתּוֹ מַחֲשָׁבוֹת פְּסוּלוֹת

name publicly, and his sin would be enormous. (2) When a man commits a sin without having any enjoyment from that misdeed, nor any craving for it, but only for spite, to rebel and remove the yoke of the kingship of Heaven, he thus desecrates the Divine name. (3) If a distinguished man does some action which appears in the eyes of the common people to be a sinful deed, even if the action is permissible he has thus desecrated the Divine name.

The sin of *ḥillul Hashem* is so severe, that neither repentance nor Yom Kippur has the power to atone for it; they rather leave the matter suspended (in abeyance), and death atones for it.

This is in force everywhere, in all times, for both man and woman.

156. It is a negative commandment not to go straying after the thought of the heart and the sight of the eyes

as Scripture says, *that you shall not follow after your own heart and your own eyes* (*Bemidbar* 15:39). This means that we should not entertain in our heart any thought that can cause any one of the main principles of our faith to be uprooted; for Satan will incite us to heresy, Heaven forbid. And "after the sight of the eyes" means immorality. So the Sages of blessed memory taught (Talmud Bavli, *B'rachoth* 12b): "after your own heart" denotes heresy; "and after your own eyes," harlotry.

Included in this prohibition is the rule not to plan and pursue other delights and cravings of this world. It is very, very necessary to beware of reprehensible thoughts: for that is the foundation on which everything depends. For a man must hallow and purify his thoughts with all his might; and if some pleasure comes to him, let him have the intention that through it he should have the strength to stand in the palace of the Divine King, the Sovereign of the world, blessed is He; and that his body should not grow weak in the service of the Creator.

If a person transgressed this and brought to mind

מֵעִנְיְנֵי הַדָּת, חַס וְשָׁלוֹם, אוֹ הִרְהוּר זְנוּת, אוֹ לִרְדֹּף אַחַר תַּאֲווֹת הַגַּשְׁמִיּוֹת — עֲבֵרָה חֲמוּרָה הִיא, שֶׁטּוֹרַדְתּוֹ מֵעוֹלָם הַבָּא, שֶׁמְּטַמֵּאת כָּל רמ"ח אֵיבָרִים ושס"ה גִּידִים, גּוּפָנִיִּים וְרוּחָנִיִּים. לָכֵן יִזָּהֵר מְאֹד בָּזֶה.

וְנוֹהֵג בְּכָל מָקוֹם וּבְכָל זְמַן, בִּזְכָרִים וּבִנְקֵבוֹת.

קנז. מִצְוַת לֹא־תַעֲשֶׂה שֶׁלֹּא לְאַבֵּד שׁוּם דָּבָר קָדוֹשׁ וְלֹא לִמְחֹק שׁוּם שֵׁם מִשֵּׁמוֹת הַקְּדוֹשִׁים

שֶׁנֶּאֱמַר (דברים יב, ד): "לֹא תַעֲשׂוּן כֵּן לַה' אֱלֹהֵיכֶם". וְהֵם שִׁבְעָה שֵׁמוֹת שֶׁאֵינָן נִמְחָקִים. וְהַמּוֹחֵק אֲפִלּוּ אוֹת אַחַת מֵהֶן, לוֹקֶה. וְהַמּוֹחֵק אוֹתִיּוֹת הַנִּטְפָּלוֹת לַשֵּׁם מֵאַחֲרָיו, כְּמוֹ 'ךָ' דְּ"אֱלֹהֶיךָ", 'כֶם' דְּ"אֱלֹהֵיכֶם", מַכִּין אוֹתוֹ מַכּוֹת מַרְדּוּת. כְּלִי שֶׁכָּתוּב עָלָיו שֵׁם — קוֹצֵץ לִמְקוֹם הַשֵּׁם, וְגוֹנֵז. וְאִם כָּתַב שֵׁם עַל מַתָּכוֹת, וְהִתִּיךְ אֶת הַמַּתָּכוֹת, לוֹקֶה. כִּתְבֵי הַקֹּדֶשׁ וּפֵרוּשֵׁיהֶן, שֶׁכְּתָבָן יִשְׂרָאֵל בִּקְדֻשָּׁה, הַמְאַבְּדָן — מַכִּין אוֹתוֹ מַכּוֹת מַרְדּוּת. וְאִם כְּתָבָן אֶפִּיקוֹרוֹס — שׂוֹרְפִין אוֹתָן עִם הָאַזְכָּרוֹת שֶׁבָּהֶן. וְאָסוּר לִסְתֹּר וּלְאַבֵּד שׁוּם דְּבַר קְדֻשָּׁה.

וְנוֹהֵג בְּכָל מָקוֹם וּבְכָל זְמַן, בִּזְכָרִים וּבִנְקֵבוֹת.

קנח. מִצְוַת לֹא־תַעֲשֶׂה שֶׁלֹּא לָסוּר מִדִּבְרֵי בֵית דִּין הַגָּדוֹל

שֶׁנֶּאֱמַר (דברים יז, יא): "לֹא תָסוּר מִן הַדָּבָר אֲשֶׁר יַגִּידוּ

reprehensible thoughts on matters of faith (Heaven forbid) or a fantasy of immorality, or [some plan] to pursue after material desires—it is a great sin that drives him out of the world-to-come since it defiles all the 248 limbs and parts, and the 365 sinews, of both the physical and the spiritual self. Therefore let a person greatly beware of this.

It is in effect everywhere and always, for both man and woman.

157. It is a negative commandment to destroy no holy thing and to erase no name whatever among the holy names [of God]

for Scripture says, *You shall not do so to Hashem your God* (*D'varim* 12:4). Now, this means the seven Divine names which are not to be eradicated. If a person erases even one letter from them he should be given whiplashes. If someone erases letters added to a name as a suffix, such as the *chaf* ("your," singular) in the Hebrew for "your God," or the *chaf mem* ("your," plural) in the Hebrew for "your God," he should be flogged with whiplashes of disobedience. If an object has a Divine name written on it, the place (part) with the name is to be cut out and hidden (buried). If someone wrote a Divine name on metal and then melted the metal, he should receive whiplashes. As for the holy Scriptures and their commentaries which a Jew has written in holiness, if anyone destroys them he should be flogged with lashes of disobedience. If a heretic wrote them, they are to be burned, with all the Divine appellations that are in them.

It is forbidden to break and to destroy any object of holiness.

This is in force everywhere and always, for both man and woman.

158. It is a negative commandment not to deviate from the words of the great *beth din* (the supreme religious court)

for Scripture states, *you shall not turn aside from the word*

לְךָ יָמִין וּשְׂמֹאל". וּבִכְלָל הַזֶּה, כָּל מַה שֶּׁקִּבַּלְנוּ מֵחֲזַ"ל כְּפִי הַשַּׁ"ס שֶׁבְּיָדֵינוּ. וְכָל הַמַּאֲמִין בְּמֹשֶׁה רַבֵּנוּ, עָלָיו הַשָּׁלוֹם, וּבְתוֹרָתוֹ הַקְּדוֹשָׁה, חַיָּב לִסְמֹךְ מַעֲשֵׂה הַדָּת עַל פִּיהֶם, וּלְהִשָּׁעֵן עֲלֵיהֶם. אֶחָד דְּבָרִים שֶׁלָּמְדוּ אוֹתָם מִפִּי הַשְּׁמוּעָה, וְהֵם תּוֹרָה שֶׁבְּעַל פֶּה; וְאֶחָד דְּבָרִים שֶׁלָּמְדוּ אוֹתָם עַל פִּי אַחַת מִמִּדּוֹת שֶׁהַתּוֹרָה נִדְרֶשֶׁת בָּהֶן; וְאֶחָד דְּבָרִים שֶׁעָשׂוּ סְיָג לַתּוֹרָה — כָּל אֶחָד מֵאֵלּוּ בִּכְלָל הַנִּזְכָּר לְעֵיל. וְכָתַב בְּ'סֵפֶר הַחִנּוּךְ': "וּלְעִנְיַן הַחִיּוּב — עָלֵינוּ לִשְׁמֹעַ לְדִבְרֵי חֲכָמֵינוּ הַקַּדְמוֹנִים, וְאֶל גְּדוֹלֵינוּ בְּחָכְמַת הַתּוֹרָה וְשׁוֹפְטֵינוּ שֶׁבְּדוֹרֵנוּ".

וְנוֹהֵג בְּכָל מָקוֹם וּבְכָל זְמַן, בִּזְכָרִים וּבִנְקֵבוֹת. וְעוֹבֵר עַל זֶה, וּפוֹרֵץ גָּדֵר בְּדָבָר אֶחָד מִכָּל מַה שֶּׁלִּמְּדוּנוּ רַבּוֹתֵינוּ בְּפֵרוּשׁ הַתּוֹרָה, עָבַר עַל לָאו זֶה.

קנט. קס.

מִצְוַת לֹא־תַעֲשֶׂה שֶׁלֹּא לְהוֹסִיף עַל מִצְווֹת הַתּוֹרָה

שֶׁנֶּאֱמַר (דברים יג, א): "לֹא תֹסֵף עָלָיו".

וּמִצְוַת לֹא־תַעֲשֶׂה שֶׁלֹּא לִגְרֹעַ מִמִּצְווֹת הַתּוֹרָה

שֶׁנֶּאֱמַר (שם): "וְלֹא תִגְרַע מִמֶּנּוּ". בֵּין מִתּוֹרָה שֶׁבִּכְתָב, בֵּין מִתּוֹרָה שֶׁבְּעַל פֶּה. שֶׁאִם אָמַר חָכָם עַל מִצְוָה דְּרַבָּנָן שֶׁהִיא מִן הַתּוֹרָה, הֲרֵי זֶה מוֹסִיף; וְאִם גָּרַע מִמִּצְווֹת הַתּוֹרָה, הֲרֵי זֶה גּוֹרֵעַ. אֲבָל חֲזַ"ל הוֹסִיפוּ מִצְווֹת דְּרַבָּנָן, דֶּרֶךְ תַּקָּנָה, אוֹ סְיָג, אוֹ גְזֵרָה; אוֹ כְּגוֹן מִקְרָא מְגִלָּה וְנֵר

which they shall tell you, neither to the right nor to the left (*D'varim* 17:11). Included in the scope of this is [the rule to heed] all that we have received from the Sages of blessed memory, according to the Talmud that we possess. Whoever believes in Moses our Master (peace abide with him) and his Torah, is duty-bound to base his observance of the faith on their word and to rely on them. This applies equally to matters that they learned orally, which constitute the Oral Torah, and to matters that they derived through one of the rules by which the Torah is interpreted and to matters which they instituted in order to make "fences" to protect the Torah. Each of these is included under the rule stated above. And so is it written in *Sefer haḤinnuch*: As regards the obligation, it is for us to heed the words of our Sages of old, and our great authorities in the wisdom of the Torah, as well as our judges, in our generation.

This is in force everywhere, in every time, for both man and woman. If someone transgresses this and makes "a breach in a fence," in any one matter out of all that our Sages taught us in explanation of the Torah, he violates this prohibition.

159, 160. It is a negative commandment to add nothing to the mitzvoth of the Torah

for Scripture says, *you shall not add to it* (*D'varim* 13:1).

And it is a negative commandment to take nothing away from the mitzvoth of the Torah

for Scripture says, *nor shall you diminish from it* (*ibid.*). [This applies to] both the Written and the Oral Torah. For should a scholar say about a commandment of the Sages that it is from the Torah, he thus adds to it; and should he take anything away from the mitzvoth of the Torah, he thus diminishes it. The Sages of blessed memory, however, added "commandments of the Sages" by way of amendment of a "fence" (protective measure) or an edict; or for example, the reading of the *m'gillah* [the Book of Esther, on Purim] and [the lighting of] the Ḥanukkah lamp, as a

חֲנֻכָּה, דֶּרֶךְ שֶׁבַח וְהוֹדָאָה לְהַשֵּׁם יִתְבָּרַךְ; וְאָמְרוּ שֶׁהוּא דְרַבָּנָן — זֶה אֵינוֹ בִּכְלָל 'בַּל תּוֹסִיף'. שֶׁהֲרֵי לֹא אָמְרוּ שֶׁהַקָּדוֹשׁ בָּרוּךְ הוּא צִוָּה בְּמִצְוָה זוֹ לְהוֹסִיפָהּ עַל מִצְווֹת הַתּוֹרָה.

וְכֵן אִם כֹּהֵן הוֹסִיף בְּרָכָה אַחַת עַל שָׁלֹשׁ בְּרָכוֹת שֶׁל בִּרְכַּת כֹּהֲנִים הַכְּתוּבִים בַּתּוֹרָה, הֲרֵי זֶה מוֹסִיף.

וְנוֹהֵג בְּכָל מָקוֹם וּבְכָל זְמַן, בִּזְכָרִים וּבִנְקֵבוֹת.

קסא. מִצְוַת לֹא־תַעֲשֶׂה שֶׁלֹּא לַעֲשׂוֹת אֶבֶן מַשְׂכִּית לְהִשְׁתַּחֲווֹת עָלֶיהָ אֲפִלּוּ לְהַשֵּׁם יִתְבָּרַךְ

שֶׁנֶּאֱמַר (ויקרא כו, א): "וְאֶבֶן מַשְׂכִּית לֹא תִתְּנוּ בְּאַרְצְכֶם לְהִשְׁתַּחֲוֹת עָלֶיהָ". וְאִם הִשְׁתַּחֲוָה עָלֶיהָ, בְּפִשּׁוּט יָדַיִם וְרַגְלַיִם, לְהַשֵּׁם יִתְבָּרַךְ, לוֹקֶה. וּבְלֹא פִּשּׁוּט יָדַיִם וְרַגְלַיִם, מַכִּין אוֹתוֹ מַכּוֹת מַרְדּוּת. וְאִם הִשְׁתַּחֲוָה עָלֶיהָ לַעֲבוֹדָה זָרָה, בֵּין בְּפִשּׁוּט בֵּין שֶׁלֹּא בְּפִשּׁוּט, חַיָּב סְקִילָה. וּבְבֵית הַכְּנֶסֶת שֶׁרְצוּפָה בַּאֲבָנִים, צָרִיךְ לְהַצִּיעַ מַחְצָלָאוֹת, אוֹ מִינֵי קַשׁ וָתֶבֶן, עַל הָאָרֶץ.

וְנוֹהֵג בְּכָל מָקוֹם וּבְכָל זְמַן, בִּזְכָרִים וּבִנְקֵבוֹת.

קסב. מִצְוַת לֹא־תַעֲשֶׂה שֶׁלֹּא לְהָקִים מַצֵּבָה בְשׁוּם מָקוֹם

שֶׁנֶּאֱמַר (דברים טז, כב): "וְלֹא תָקִים לְךָ מַצֵּבָה". וּמַצֵּבָה הִיא, בִּנְיַן אֲבָנִים שֶׁהַכֹּל מִתְקַבְּצִין אֶצְלָהּ. וַאֲפִלּוּ לַעֲבֹד אֶת ה', אָסוּר, שֶׁכֵּן הָיָה דֶרֶךְ עַכּוּ"ם. וּמִי שֶׁעָבַר וְהֵקִים

way of praise and thanksgiving to the blessed God; and they said that it is by the law of the Sages. This is not under the scope of the prohibition, *you shall not add to it*, since plainly they did not say that the Holy One, blessed is He, commanded this particular mitzvah, to add it to the mitzvoth of the Torah.

So likewise, if a *kohen* said one extra blessing with the three in the "blessing of the *kohanim*" written in the Torah, he would thus be adding.

This is in effect everywhere and always, for both man and woman.

161. It is a negative commandment to make no paving stone in order to bow down to the ground on it, even to the blessed God

for Scripture says, *neither shall you place any paving stone in your land, to bow down on it* (*Va-yikra* 26:1). If someone bowed down on it, spreading his hands and feet in prostration to the blessed God, he should be given whiplashes. If it was without spreading hands and feet in prostration, he should be beaten with whiplashes of disobedience. If he bowed down on it in idol-worship, whether with or without such prostration, he would deserve death by stoning. In a synagogue paved with stones it is necessary to spread mats or some kind of straw and stubble on the ground [before prostrating on Rosh haShanah and Yom Kippur].

This is in effect in every place and time, for both man and woman.

162. It is a negative commandment to erect no pillar anywhere at all

for Scripture states, *Neither shall you set yourself up a pillar* (*D'varim* 16:22). The term "pillar" denotes a structure of stones about which all would gather. Even to worship Hashem it is forbidden [to construct it] since this was the way of the heathen. If someone transgressed and erected a

מַצֵּבָה בְשׁוּם מָקוֹם, אֲפִלּוּ לַעֲבֹד לְהַשֵּׁם יִתְבָּרַךְ, לוֹקֶה.
וְנוֹהֵג בְּכָל מָקוֹם וּבְכָל זְמַן, בִּזְכָרִים וּבִנְקֵבוֹת.

קסג. מִצְוַת לֹא-תַעֲשֶׂה שֶׁלֹּא לִכְתֹּב כְּתֹבֶת קַעֲקַע בִּבְשָׂרוֹ

שֶׁנֶּאֱמַר (ויקרא יט, כח): "וּכְתֹבֶת קַעֲקַע לֹא תִתְּנוּ בָּכֶם". כְּתֹבֶת קַעֲקַע הוּא, שֶׁשּׂוֹרֵט בִּבְשָׂרוֹ וּמְמַלֵּא מְקוֹם הַשְּׂרִיטָה בִּדְיוֹ אוֹ בִשְׁאָר צִבְעוֹנִים. וְהָעוֹבֵר עַל זֶה, לוֹקֶה.
וְנוֹהֵג בְּכָל מָקוֹם וּבְכָל זְמַן, בִּזְכָרִים וּבִנְקֵבוֹת.

קסד. מִצְוַת לֹא-תַעֲשֶׂה שֶׁלֹּא לַעֲשׂוֹת קָרְחָה עַל מֵתוֹ

שֶׁנֶּאֱמַר (דברים יד, א): "וְלֹא תָשִׂימוּ קָרְחָה בֵּין עֵינֵיכֶם לָמֵת". רוֹצֶה לוֹמַר, שֶׁלֹּא לִתְלֹשׁ שְׂעַר רֹאשׁוֹ.
וְנוֹהֵג בְּכָל מָקוֹם וּבְכָל זְמַן, בִּזְכָרִים וּבִנְקֵבוֹת.

קסה. מִצְוַת לֹא-תַעֲשֶׂה שֶׁלֹּא לְנַחֵשׁ

שֶׁנֶּאֱמַר (ויקרא יט, כו): "לֹא תְנַחֲשׁוּ". כְּגוֹן אוֹתָם שֶׁאוֹמְרִים: "נָפְלָה פִּתִּי מִפִּי", אוֹ: "מַקְלִי נָפַל מִיָּדִי — לֹא אֵלֵךְ לְמָקוֹם פְּלוֹנִי הַיּוֹם"; אוֹ אִם מֵשִׂים לוֹ סִימָנִים: "אִם יֶאֱרַע לִי כָּךְ וְכָךְ — אֶעֱשֶׂה כָּךְ וְכָךְ". וְאִם עָשָׂה מַעֲשֶׂה עַל יְדֵי נִחוּשׁ כָּזֶה, הֲרֵי זֶה עוֹבֵר עַל זֶה.
וְנוֹהֵג בְּכָל מָקוֹם וּבְכָל זְמַן, בִּזְכָרִים וּבִנְקֵבוֹת.

pillar in any location whatever, even to worship the blessed God, he should be given whiplashes.

This is in effect in every place and time, for both man and woman.

163. It is a negative commandment to inscribe no tattooed marks in one's flesh

as Scripture says, *nor shall you tattoo any marking on yourselves* (*Va-yikra* 19:28). It is a tattooed marking when one incises in his flesh and fills the place of the incision with ink or other coloring matter. A person who transgresses this should be given whiplashes.

It is in effect everywhere, at every time, for both man and woman.

164. It is a negative commandment to produce no baldness over one's dead [near kin]

for Scripture says, *nor shall you make any baldness between your eyes for the dead* (*D'varim* 14:1) — which means not to pluck out the hair of one's head.

It is in force everywhere and always, for both man and woman.

165. It is a negative commandment to practice no augury

for Scripture says, *neither shall you practice augury* (*Va-yikra* 19:26). This refers, for example, to those who say, "My bread fell from my mouth" or "My cane fell from my hand. I shall not go to that certain place today"; or if one makes signs (portents) for himself: "If this-and-this will happen for me, I shall do thus-and-so." If a person did some action through such augury, he would thus violate this rule.

It is in effect in every place and time, for both man and woman.

קסו. מִצְוַת לֹא־תַעֲשֶׂה שֶׁלֹּא לְעוֹנֵן

שֶׁנֶּאֱמַר (ויקרא יט, כו): "וְלֹא תְעוֹנֵנוּ". כְּגוֹן אֵלּוּ הַנּוֹתְנִים עוֹנוֹת וְעִתִּים, לוֹמַר: עוֹנָה פְּלוֹנִית אוֹ חֹדֶשׁ פְּלוֹנִי טוֹב לַעֲשׂוֹת זֶה, אוֹ לְהֵפֶךְ. וְכָל הָעוֹשֶׂה מַעֲשֶׂה עַל פִּי הוֹבְרֵי שָׁמַיִם כָּאֵלּוּ, הֲרֵי זֶה עוֹבֵר עַל זֶה. וְכֵן הָאוֹחֵז אֶת הָעֵינַיִם, וּמְדַמֶּה בִּפְנֵי הָרוֹאִים שֶׁעוֹשֶׂה מַעֲשֵׂה תִּמָּהוֹן, וְהוּא לֹא עָשָׂה בֶּאֱמֶת כְּלוּם, הֲרֵי זֶה עוֹבֵר גַּם כֵּן עַל זֶה, שֶׁהוּא בִּכְלַל מְעוֹנֵן.

וְנוֹהֵג בְּכָל מָקוֹם וּבְכָל זְמַן, בִּזְכָרִים וּבִנְקֵבוֹת.

קסז. מִצְוַת לֹא־תַעֲשֶׂה שֶׁלֹּא לִקְסֹם

שֶׁנֶּאֱמַר (דברים יח, י): "לֹא יִמָּצֵא בְךָ וְגוֹ' קֹסֵם קְסָמִים". וְקוֹסֵם הוּא, שֶׁמַּכֶּה בַּמַּטֶּה אֲשֶׁר בְּיָדוֹ בָּאָרֶץ הַכָּאוֹת הַרְבֵּה, וְצוֹעֵק זְעָקוֹת מְשֻׁנּוֹת, וְעוֹזֵב מַחֲשָׁבוֹת, וּמַבִּיט לָאָרֶץ זְמַן אָרֹךְ עַד שֶׁנַּעֲשֶׂה כְּמוֹ חֳלִי הַנּוֹפֵל — וּמַגִּיד עֲתִידוֹת; וְיֵשׁ שֶׁעוֹשִׂים בְּחוֹל אוֹ בַאֲבָנִים, אוֹ שֶׁמַּשְׁלִיךְ אֵזוֹר עוֹר בָּאָרֶץ, אוֹ שֶׁאוֹחֵז מַקְלוֹ בְּיָדוֹ, וְאוֹמֵר: "אִם אֵלֵךְ וְאִם לֹא אֵלֵךְ" — הַכֹּל בִּכְלַל קֶסֶם. וְהָעוֹשֶׂה אֶחָד מֵאֵלּוּ, עוֹבֵר עַל זֶה. אֲבָל הַשּׁוֹאֵל לְקוֹסֵם, אָסוּר מִדְּרַבָּנָן.

וְנוֹהֵג בְּכָל מָקוֹם וּבְכָל זְמַן, בִּזְכָרִים וּבִנְקֵבוֹת.

קסח. מִצְוַת לֹא־תַעֲשֶׂה שֶׁלֹּא לְכַשֵּׁף

שֶׁנֶּאֱמַר (דברים יח, י): "לֹא יִמָּצֵא בְךָ וְגוֹ' וּמְכַשֵּׁף". עִנְיַן

166. It is a negative commandment to do no conjuring or soothsaying

as Scripture says, *nor shall you conjure* (*Va-yikra* 19:26). This refers, for example, to those who give seasons and times, saying "That certain period or this certain month is good (auspicious) to do this," or the opposite [that it is not good]. Whoever does any action by the word of astrologers like these, violates this rule. So too if someone creates illusions and makes it appear before the onlookers that he is performing an amazing deed when in truth he is doing nothing, he likewise violates this rule, since it is included under the term of *me'onén*, conjurer.

It is in effect everywhere and always, for both man and woman.

167. It is a negative commandment to practice no divination

as Scripture says, *There shall not be found among you... one who practices divination* (*D'varim* 18:10). A diviner is one who strikes the ground many blows with the staff in his hand, utters strange cries, gets lost in thoughts, and stares at the ground a long time, until he becomes like an epileptic, and he foretells the future. There are those who work with sand or stones; or one throws a leather belt to the ground; or he seizes his staff and says "if I should go or should not go." All is included under *kessem*, divination. Whoever performs any one of these violates this [prohibition]; but to consult a diviner is forbidden by the law of the Sages.

It is in force everywhere and always, for both man and woman.

168. It is a negative commandment to practice no sorcery

for Scripture says, *There shall not be found among you... or a sorcerer* (*D'varim* 18:10). The practice of sorcery is with

הַכִּשּׁוּף הוּא, בְּמִינֵי עֲשָׂבִים וַאֲבָנִים וְהַדֶּבֶק מִן הַדְּבָרִים שֶׁמִּשְׁתַּמְּשִׁים בָּהֶם בְּנֵי אָדָם אֵלּוּ עִם אֵלּוּ, וְכַיּוֹצֵא בּוֹ בִּדְבָרִים אֵלּוּ. וְהָעוֹשֶׂה מַעֲשֵׂה כְשָׁפִים, חַיָּב סְקִילָה. וְהַשּׁוֹאֵל בְּכִשּׁוּף, אָסוּר מִדְּרַבָּנָן.

וְנוֹהֵג בְּכָל מָקוֹם וּבְכָל זְמַן, בִּזְכָרִים וּבִנְקֵבוֹת.

קסט. מִצְוַת לֹא־תַעֲשֶׂה שֶׁלֹּא לִהְיוֹת חוֹבֵר חֶבֶר

שֶׁנֶּאֱמַר (דברים יח, י־יא): "לֹא יִמָּצֵא בְךָ וְגוֹ' וְחֹבֵר חָבֶר". עִנְיַן חוֹבֵר חֶבֶר הוּא, שֶׁמְּלַחֵשׁ דְּבָרִים שֶׁאֵינָם לְשׁוֹן עַם, וּמְלַחֵשׁ עַל הַנָּחָשׁ אוֹ עַל הָעַקְרָב — שֶׁלֹּא יַזִּיק; וְיֵשׁ שֶׁאוֹחֵז בְּיָדוֹ בִּשְׁעַת הַלַּחַשׁ מַפְתֵּחַ אוֹ סֶלַע, וְכַיּוֹצֵא בּוֹ — הַכֹּל אָסוּר. וְהַחוֹבֵר עַצְמוֹ שֶׁאָחַז בְּיָדוֹ כְלוּם, אוֹ שֶׁעָשָׂה מַעֲשֶׂה בִּשְׁעַת דִּבּוּרוֹ, אֲפִלּוּ הֶרְאָה בְאֶצְבָּעוֹ, אוֹ הֵנִיעַ וְנִדֵּד אֵיזֶה דָבָר — לוֹקֶה. וְאִם לֹא עָשָׂה שׁוּם מַעֲשֶׂה, וְכֵן הַנִּשְׁאָל בָּזֶה — אָסוּר מִדְּרַבָּנָן.

וְנוֹהֵג בְּכָל מָקוֹם וּבְכָל זְמַן, בִּזְכָרִים וּבִנְקֵבוֹת.

קע. מִצְוַת לֹא־תַעֲשֶׂה שֶׁלֹּא לַעֲשׂוֹת מַעֲשֵׂה אוֹב

שֶׁנֶּאֱמַר (ויקרא יט, לא): "אַל תִּפְנוּ אֶל הָאֹבֹת". אוֹב, זֶהוּ הָעוֹשֶׂה פְּעֻלּוֹת, עַד שֶׁיִּשְׁמַע הַשּׁוֹאֵל כְּאִלּוּ אֶחָד מְדַבֵּר עִמּוֹ מִתַּחַת לָאָרֶץ; וְכֵן הַלּוֹקֵחַ גֻּלְגֹּלֶת מִן הַמֵּת וּמְנַחֵשׁ בָּהּ, עַד שֶׁקּוֹל יוֹצֵא מִתַּחַת שֶׁחְיוֹ וּמְשִׁיבוֹ. וְעוֹבְרִים עַל זֶה, בֵּין הַשּׁוֹאֵל וּבֵין הַנִּשְׁאָל.

certain kinds of herbs and stones, and by attachment of one another certain objects that people use; and so forth in these matters. Whoever performs an act of sorcery deserves death by stoning. Asking for something through sorcery is forbidden by the law of the Sages.

It is in effect everywhere and always, for both man and woman.

169. It is a negative commandment to cast no charms or spells

as Scripture states, *There shall not be found among you... or a charmer* (*D'varim* 18:10–11). The procedure of casting charms is that one whispers words which are not of the ordinary language, and thus he casts a spell over a snake or a scorpion that it should do no injury. There is a kind who holds in his hand, while whispering the charm, a key or a stone, and so forth. It is all forbidden. If the charmer himself held anything in his hand or did some physical action while uttering his words, even [merely] pointing with his finger or moving or budging some object, he should be given whiplashes. If he did no physical action, and so too if one asked for this [charm] — that is forbidden by the law of the Sages.

This is in force in every place and time, for both man and woman.

170. It is a negative commandment to do no act of an *ov* (a kind of medium)

for Scripture says, *Do not turn to the* ovoth (*mediums*); (*Va-yikra* 19:31). An *ov* is one who performs certain actions until the inquirer hears as if someone is speaking with him from underground; so too, a person who takes the skull of a dead man and conjures with it until a voice emerges from under his armpit and answers him. Both the person who requests it and the one who is consulted violate this [prohibition].

וְנוֹהֵג בְּכָל מָקוֹם וּבְכָל זְמַן, בִּזְכָרִים וּבִנְקֵבוֹת.

קעא. מִצְוַת לֹא-תַעֲשֶׂה שֶׁלֹּא לַעֲשׂוֹת מַעֲשֵׂה יִדְּעוֹנִי

שֶׁנֶּאֱמַר (ויקרא יט, לא): "אַל תִּפְנוּ וְגוֹ' וְאֶל הַיִּדְּעֹנִים". יִדְּעוֹנִי הוּא, שֶׁלּוֹקֵחַ עֶצֶם מֵעוֹף שֶׁשְּׁמוֹ 'יַדּוּעַ' בְּפִיו, וּמַקְטִיר לָהּ, וְעוֹשֶׂה מַעֲשִׂים אֲחֵרִים עַד שֶׁיִּפֹּל כְּנָפָהּ — וִידַבֵּר עֲתִידוֹת. וְעוֹבְרִים עַל זֶה, בֵּין הַשּׁוֹאֵל וּבֵין הַנִּשְׁאָל.

וְנוֹהֵג בְּכָל מָקוֹם וּבְכָל זְמַן, בִּזְכָרִים וּבִנְקֵבוֹת.

קעב. קעג. מִצְוַת לֹא-תַעֲשֶׂה שֶׁלֹּא לִשְׁאֹל בְּאוֹב וּמִצְוַת לֹא-תַעֲשֶׂה שֶׁלֹּא לִשְׁאֹל בְּיִדְּעוֹנִי

שֶׁנֶּאֱמַר (דברים יח, י־יא): "לֹא יִמָּצֵא בְךָ וְגוֹ' וְשֹׁאֵל אוֹב וְיִדְּעֹנִי". וְהָעוֹבֵר, וְשָׁאַל בְּאוֹב אוֹ יִדְּעוֹנִי, מַכִּין אוֹתוֹ מַכּוֹת מַרְדּוּת; וְאֵינוֹ לוֹקֶה, מִפְּנֵי שֶׁלֹּא עָשָׂה מַעֲשֶׂה. וְאִם עָשָׂה מַעֲשֶׂה עַל יְדֵי שְׁאֵלוֹת אֵלוּ, לוֹקֶה.

וְנוֹהֵג בְּכָל מָקוֹם וּבְכָל זְמַן, בִּזְכָרִים וּבִנְקֵבוֹת.

קעד. מִצְוַת לֹא-תַעֲשֶׂה שֶׁלֹּא לִדְרֹשׁ אֶל הַמֵּתִים

שֶׁנֶּאֱמַר (דברים יח, י־יא): "לֹא יִמָּצֵא בְךָ וְגוֹ' וְדֹרֵשׁ אֶל הַמֵּתִים". וְזֶה הַמַּרְעִיב עַצְמוֹ וְלָן בְּבֵית הַקְּבָרוֹת, כְּדֵי שֶׁיָּבוֹא אֵלָיו הַמֵּת בַּחֲלוֹם וְיוֹדִיעוֹ מַה שֶּׁשָּׁאַל; אוֹ עָשָׂה

It is in force everywhere, in every time, for both man and woman.

171. It is a negative commandment to do no act of a *yid'oni* (a kind of wizard)

for Scripture says, *Do not turn . . . and to the* yid'onim (*wizards*); (*Va-yikra* 19:31). A *yid'oni* is one who takes a bone in his mouth from a bird whose name is *yiddo'a*, and he burns incense to it and does other actions until its wing falls off and it speaks oracularly of future events. Both the one who requests it and the one who is consulted violate this [prohibition].

It is in effect everywhere, in every time, for both man and woman.

172, 173. It is a negative commandment to make no inquiry of an *ov* [§170], and it is a negative commandment to make no inquiry of a *yid'oni* [§171]

for Scripture says, *There shall not be found among you... or one that consults an* ov (*medium*) *or a* yid'oni (*wizard*); (*D'varim* 18:10–11). If someone transgressed and consulted an *ov* or a *yid'oni*, he should be beaten with whiplashes of disobedience. He receives no regular whiplashes because he did no physical action. If he did some act as a result of these inquiries [of his] he should be subjected to regular whiplashes.

This is in effect everywhere, in every time, for both man and woman.

174. It is a negative commandment not to inquire of the dead

for Scripture says, *There shall not be found among you... or a necromancer* (*D'varim* 18:10–11). This means a person who starves himself and goes to sleep in a graveyard, so that a dead person should come to him in a dream and let him

אֵיזֶה מַעֲשֶׂה אַחֵר שֶׁיָּבוֹא גוּף הַמֵּת וְיוֹדִיעוֹ — הֲרֵי זֶה לוֹקֶה.

וְנוֹהֵג בְּכָל מָקוֹם וּבְכָל זְמַן, בִּזְכָרִים וּבִנְקֵבוֹת.

קעה. מִצְוַת לֹא־תַעֲשֶׂה שֶׁלֹּא לְהִתְנַבְּאוֹת שֶׁקֶר בְּשֵׁם ה׳

שֶׁנֶּאֱמַר (דברים יח, כ): ״אַךְ הַנָּבִיא אֲשֶׁר יָזִיד לְדַבֵּר דָּבָר בִּשְׁמִי אֵת אֲשֶׁר לֹא צִוִּיתִיו לְדַבֵּר״. כְּלוֹמַר, שֶׁלֹּא יֹאמַר שׁוּם אָדָם שֶׁנֶּאֶמְרוּ לוֹ דְבָרִים בִּנְבוּאָה מֵהַשֵּׁם יִתְבָּרַךְ, וְהַשֵּׁם יִתְבָּרַךְ לֹא אֲמָרָם. וְהָעוֹבֵר עַל זֶה וְנִבָּא בְשֶׁקֶר, מִיתָתוֹ בְחֶנֶק.

וְנוֹהֵג בְּכָל מָקוֹם וּבְכָל זְמַן, בִּזְכָרִים וּבִנְקֵבוֹת.

קעו. מִצְוַת לֹא־תַעֲשֶׂה שֶׁלֹּא לְגַלֵּחַ פְּאַת הָרֹאשׁ

שֶׁנֶּאֱמַר (ויקרא יט, כז): ״לֹא תַקִּפוּ פְּאַת רֹאשְׁכֶם״. וְחַיָּב עַל כָּל פֵּאָה וּפֵאָה. לְפִיכָךְ, הַמְגַלֵּחַ שְׁתֵּי צְדָעָיו, אֲפִלּוּ בְּבַת אַחַת, לוֹקֶה שְׁתַּיִם; בֵּין שֶׁגִּלַּח הַפֵּאוֹת לְבַד, בֵּין שֶׁגִּלַּח כָּל הָרֹאשׁ כְּאֶחָד. וְדַוְקָא אִישׁ הַמְגַלֵּחַ לוֹקֶה, מִפְּנֵי שֶׁעוֹשֶׂה מַעֲשֶׂה, אֲבָל הַמִּתְגַּלֵּחַ אֵינוֹ לוֹקֶה, אֶלָּא אִם כֵּן סִיֵּעַ לְהַמְגַלֵּחַ. וַאֲפִלּוּ בְּמִסְפָּרַיִם אָסוּר לְגַלֵּחַ. וְאִשָּׁה אֵינָהּ בְּבַל תַּקִּיף רֹאשָׁהּ; אֲבָל הִיא אֲסוּרָה לְגַלֵּחַ פְּאַת רֹאשׁ אִישׁ, וַאֲפִלּוּ לְקָטָן אָסוּר לָהּ לְגַלֵּחַ.

וְנוֹהֵג בְּכָל מָקוֹם וּבְכָל זְמַן.

know what he has asked; or he does some other act so that the body of a dead person should come and inform him. He should be given whiplashes.

This is in effect in every place and time, for both man and woman.

175. It is a negative commandment not to prophesy falsehood in the name of Hashem

as Scripture says, *But the prophet who presumes to speak a word in My name which I have not commanded him to speak* [etc.] (*D'varim* 18:20). This means that no man whatever is to say that words were conveyed to him prophetically by the blessed God, when the blessed God did not say them. If someone violated this and prophesied falsely, his execution should be by strangulation.

This is in effect in every place and time, for both man and woman.

176. It is a negative commandment not to shave the temples of the head

as Scripture says, *You shall not round off the temples of your head* (*Va-yikra* 19:27). One is punishable for each temple; therefore, if a person shaves both his temples, even at the same time, he should receive whiplashes twice, whether he shaves the temples alone or he shaves the entire head at once. It is specifically the man who does the shaving who is given whiplashes, because he does a physical act; but one who is shaved is not subjected to whiplashes, unless he helped the one doing the shaving. Even with scissors [used as a razor] it is forbidden to shave it. A woman is not subject to any restriction not to round off the temples of her head; but she is forbidden to shave the temple of a man's head; even a minor she is forbidden thus to shave.

It is in effect in every place and time.

קעז. מִצְוַת לֹא־תַעֲשֶׂה שֶׁלֹּא לְהַשְׁחִית פְּאַת הַזָּקָן

שֶׁנֶּאֱמַר (ויקרא יט, כז): "וְלֹא תַשְׁחִית אֵת פְּאַת זְקָנֶךָ". חָמֵשׁ פֵּאוֹת יֵשׁ בַּזָּקָן, וְלוֹקֶה עַל כָּל פֵּאָה וּפֵאָה. וְאִם נְטָלָן כֻּלָּן כְּאַחַת, עוֹבֵר עַל חֲמִשָּׁה לָאוִין. וְאֵינוֹ חַיָּב, עַד שֶׁיְּגַלַּח אוֹתָן בְּתַעַר, שֶׁהוּא גִלּוּחַ שֶׁיֵּשׁ בּוֹ הַשְׁחָתָה — "וְלֹא תַשְׁחִית" כְּתִיב; וְאִם גִּלַּח זְקָנוֹ בְּמִסְפָּרַיִם, פָּטוּר. וְדַוְקָא הַמְגַלֵּחַ חַיָּב, אֲבָל הַמִּתְגַּלֵּחַ אֵינוֹ לוֹקֶה, עַד שֶׁיְּסַיֵּעַ לְהַמְגַלֵּחַ. וְאִשָּׁה מֻתֶּרֶת לְהַשְׁחִית זְקָנָהּ, אִם יֵשׁ לָהּ שֵׂעָר בִּזְקָנָהּ; וְאִם הִשְׁחִיתָה זְקַן אִישׁ, פְּטוּרָה, אֲבָל אֲסוּרָה.

וּבְ'סֵפֶר הַחִנּוּךְ' כָּתַב, שֶׁעַל הַשְׁחָתַת זָקָן עוֹבֵר עוֹד שְׁנֵי לָאוִין, חוּץ מֵחֲמִשָּׁה לָאוִין הַנִּזְכָּרִים לְעֵיל, דְּהַיְנוּ: "וּבְחֻקֹּתֵיהֶם לֹא תֵלֵכוּ" (ויקרא יח, ג), "וְלֹא יִלְבַּשׁ גֶּבֶר שִׂמְלַת אִשָּׁה" (דברים כב, ה).

וְנוֹהֵג בְּכָל מָקוֹם וּבְכָל זְמַן.

קעח. מִצְוַת לֹא־תַעֲשֶׂה שֶׁלֹּא יִהְיֶה כְלִי גֶבֶר עַל אִשָּׁה

שֶׁנֶּאֱמַר (דברים כב, ה): "לֹא יִהְיֶה כְלִי גֶבֶר עַל אִשָּׁה". וְהַיְנוּ, בְּגָדִים וְתַכְשִׁיטִין שֶׁמְּפֻרְסָם בָּעִיר שֶׁמְּיֻחָדִים לְאִישׁ, לֹא תִלְבַּשׁ אוֹתָם אִשָּׁה. וְלֹא תְגַלֵּחַ רֹאשָׁהּ כְּאִישׁ.

וְנוֹהֵג בְּכָל מָקוֹם וּבְכָל זְמַן.

177. It is a negative commandment not to mar [razor-shave] an edge of the beard

as Scripture says, *neither shall you mar the edges of your beard* (*Va-yikra* 19:27). The beard has five edges, and there is a penalty of whiplashes for every single one. Thus if all were taken off at once, there would be a violation of five prohibitions. A person is not punishable, however, until he shaves them with a razor; for that is a shaving which comprises marring, and it is written, *neither shall you mar*. If a person shaved his beard with scissors [even using them as a razor] he would be free of penalty. Specifically the one who does the shaving is punishable; but the one who is shaved receives no whiplashes—not until he helps the one shaving [him]. A woman is permitted to mar (remove) her beard if she has hair in the area of the beard. If she marred the beard of a man she is free of penalty, but she is forbidden to do so.

In *Sefer haḤinnuch* it is written that by marring [razor-shaving] one's beard a person violates another two prohibitions besides the five mentioned above, these being: *and in their fixed ways you shall not walk* (*Va-yikra* 18:3), *and neither shall a man put on a woman's garment* [§179] (*D'varim* 22:5) [i.e. make himself resemble a woman].

This is in effect in every place and time.

178. It is a negative commandment that a man's garment, etc., should not be on a woman

as Scripture says, *A woman shall not wear what pertains to a man* (*D'varim* 22:5). This means clothing and ornaments that are widely known in the city to be specifically for a man: A woman is not to wear them. Nor is she to shave her head like a man.

This is in force in every place and time.

קעט. מִצְוַת לֹא-תַעֲשֶׂה שֶׁלֹּא יִלְבַּשׁ גֶּבֶר שִׂמְלַת אִשָּׁה

שֶׁנֶּאֱמַר (דברים כב, ה): "וְלֹא יִלְבַּשׁ גֶּבֶר שִׂמְלַת אִשָּׁה". 'שִׂמְלַת אִשָּׁה' הַיְנוּ, בְּגָדִים וְתַכְשִׁיטִין שֶׁמְּפֻרְסָם בָּעִיר שֶׁמְּיֻחָדִים לְאִשָּׁה. וְכֵן אִישׁ הַמְלַקֵּט שְׂעָרוֹת לְבָנוֹת מִתּוֹךְ שְׁחוֹרוֹת, מֵרֹאשׁוֹ אוֹ מִזְּקָנוֹ, אֲפִלּוּ שַׂעֲרָה אַחַת; אוֹ אִם צָבַע שְׂעָרוֹ שָׁחוֹר, אֲפִלּוּ צָבַע שֵׂעָר לְבָנָה אַחַת — עַל אַחַת מִכָּל אֵלּוּ, עוֹבֵר עַל זֶה. וּמִדִּבְרֵי סוֹפְרִים, שֶׁלֹּא יַעֲבִיר אִישׁ שְׂעַר בֵּית הַשֶּׁחִי וּשְׂעַר בֵּית הָעֶרְוָה; וְהַמַּעֲבִירוֹ, בְּמָקוֹם שֶׁאֵין מַעֲבִירִים אֶלָּא הַנָּשִׁים, מַכִּין אוֹתוֹ מַכּוֹת מַרְדּוּת. וּמֻתָּר לְהַעֲבִיר שֵׂעָר שֶׁל שְׁאָר אֵיבָרִים בְּמִסְפָּרַיִם, בְּכָל מָקוֹם.

וְנוֹהֵג בְּכָל מָקוֹם וּבְכָל זְמַן.

קפ. מִצְוַת לֹא-תַעֲשֶׂה שֶׁלֹּא לַחֲרֹשׁ בְּשׁוֹר וַחֲמוֹר יַחְדָּו

שֶׁנֶּאֱמַר (דברים כב, י): "לֹא תַחֲרֹשׁ בְּשׁוֹר וּבַחֲמֹר יַחְדָּו". וְהוּא הַדִּין כָּל מְלָאכָה שֶׁעוֹשֶׂה בִּשְׁנֵי מִינֵי בְהֵמָה אוֹ חַיָּה, וְהָיָה אֶחָד מֵהֶן מִין טָמֵא וְאֶחָד מִין טָהוֹר, אֲפִלּוּ הִנְהִיגָן בְּקוֹל וְהֵן מוֹשְׁכִין — הֲרֵי זֶה לוֹקֶה. אֲבָל הַמְזַוְּגָן, פָּטוּר, עַד שֶׁיִּמְשֹׁךְ אוֹ יַנְהִיג. וַאֲפִלּוּ מֵאָה שֶׁהִמְשִׁיכוּ אוֹ שֶׁהִנְהִיגוּ כְּאֶחָד, אוֹ שֶׁיָּשְׁבוּ עַל הָעֲגָלָה, כֻּלָּם לוֹקִין.

וְנוֹהֵג בְּכָל מָקוֹם וּבְכָל זְמַן, בִּזְכָרִים וּבִנְקֵבוֹת.

179. It is a negative commandment that a man should not wear a woman's garment

as Scripture says, *neither shall a man put on a woman's garment* (*D'varim* 22:5). "A woman's garment" denotes clothing and ornaments which are widely known in the city to be specifically for a woman. So too, if a man plucks white hairs from among the dark, from his head or his beard — even one hair; or if he dyes his hair dark — even if he dyes one white hair — by any one of these acts he violates this [prohibition]. By the law of the Sages a man is not to remove the hair of his armpits or his pubic hair. Whoever removes it from a place [on the body] where none but women [generally] remove it, is to be beaten with whiplashes of disobedience. It is permissible, however, to remove the hair of other limbs and parts, everywhere, with a scissors.

This is in force everywhere and always.

180. It is a negative commandment not to plow with an ox and a donkey together

as Scripture says, *You shall not plow with an ox and a donkey together* (*D'varim* 22:10). The law is the same for any labor that one does with two kinds of domestic or untamed animals where one of them is of an unclean [non-kosher] kind and the other of a clean kind. Even if he directed them by his voice and they were pulling on, he should receive whiplashes. If a person pairs them together, however, he is free of penalty—until he pulls or leads them. Even if a hundred pulled or led them in unison, or they sat on the wagon [which the animals drew], they should all be given whiplashes.

It is in force everywhere and always, for both man and woman.

קפא. מִצְוַת לֹא־תַעֲשֶׂה שֶׁלֹּא לִלְבֹּשׁ בֶּגֶד מִצֶּמֶר וּפִשְׁתִּים

שֶׁנֶּאֱמַר (דברים כב, יא): "לֹא תִלְבַּשׁ שַׁעַטְנֵז צֶמֶר וּפִשְׁתִּים יַחְדָּו". וְזֶה נִקְרָא 'כִּלְאֵי בְגָדִים'. צֶמֶר, הוּא צֶמֶר רְחֵלִים וְאֵילִים דַּוְקָא. כֵּיוָן שֶׁנִּתְחַבֵּר צֶמֶר וּפִשְׁתִּים צַד חִבּוּר בָּעוֹלָם, אָסוּר מִשּׁוּם כִּלְאַיִם מִן הַתּוֹרָה. וְאִם לָבַשׁ כִּלְאַיִם — אֲפִלּוּ אַרְעַי, וַאֲפִלּוּ עַל גַּבֵּי עֲשָׂרָה בְגָדִים — שֶׁאֵינוֹ מְהַנֵּהוּ כְלוּם, וַאֲפִלּוּ לִגְנֹב אֶת הַמֶּכֶס — הֲרֵי זֶה עוֹבֵר עַל זֶה. וְכֵן הַמִּתְכַּסֶּה בּוֹ, עוֹבֵר עַל זֶה. וּמִדִּבְרֵי סוֹפְרִים, אָסוּר לֵישֵׁב עַל מַצָּעוֹת שֶׁל כִּלְאַיִם, אֲפִלּוּ עֶשֶׂר מַצָּעוֹת רַכִּין זוֹ עַל גַּבֵּי זוֹ, וְהַתַּחְתּוֹן שֶׁבָּהֶן כִּלְאַיִם — אָסוּר לֵישֵׁב עַל הָעֶלְיוֹן.

וְנוֹהֵג בְּכָל מָקוֹם וּבְכָל זְמַן, בִּזְכָרִים וּבִנְקֵבוֹת.

קפב. מִצְוַת לֹא־תַעֲשֶׂה שֶׁלֹּא לְהִתְעַלֵּם מֵאֲבֵדַת יִשְׂרָאֵל לְהַנִּיחָהּ

שֶׁנֶּאֱמַר (דברים כב, א־ג): "לֹא תִרְאֶה אֶת שׁוֹר אָחִיךָ אוֹ אֶת שֵׂיוֹ נִדָּחִים וְהִתְעַלַּמְתָּ מֵהֶם וְגוֹ' לֹא תוּכַל לְהִתְעַלֵּם". (ועיין בחלק המצוות־עשה, מצוה ס"ט.)

וְנוֹהֵג בְּכָל מָקוֹם וּבְכָל זְמַן, בִּזְכָרִים וּבִנְקֵבוֹת.

קפג. מִצְוַת לֹא־תַעֲשֶׂה שֶׁלֹּא לְהַנִּיחַ בֶּהֱמַת יִשְׂרָאֵל רוֹבֵץ תַּחַת מַשָּׂאוֹ וְיֵלֵךְ לוֹ שֶׁלֹּא לְעָזְרוֹ לִפְרֹק מֵהַבְּהֵמָה

שֶׁנֶּאֱמַר (דברים כב, ד): "לֹא תִרְאֶה אֶת חֲמוֹר אָחִיךָ אוֹ שׁוֹרוֹ

181. It is a negative commandment to wear no garment of wool and linen

as Scripture says, *You shall not wear a mixed material, wool and linen together* (*D'varim* 22:11). This is called *kil'ayim* ("mixed kinds") of clothing. "Wool" means specifically the wool of sheep and rams. Once wool and linen become combined by any sort of unification in the world, it is forbidden as *kil'ayim* by the law of the Torah. If a person wears *kil'ayim* even by chance, temporarily, and even if it is over ten garments, so that it does not benefit him at all, and even if it is [only] to get it past the customs inspection — he violates this [prohibition]. So too if one covers himself with it [as a blanket] he violates this. By the law of the Sages it is forbidden to sit on mats or spreads of *kil'ayim*. Even if there are ten soft spreads, one upon the other, and the bottommost one of them is *kil'ayim*, it is forbidden to sit on the uppermost one.

This applies in every place and time, for both man and woman.

182. It is a negative commandment not to turn a blind eye to the lost object of a Jew, to leave it

as Scripture says, *You shall not see your brother's ox or his sheep going astray, and hide yourself from them . . . you may not hide yourself* (*D'varim* 22:1,3). (See also the section of positive commandments, §69.)

It applies in every place and time, for both man and woman.

183. It is a negative commandment not to leave the animal of a Jew lying crouched under its load, and go off on one's way without helping him to unload the animal

as Scripture says, *You shall not see your brother's donkey or his ox fallen down by the way, and hide yourself from*

נֹפְלִים בַּדֶּרֶךְ וְהִתְעַלַּמְתָּ״. (ועיין בחלק המצוות־עשה, מצוה ע׳.)

וְנוֹהֵג בְּכָל מָקוֹם וּבְכָל זְמַן, בִּזְכָרִים וּבִנְקֵבוֹת.

קפד. ♦ מִצְוַת לֹא־תַעֲשֶׂה שֶׁלֹּא לַעֲבֹר עַל הַנֶּדֶר

שֶׁנֶּאֱמַר (במדבר ל, ג): ״אִישׁ כִּי יִדֹּר נֶדֶר וְגוֹ׳ לֹא יַחֵל דְּבָרוֹ״. (ועיין בחלק המצוות־עשה, מצוה ל״ט.)

וְנוֹהֵג בְּכָל מָקוֹם וּבְכָל זְמַן, בִּזְכָרִים וּבִנְקֵבוֹת.

קפה. ♦ מִצְוַת לֹא־תַעֲשֶׂה שֶׁלֹּא לְאַחֵר נִדְרוֹ וְנִדְבָתוֹ

שֶׁנֶּאֱמַר (דברים כג, כב): ״כִּי תִדֹּר נֶדֶר וְגוֹ׳ לֹא תְאַחֵר לְשַׁלְּמוֹ״. וְאֵינוֹ עוֹבֵר עַל זֶה, עַד שֶׁיַּעַבְרוּ עָלָיו שָׁלֹשׁ רְגָלִים. וּצְדָקָה הִיא גַם כֵּן בִּכְלַל הַנְּדָרִים. אֲבָל עַל צְדָקָה — אִם אֵחַר, עוֹבֵר בְּ׳בַל תְּאַחֵר׳ מִיָּד, שֶׁהֲרֵי עֲנִיִּים מְצוּיִין; וְאִם אֵין שָׁם עֲנִיִּים, מַפְרִישׁ וּמַנִּיחַ עַד שֶׁיִּמְצָא עֲנִיִּים. וְאִם הִתְנָה שֶׁלֹּא יִתֵּן עַד שֶׁיִּמְצָא עָנִי, אֵין צָרִיךְ לְהַפְרִישׁ.

וְנוֹהֵג בְּכָל מָקוֹם וּבְכָל זְמַן, בִּזְכָרִים וּבִנְקֵבוֹת.

קפו. קפז.

מִצְוַת לֹא־תַעֲשֶׂה עַל פּוֹעֵל שֶׁלֹּא יֹאכַל בִּשְׁעַת מְלָאכָה בְּדָבָר שֶׁגִּדּוּלוֹ מִן הָאָרֶץ אֶלָּא בִגְמַר מְלָאכָה

שֶׁנֶּאֱמַר (דברים כג, כו): ״וְחֶרְמֵשׁ לֹא תָנִיף עַל קָמַת רֵעֶךָ״. וּמִפִּי הַשְּׁמוּעָה לָמְדוּ, שֶׁכָּל זְמַן שֶׁהוּא עוֹסֵק בִּקְצִירָה לֹא יָנִיף חֶרְמֵשׁ לַאֲכִילָתוֹ.

them (*D'varim* 22:4). (See also the section of positive commandments, §70.)

It is in effect everywhere and always, for both man and woman.

184. **It is a negative commandment not to fail to keep a vow**

as Scripture says, *When a man vows a vow . . . he shall not break his word* (*Bemidbar* 30:3). (See the section of positive commandments, §39.)

This applies in every place and time, for both man and woman.

185. **It is a negative commandment not to delay one's vowed or voluntary offering**

as Scripture says, *When you make a vow . . . you shall not be slack to pay it* (*D'varim* 23:22). One does not transgress this until three pilgrimage festivals pass by for him. Now, charity is also in the category of "vowed offerings"; but over charity, if a person delays, he violates at once the injunction, *you shall not be slack to pay it,* since poor people are round and about. If there are no needy persons there, let him set the money aside and leave it until he finds poor persons. If he stipulated, though, that he would not give it until he found an indigent man, he does not need to set it aside.

This applies in every place and time, for both man and woman.

186, 187. **It is a negative commandment for a laborer not to eat during work on produce that grows from the ground, but only at the end of the work**

for Scripture says, *but you shall not lift a sickle to your fellow's standing grain* (*D'varim* 23:26); and by the Oral Tradition it was learned that as long as one is occupied with reaping, he is not to lift a sickle to eat any of it.

וּמִצְוַת לֹא־תַעֲשֶׂה עַל פּוֹעֵל שֶׁלֹּא יִקַּח בְּיָדוֹ מִמַּה שֶּׁעָשָׂה וְלֹא יִקַּח יוֹתֵר מֵאֲכִילָתוֹ וְיִתֵּן לַאֲחֵרִים

שֶׁנֶּאֱמַר (שם שם, כה): "וְאֶל כֶּלְיְךָ לֹא תִתֵּן". (ועיין בחלק המצוות־עשה, מצוה ס"ה.)

וְנוֹהֵג בְּכָל מָקוֹם וּבְכָל זְמַן, בִּזְכָרִים וּבִנְקֵבוֹת.

קפח. מִצְוַת לֹא־תַעֲשֶׂה שֶׁלֹּא לִמְנֹעַ בְּהֵמָה מֵאֱכֹל בְּעֵת מְלַאכְתָּהּ

שֶׁנֶּאֱמַר (דברים כה, ד): "לֹא תַחְסֹם שׁוֹר בְּדִישׁוֹ". אֶחָד שׁוֹר וְאֶחָד כָּל בְּהֵמָה וְחַיָּה. וְאֶחָד דִּישָׁה אוֹ כָּל מְלָאכוֹת שֶׁל גִּדּוּלֵי קַרְקַע, בֵּין בְּתָלוּשׁ בֵּין בִּמְחֻבָּר, בֵּין חֲסָמָהּ בִּשְׁעַת מְלָאכָה בֵּין חֲסָמָהּ מִקֹּדֶם, וַאֲפִלּוּ חֲסָמָהּ בְּקוֹל, וְעָשָׂה בָהּ מְלָאכָה וְהִיא חֲסוּמָה — הֲרֵי זֶה עוֹבֵר עַל לָאו זֶה. וַאֲפִלּוּ הִיא בְהֶמְתּוֹ שֶׁל עַכּוּ"ם, חַיָּב.

וְנוֹהֵג בְּכָל מָקוֹם וּבְכָל זְמַן, בִּזְכָרִים וּבִנְקֵבוֹת.

קפט. מִצְוַת לֹא־תַעֲשֶׂה שֶׁאִם יִקָּרֵא קַן צִפּוֹר לְפָנָיו לֹא יִקַּח הָאֵם עִם הַבָּנִים

שֶׁנֶּאֱמַר (דברים כב, ו): "כִּי יִקָּרֵא וְגוֹ' לֹא תִקַּח הָאֵם עַל הַבָּנִים". (ועיין בחלק המצוות־עשה, מצוה ע"ד.)

וְנוֹהֵג בְּכָל מָקוֹם וּבְכָל זְמַן, בִּזְכָרִים וּבִנְקֵבוֹת.

It is also a negative commandment that a laborer is not to take away in his hand any of the produce with which he has worked, nor is he to take more than what he eats and give to others

for Scripture says, *but you shall not put any in your vessel* (*ibid.* 25). (See also the section of positive commandments, §65).

This is in effect everywhere and always, for both man and woman.

188. It is a negative commandment not to prevent an animal from eating during its work

as Scripture says, *You shall not muzzle an ox while it treads out the grain* (*D'varim* 25:4). It is all one whether it is an ox or any domestic or untamed animal; and it is all one whether it is [during] treading out the grain or [during] any labors with soil-grown produce, whether it has been cut or it is attached to the soil; and whether one has muzzled it during the work or has muzzled it beforehand—or he restrained it with his voice—and thus he did work with it while it was restrained: he would thus violate this prohibition. Even if it was a heathen's animal he would be punishable.

This applies in every place and time, for both man and woman.

189. It is a negative commandment that if a person chances upon a bird's nest before him, he is not to take the mother-bird with the young

as Scripture says, *If a bird's nest chances to be . . . you shall not take the mother with the young* (*D'varim* 22:6). (See the section of the positive commandments, §74).

It is in effect everywhere, at every time, for both man and woman.

קצ. מִצְוַת לֹא-תַעֲשֶׂה שֶׁלֹּא לְהַנִּיחַ מִכְשׁוֹל בְּבֵיתוֹ

שֶׁנֶּאֱמַר (דברים כב, ח): "וְלֹא תָשִׂים דָּמִים בְּבֵיתֶךָ". (ועיין בחלק המצוות-עשה, מצוה ע"ה.)

וְנוֹהֵג בְּכָל מָקוֹם וּבְכָל זְמַן, בִּזְכָרִים וּבִנְקֵבוֹת.

קצא. מִצְוַת לֹא-תַעֲשֶׂה שֶׁלֹּא לְהַשְׁחִית אִילַן מַאֲכָל בְּמָצוֹר

שֶׁנֶּאֱמַר (דברים כ, יט): "כִּי תָצוּר אֶל עִיר וְגוֹ' לֹא תַשְׁחִית אֶת עֵצָהּ". וְלֹא בְּמָצוֹר בִּלְבַד, אֶלָּא בְּכָל מָקוֹם שֶׁקּוֹצֵץ אִילַן מַאֲכָל דֶּרֶךְ הַשְׁחָתָה, לוֹקֶה. וְכָל הַמְשַׁבֵּר כְּלִי, וְקוֹרֵעַ בֶּגֶד, וְהוֹרֵס בִּנְיָן, וּמְאַבֵּד מַאֲכָלוֹת — דֶּרֶךְ הַשְׁחָתָה — מַכִּין אוֹתוֹ מַכּוֹת מַרְדּוּת מִדִּבְרֵיהֶם. אֲבָל קוֹצְצִין אִילַן סְרָק, אֲפִלּוּ אֵין צָרִיךְ לוֹ, וְכֵן אִילַן מַאֲכָל שֶׁהִזְקִין, וְאֵינוֹ עוֹשֶׂה פֵּרוֹת אֶלָּא דָבָר מוּעָט שֶׁאֵין רָאוּי לְטָרֹחַ בּוֹ, דְּהַיְנוּ, פָּחוֹת מֵרֹבַע קַב זֵיתִים וְקַב תְּמָרִים. וְכֵן רַשַּׁאי לָקֹץ אִילַן מַאֲכָל אִם הָיָה מַזִּיק אִילָנוֹת אֲחֵרִים, אוֹ מִפְּנֵי שֶׁמַּזִּיק בִּשְׂדוֹת אֲחֵרִים, אוֹ מִפְּנֵי שֶׁדָּמָיו יְקָרִים — שֶׁלֹּא אָסְרָה תוֹרָה אֶלָּא דֶּרֶךְ הַשְׁחָתָה.

וְנוֹהֵג בְּכָל מָקוֹם וּבְכָל זְמַן, בִּזְכָרִים וּבִנְקֵבוֹת.

קצב. מִצְוַת לֹא-תַעֲשֶׂה שֶׁלֹּא לָדוּר בְּאֶרֶץ מִצְרַיִם

שֶׁנֶּאֱמַר (דברים יז, טז): "לֹא תֹסִפוּן לָשׁוּב בַּדֶּרֶךְ הַזֶּה עוֹד". וְלִפְרַקְמַטְיָא, מֻתָּר. וְאֵין אִסּוּר אֶלָּא לְהִשְׁתַּקֵּעַ שָׁם.

190. It is a negative commandment not to leave any stumbling-block (source of accidents) in one's house

for Scripture says, *that you shall not bring blood upon your house* (*D'varim* 22:8). (See also the section of positive commandments, §75.)

This applies everywhere and always, for both man and woman.

191. It is a negative commandment not to destroy any fruit-bearing tree in setting siege

for Scripture says, *When you besiege a city . . . you shall not destroy its trees* (*D'varim* 20:19). This means not at a siege alone but rather wherever a person cuts down a fruit tree destructively, he should receive whiplashes. And if anyone breaks a useful object, tears a garment, demolishes a structure, or ruins food destructively—he should be beaten with whiplashes of disobedience, by the law of the Sages. However, a non-fruit-bearing tree may be cut down even if there is no need for it; and so too a fruit tree that has aged and produces no fruit except for some small quantity, so that it is not worth troubling with it—which would be less than a quarter of a *kav* of olives, or a *kav* of dates. So too, it is permissible to cut down a fruit tree if it has been harming other trees, or because it causes damage to other fields, or because its price [as wood] is high: For the Torah forbade it only as an act of destruction.

This is in effect in every place and time, for both man and woman.

192. It is a negative commandment not to dwell in the land of Egypt

as Scripture says, *You shall henceforth return no more that way* (*D'varim* 17:16). For business and trade, though, it is permitted, as there is no prohibition on anything but settling there.

וְאָסוּר לָצֵאת מֵאֶרֶץ יִשְׂרָאֵל לְחוּץ לָאָרֶץ — לְעוֹלָם; אֶלָּא לִלְמֹד תּוֹרָה, אוֹ לִשָּׂא אִשָּׁה, אוֹ לְהַצִּיל מִן הָעַכּוּ"ם; וְכֵן יוֹצֵא הוּא לִסְחוֹרָה. אֲבָל לָצֵאת לִשְׁכֹּן בְּחוּץ לָאָרֶץ, אָסוּר — אֶלָּא אִם כֵּן חָזָק הָרָעָב שָׁם. כָּל הַשּׁוֹכֵן בְּאֶרֶץ יִשְׂרָאֵל — עֲוֹנוֹתָיו מְחוּלִין. אֲפִלּוּ הָלַךְ בָּהּ אַרְבַּע אַמּוֹת — זוֹכֶה לְחַיֵּי הָעוֹלָם הַבָּא. וְכֵן הַקָּבוּר בָּהּ — נִתְכַּפְּרוּ לוֹ עֲוֹנוֹתָיו.

וּלְעוֹלָם יָדוּר בְּאֶרֶץ יִשְׂרָאֵל, אֲפִלּוּ בְעִיר שֶׁרֻבָּהּ עַכּוּ"ם, וְלֹא יָדוּר בְּחוּץ לָאָרֶץ, אֲפִלּוּ בְעִיר שֶׁרֻבָּהּ יִשְׂרָאֵל — שֶׁכָּל הַיּוֹצֵא לְחוּץ לָאָרֶץ, כְּאִלּוּ עוֹבֵד עֲבוֹדָה זָרָה. וּכְשֵׁם שֶׁאָסוּר לָצֵאת מֵאֶרֶץ יִשְׂרָאֵל לְחוּץ לָאָרֶץ, כָּךְ אָסוּר לָצֵאת מִבָּבֶל לִשְׁאָר אֲרָצוֹת.

וְנוֹהֵג בְּכָל זְמַן, בִּזְכָרִים וּבִנְקֵבוֹת.

קצג. מִצְוַת לֹא-תַעֲשֶׂה שֶׁלֹּא יָבוֹא טָמֵא לְמַחֲנֵה לְוִיָּה הוּא הַר הַבַּיִת

שֶׁנֶּאֱמַר (דברים כג, יא): "כִּי יִהְיֶה בְךָ אִישׁ אֲשֶׁר לֹא יִהְיֶה טָהוֹר וְגוֹ' לֹא יָבֹא אֶל תּוֹךְ הַמַּחֲנֶה". וְקִבְּלוּ חֲזַ"ל (פסחים סח ע"א) שֶׁהוּא מַחֲנֵה לְוִיָּה — וְהוּא הַר הַבַּיִת. וְטָמֵא שֶׁעָבַר עַל זֶה וְנִכְנַס לְהַר הַבַּיִת, עוֹבֵר בְּלָאו זֶה.

וְנוֹהֵג גַּם בַּזְּמַן הַזֶּה, בִּזְכָרִים וּבִנְקֵבוֹת, כֵּיוָן שֶׁאָנוּ טְמֵאֵי מֵתִים.

קצד. מִצְוַת לֹא-תַעֲשֶׂה שֶׁלֹּא לִשְׁכֹּחַ מַעֲשֵׂה עֲמָלֵק

שֶׁנֶּאֱמַר (דברים כה, יז-יט): "זָכוֹר אֵת אֲשֶׁר עָשָׂה לְךָ עֲמָלֵק

Moreover, it is forbidden ever to go out of the Land of Israel to another land, except to study Torah or to take a wife, or to effect a rescue from the heathen; and so one may go abroad for commerce. But to leave in order to live abroad is forbidden, unless hunger has grown severe there. Whoever lives in the Land of Israel, his sins are forgiven him. Even if a person has walked four cubits in it, he merits life in the world-to-come. So too, if one is buried there, all his sins are atoned for.

Let a man ever live in the Land of Israel, even in a city with a majority of heathens, and let him not live in another land, even in a city with a majority of Jews. For whoever goes out to another country, it is as though he worships in idolatry. And just as it is forbidden to go out from the Land of Israel to another country, so is it forbidden to leave Babylonia [the center of Talmudic learning] for other lands.

This is in effect at every time, for both man and woman.

193. It is a negative commandment that a ritually unclean person is not to enter the "camp of the Levites," which means the Temple Mount

for Scripture says, *If there is among you any man who is not clean . . . he shall not come within the camp* (*D'varim* 23:11); and the Sages of blessed memory received the teaching (Talmud Bavli, *P'saḥim* 68a) that this means the "camp of the Levites," which is the Temple Mount. If a defiled person transgressed this and went up on the Temple Mount, he would violate this prohibition.

It is in force at the present time also, for both man and woman, since we are ritually unclean from the defilement of the dead.

194. It is a negative commandment not to forget the action of Amalek

as Scripture says, *Remember what Amalek did to you... you shall not forget* (*D'varim* 25:17,19) — which means in the

וְגוֹ׳ לֹא תִּשְׁכָּח״. וְהַיְנוּ בַּלֵּב, שֶׁאָסוּר לְשַׁכֵּחַ אֵיבָתוֹ וְשִׂנְאָתוֹ מִמֶּנּוּ.

וְנוֹהֵג בְּכָל מָקוֹם וּבְכָל זְמַן, בִּזְכָרִים וּבִנְקֵבוֹת.

תַּמּוּ כָּל הַמִּצְווֹת לֹא־תַעֲשֶׂה שֶׁיִּמָּנַע הָאָדָם בַּזְּמַן הַזֶּה לַעֲשׂוֹתָם

וּמִסְפָּרָם מֵאָה תִּשְׁעִים וְאַרְבַּע, וְסִימָנְךָ: ״צדק״

heart. For it is forbidden to forget his enmity and hatred toward us.

This is in effect in every place and time, for both man and woman.

All the negative commandments, what a man should refrain from doing in the present time, have been ended, their number being a hundred and ninety-four...

הוספה
מצוות התלויות בארץ

דברים אחדים

היות וכוונת מרן זצללה״ה, רבנו המחבר, היתה לאסוף המצוות הנוגעות למעשה בזמן הזה, ולחברם יחד בחיבור מיוחד, בדרך קצרה, כדי להקל ולהמריץ לימוד המצוות המעשיות ולחזור עליהם תמיד, כדי לזוכרם בלבו והיזהר בהם תדיר. ומאחר שמרן המחבר זצללה״ה חיבר חבורו לתועלת כלל ישראל בזמן ההוא, לכן אסף רק המצוות הנוהגים בעולם כולו. והיות שזכינו להוציאו לאור בארה״ק, אשר בה יושבים כיום חלק חשוב מעם ישראל, אשר להם נוגעים למעשה גם המצוות התלויות בארץ — בודאי רצון מרן המחבר זצללה״ה לצרפם כהשלמה לחיבור יקר זה. לכן, בהתיעצות עם מרן הגאון מוהרי״י קניבסקי (שליט״א) זצללה״ה, הוספנו המצוות התלויות בארץ.

Supplement

The Commandments Which Are Contingent Upon the Land of Israel

Preface

The intention of the Chafetz Chayim was to collect all of the mitzvoth which are applicable today into one short, specific volume, in order to simplify and thereby to encourage the study and the constant review of the practical mitzvoth, thus enabling everyone to remember them and always bear them in mind. Since the Chafetz Chayim authored his work for the benefit of *Klal Yisrael* in his time, he only included those mitzvoth which were applicable everywhere throughout the world. However, since we have been granted the merit to publish this edition in *Eretz Yisrael*, where a significant number of the Jewish People are living today, *baruch Hashem*, to whom the mitzvoth which are contingent upon the Land of Israel are also pertinent, we are sure that the author would have wanted to add them to his distinguished work. Therefore, upon consulting with the great Steipler Rav, *haGaon haRav* Y.Y. Kanievsky, זצ״ל, it was decided to add the following supplement.

מצוות התלויות בארץ

א. ב. ג. ד.

מִצְוַת־עֲשֵׂה לְהַנִּיחַ פֵּאָה מֵהַתְּבוּאָה וְהָאִילָנוֹת

וְכֵן לְהַנִּיחַ הַלֶּקֶט מֵהַתְּבוּאָה

וְכֵן לְהַנִּיחַ הָעוֹלֵלוֹת וּפֶרֶט הַכֶּרֶם

שֶׁנֶּאֱמַר (ויקרא יט, י): "לֶעָנִי וְלַגֵּר תַּעֲזֹב אֹתָם". הַיְנוּ, הַמַּתָּנוֹת שֶׁהֻזְכְּרוּ לִפְנֵי זֶה. וְצָרִיךְ לַעֲזֹב אוֹתָם לָעֲנִיִּים, וְאֵין לַבְּעָלִים בָּהֶם טוֹבַת הֲנָאָה. וְאִם אֵין הָעֲנִיִּים מַחֲזִירִין עֲלֵיהֶם, אֵינוֹ מְצֻוֶּה לַעֲזֹב אוֹתָם לַחַיָּה וְלָעוֹפוֹת, וְכֵן אֵינוֹ מְצֻוֶּה לִתֵּן דְּמֵיהֶם לָעֲנִיִּים.

וּמִן הַתּוֹרָה, נוֹהֵג בָּאָרֶץ; וּמִדְּרַבָּנָן, בְּחוּץ לָאָרֶץ. וְיֵשׁ אוֹמְרִים, דַּוְקָא בִּמְקוֹמוֹת הַסְּמוּכִים לָאָרֶץ, שֶׁחַיָּבִים בִּתְרוּמָה וּמַעַשְׂרוֹת מִדְּרַבָּנָן.

וְנוֹהֵג בִּזְכָרִים וּבִנְקֵבוֹת.

III

Commandments of the Land of Israel

1, 2, 3, 4. It is a positive commandment to leave an unreaped part of the crops of grain and of trees; so too, to leave over the gleanings [single ears or fruits that fall aside during the harvest]; so also, to leave over *ol'loth* [small bunches of scattered grapes which do not overhang one another from the trunk, and have no arm connecting the stalk to the trunk], as well as *peret*, single fallen grapes, in a vineyard

for Scripture says, *you shall leave them for the poor and the stranger* (*Va-yikra* 19:10), meaning the "gifts" mentioned previously [in the Writ]. They have to be left for the poor; and the owner has no right to benefit by choosing the poor. If indigent people do not come around for them, he is not commanded to leave them for untamed beasts and fowl; neither is he commanded to give their value in money to the poor.

By the law of the Torah, this is in effect in the Land [of Israel]; and by the law of the Sages, outside the Land [in other countries, as well]. But some hold that this means specifically the regions near the land, where there is the obligation of *t'rumah* [below, §11] and the tithe [§14] by the law of the Sages.

It applies to both man and woman.

ה. ♦ מִצְוַת־עֲשֵׂה לְהַנִּיחַ עֹמֶר הַשִּׁכְחָה

שֶׁנֶּאֱמַר (דברים כד, יט): "וְשָׁכַחְתָּ עֹמֶר בַּשָּׂדֶה לֹא תָשׁוּב לְקַחְתּוֹ לַגֵּר לַיָּתוֹם וְלָאַלְמָנָה יִהְיֶה לְמַעַן יְבָרֶכְךָ ה'". וְדִינָהּ כְּדִין הַפֵּאָה בַּמִּצְוָה הַקּוֹדֶמֶת. וּכְשֵׁם שֶׁיֵּשׁ שִׁכְחָה בָּעֳמָרִים, כֵּן יֵשׁ שִׁכְחָה בְקָמָה וּבְאִילָנוֹת.

ו. ♦ מִצְוַת לֹא־תַעֲשֶׂה שֶׁלֹּא יִקְצֹר אֶת כָּל הַשָּׂדֶה כֻּלּוֹ אֶלָּא יַנִּיחַ מְעַט לָעֲנִיִּים

שֶׁנֶּאֱמַר (ויקרא כג, כב): "לֹא תְכַלֶּה פְּאַת שָׂדְךָ בְּקֻצְרֶךָ". וּכְשֵׁם שֶׁמַּנִּיחַ בַּשָּׂדֶה, כָּךְ בָּאִילָנוֹת — כְּשֶׁאוֹסֵף פֵּרוֹתֵיהֶן, מַנִּיחַ מְעַט לָעֲנִיִּים. וְשִׁעוּרָהּ, מִדִּבְרֵי סוֹפְרִים, אֵין פָּחוֹת מֵאֶחָד מִשִּׁשִּׁים. וְכָל הַמּוֹסִיף עַל הַפֵּאָה, מוֹסִיפִין לוֹ שָׂכָר.

וְנוֹהֶגֶת בְּכָל אֹכֶל שֶׁגִּדּוּלָיו מִן הָאָרֶץ, וְנִשְׁמָר, וּלְקִיטָתוֹ כְּאַחַת, וּמַכְנִיסִין אוֹתוֹ לְקִיּוּם. וְיֵשׁ אוֹמְרִים, דְּמִן הַתּוֹרָה אֵינוֹ נוֹהֵג אֶלָּא בְדָגָן, תִּירוֹשׁ וְיִצְהָר.

ז. ♦ מִצְוַת לֹא־תַעֲשֶׂה כְּשֶׁקּוֹצֵר וּמְאַלֵּם לֹא יְלַקֵּט הַשִּׁבֳּלִים הַנּוֹפְלוֹת אֶלָּא יַנִּיחֵם לָעֲנִיִּים

שֶׁנֶּאֱמַר (ויקרא כג, כב): "וְלֶקֶט קְצִירְךָ לֹא תְלַקֵּט". וְהוּא, שֶׁיְּהֵא הַנּוֹפֵל שִׁבֹּלֶת אַחַת אוֹ שְׁתַּיִם; אֲבָל אִם נָפְלוּ שָׁלֹשׁ כְּאֶחָד, הֲרֵי שְׁלָשְׁתָּן לְבַעַל הַשָּׂדֶה.

5. It is a positive commandment to leave over a forgotten sheaf

as Scripture says, *and you have forgotten a sheaf in the field, you shall not go back to get it; it shall be for the stranger, the orphan and the widow, that Hashem your God may bless you* (*D'varim* 24:19). Its law is the same as for the unreaped part of the field, in the previous commandment. And just as there is the law on "forgotten ones" about sheaves, so is there a law on "forgotten ones" with standing grain and [the produce of] trees.

6. It is a negative commandment that one should not reap the whole field, entirely, but should leave a small part for the poor

as Scripture says, *you shall not reap the very last edge of your field in your harvesting* (*Va-yikra* 23:22). And just as this is to be left in a field, so with trees: When their fruit is gathered, a little is to be left for the poor. Its required amount, by the law of the Sages, is not less than one sixtieth; and whoever increases the leftover part, his [heavenly] reward will be increased.

This applies to every food that is grown from the soil and is guarded, and is harvested at one time and gathered to be kept. Some rule, though, that by the law of the Torah it applies to nothing but grain, wine and oil.

7. It is a negative commandment that when a person reaps [grain] and makes bundles, he is not to gather the ears that fall away, but is to leave them for the poor

as Scripture says, *nor shall you gather the gleanings of your harvest* (*Va-yikra* 23:22). This means, though, if one or two ears fall; but if three ears fall together, all three belong to the owner.

ח. • מִצְוַת לֹא־תַעֲשֶׂה שֶׁלֹּא יִבְצֹר עוֹלְלוֹת הַכֶּרֶם אֶלָּא יַנִּיחֵם לָעֲנִיִּים

שֶׁנֶּאֱמַר (ויקרא יט, י): "וְכַרְמְךָ לֹא תְעוֹלֵל". אֵיזֶהוּ עוֹלֵלוֹת? זוֹ אֶשְׁכּוֹל הַקָּטָן שֶׁאֵינוֹ מְעֻבֶּה כְּאֶשְׁכּוֹל — שֶׁאֵין לוֹ כָּתֵף, וְאֵין עֲנָבָיו נוֹטְפוֹת זוֹ עַל זוֹ אֶלָּא מְפֻזָּרוֹת.

וְנוֹהֵג בַּכֶּרֶם בִּלְבַד.

ט. • מִצְוַת לֹא־תַעֲשֶׂה שֶׁלֹּא יְלַקֵּט מַה שֶּׁנִּפְרָט מִן הָעֲנָבִים בִּשְׁעַת בְּצִירָה

שֶׁנֶּאֱמַר (ויקרא יט, י): "וּפֶרֶט כַּרְמְךָ לֹא תְלַקֵּט לֶעָנִי וְלַגֵּר תַּעֲזֹב אֹתָם". אֵיזֶהוּ פֶּרֶט? גַּרְגֵּר אֶחָד אוֹ שְׁנֵי גַרְגְּרִים הַנִּפְרָטִים מִן הָאֶשְׁכּוֹל בִּשְׁעַת בְּצִירָה. נָפְלוּ שְׁלֹשָׁה גַרְגְּרִים בְּבַת אַחַת, אֵינוֹ פֶּרֶט.

וְנוֹהֵג בַּכֶּרֶם בִּלְבַד.

י. • מִצְוַת לֹא־תַעֲשֶׂה כְּשֶׁמְּעַמֵּר וְשָׁכַח אֲלֻמָּה אַחַת בַּשָּׂדֶה הֲרֵי זֶה לֹא יִקָּחֶנָּה וְיַנִּחֶנָּה לָעֲנִיִּים

שֶׁנֶּאֱמַר (דברים כד, יט): "וְשָׁכַחְתָּ עֹמֶר בַּשָּׂדֶה לֹא תָשׁוּב לְקַחְתּוֹ". כְּשֵׁם שֶׁהַשִּׁכְחָה בָּעֳמָרִים, כָּךְ הִיא בַקָּמָה — אִם שָׁכַח מִקְצָת קָמָה וְלֹא קְצָרָהּ, הֲרֵי זוֹ לָעֲנִיִּים. וּכְשֵׁם שֶׁהַשִּׁכְחָה בִתְבוּאָה וְכַיּוֹצֵא בָהּ, כָּךְ יֵשׁ שִׁכְחָה לָאִילָנוֹת כֻּלָּן. (הַיְנוּ — אֹכֶל, וְנִשְׁמָר, וּלְקִיטָתוֹ כְּאַחַת, וּמַכְנִיסוֹ לְקִיּוּם.)

8. It is a negative commandment that one should not gather the *ol'loth* of a vineyard, but should leave them for the poor

as Scripture says, *And you shall not glean* (th'olél) *your vineyard* (*Va-yikra* 19:10). Now what are *ol'loth*? — The term denotes a small bunch which is not thick like a proper bunch, having no "shoulder" [no arm connecting the twigs to the trunk] and its grapes do not overhang one another directly [from the stem], but are scattered.

This applies only to the vineyard.

9. It is a negative commandment that one should not gather what has become singly separated from the grapes during the vintage (the grape-gathering)

for Scripture says, *neither shall you gather the* peret, *the fallen grapes, of your vineyard; you shall leave them for the poor and for the stranger* (*Va-yikra* 19:10). Now what is *peret*? — one or two grapes that become separated from a bunch during the vintage; but if three grapes fell at one time, that is not *peret*.

This applies only to the vineyard.

10. It is a negative commandment that when a person is making sheaves and he forgets one bundle in the field, he is then not to take it but is to leave it for the poor

for Scripture says, *and you have forgotten a sheaf in the field, you shall not go back to get it* (*D'varim* 24:19). Just as the law of "the forgotten one" applies to sheaves, so also to standing grain: If a person forgot a bit of the standing grain and did not cut it, it is then for the poor. And just as the law of "the forgotten one" applies to grain and anything similar, so it applies to all trees (that is, which produce fruit and are guarded, and the gathering takes place at one time, whereupon it is collected to be kept).

יא. מִצְוַת־עֲשֵׂה לְהַפְרִישׁ תְּרוּמָה וְלִתְּנָהּ לַכֹּהֵן

שֶׁנֶּאֱמַר (דברים יח, ד): ״רֵאשִׁית דְּגָנְךָ תִּירֹשְׁךָ וְיִצְהָרֶךָ וְגוֹ׳ תִּתֶּן לוֹ״. וּמִן הַתּוֹרָה, אֲפִלּוּ חִטָּה אַחַת פּוֹטֶרֶת כְּרִי גָּדוֹל; אֲבָל חֲכָמִים אָמְרוּ לְהַפְרִישׁ יוֹתֵר, וְעַיִן בֵּינוֹנִית — מַפְרִישׁ אֶחָד מֵחֲמִשִּׁים. וְהַתְּרוּמָה אֲסוּרָה לְזָרִים, וְאָסוּר לְאָכְלָהּ בְּטֻמְאָה. וּבַזְּמַן הַזֶּה, שֶׁהַתְּרוּמָה עוֹמֶדֶת לִשְׂרֵפָה מִפְּנֵי הַטֻּמְאָה — רַשַּׁאי אָדָם לְהַפְרִישׁ כָּל שֶׁהוּא. וְכֵן, כֵּיוָן שֶׁהַכֹּהֲנִים שֶׁלָּנוּ עוֹלִים עַל פִּי עַצְמָם, וְאֵין לָהֶם אַף דִּין ׳כֹּהֲנֵי חֲזָקָה׳ — אֵין חִיּוּב לָתֵת הַתְּרוּמָה לַכֹּהֵן, אֲבָל חַיָּב לְהַפְרִישׁ.

וּמִן הַתּוֹרָה, נוֹהֶגֶת בְּדָגָן, תִּירוֹשׁ וְיִצְהָר. וְיֵשׁ אוֹמְרִים, בְּכָל הַפֵּרוֹת. וּמִדְּרַבָּנָן, נוֹהֶגֶת בְּכָל אֹכֶל שֶׁנִּשְׁמָר, וְגִדּוּלָיו מִן הָאָרֶץ. מִן הַתּוֹרָה, נוֹהֶגֶת רַק בְּאֶרֶץ יִשְׂרָאֵל — יֵשׁ אוֹמְרִים, אֲפִלּוּ בַזְּמַן הַזֶּה; וְיֵשׁ אוֹמְרִים, דַּוְקָא בִזְמַן שֶׁכָּל יִשְׂרָאֵל שָׁם. אֲבָל מִדְּרַבָּנָן — נוֹהֶגֶת לְכָלֵי עָלְמָא. וְכֵן נוֹהֶגֶת מִדְּרַבָּנָן בִּמְקוֹמוֹת שׁוֹנִים, מֵהַמְּקוֹמוֹת הַסְּמוּכִים לָאָרֶץ.

וְנוֹהֵג בִּזְכָרִים וּבִנְקֵבוֹת.

יב. מִצְוַת־עֲשֵׂה לְהַפְרִישׁ אַחַר הַפְרָשַׁת תְּרוּמָה אֶחָד מֵעֲשָׂרָה מֵהַפֵּרוֹת הַנִּשְׁאָרִים וְלִתֵּן אוֹתָם לַלֵּוִי וְזֶה מַעֲשֵׂר רִאשׁוֹן

11. It is a positive commandment to separate *t'rumah* (a portion from the produce) and give it to a *kohen*

for it is stated, *A first part of your grain, your wine and your oil . . . shall you give to him* (*D'varim* 18:4). By the law of the Torah, even one kernel of wheat acquits [one of the obligation for] a large pile; but the Sages said to take off more: A "medium eye" (a man of medium temperament) would take off a fiftieth part (two percent). The *t'rumah* is prohibited to non-*kohanim*, and it is forbidden to eat it in a state of *tum'ah* (ritual uncleanness). In our time, however, when *t'rumah* is due for burning on account of [our state of] *tum'ah*, a person has the right to separate out any amount at all. And so too, since our *kohanim* go up [first at the Torah reading in the synagogue and to recite the priestly blessing] on their own cognizance, and have no firm, established legal status of a *kohen*, there is no obligation to give the *t'rumah* to a *kohen*; but one has a duty to separate it out.

Now, by the law of the Torah, this applies [only] to grain, wine and oil, although some say to all produce; but by the law of the Sages it applies to all food that is stored, which was grown from the soil. By Torah law it is in effect only in the Land of Israel, and there are those who say, even at the present time; but others hold [that it applies] only in a time when all Israel (Jewry) is there. By the law of the Sages, however, it is [now] in effect [in the Land of Israel] according to all the authorities. And so too, by the Sages' ruling, is it equally in effect in various locations in the regions close to the Land.

It applies to both man and woman.

12. It is a positive commandment to separate out, after taking off *t'rumah*, one tenth of the remaining produce, and to give it to a Levite, this being *ma'asér rishon* (the First Tithe)

for it is stated, *For the tithe of the Israelites which they set*

שֶׁנֶּאֱמַר (במדבר יח, כד): ״כִּי אֶת מַעְשַׂר בְּנֵי יִשְׂרָאֵל אֲשֶׁר יָרִימוּ לַה׳ תְּרוּמָה נָתַתִּי לַלְוִיִּם״.

וְנוֹהֶגֶת בְּכָל דָּבָר, וּבְכָל מָקוֹם וּזְמַן שֶׁהַתְּרוּמָה נוֹהֶגֶת.

יג. מִצְוַת־עֲשֵׂה לְהַפְרִישׁ הָעִשּׂוּר מִן הַמַּעֲשֵׂר הַזֶּה וּלְתִתּוֹ לַכֹּהֵן

שֶׁנֶּאֱמַר (במדבר יח, כו): ״כִּי תִקְחוּ וְגוֹ׳ אֶת הַמַּעֲשֵׂר אֲשֶׁר נָתַתִּי לָכֶם וְגוֹ׳ וַהֲרֵמֹתֶם מִמֶּנּוּ תְּרוּמַת ה׳ מַעֲשֵׂר מִן הַמַּעֲשֵׂר״. וְזֶה הַנִּקְרָא ׳תְּרוּמַת מַעֲשֵׂר׳.

וְדִינוֹ כְּדִין הַתְּרוּמָה.

יד. מִצְוַת־עֲשֵׂה לְהַפְרִישׁ מַעֲשֵׂר שֵׁנִי בְּשָׁנָה רִאשׁוֹנָה וּשְׁנִיָּה וּרְבִיעִית וַחֲמִישִׁית לַשְּׁמִטָּה אַחַר שֶׁהִפְרִישׁ מַעֲשֵׂר רִאשׁוֹן

שֶׁנֶּאֱמַר (דברים יד, כב־כג): ״עַשֵּׂר תְּעַשֵּׂר אֵת כָּל תְּבוּאַת זַרְעֶךָ וְגוֹ׳ וְאָכַלְתָּ לִפְנֵי ה׳ אֱלֹהֶיךָ בַּמָּקוֹם אֲשֶׁר יִבְחַר״. וְדִינוֹ, שֶׁבְּעָלָיו יַעֲלֵהוּ לִירוּשָׁלַיִם וְיֹאכְלֵהוּ שָׁם. וְיָכוֹל לִפְדּוֹתוֹ חוּץ לִירוּשָׁלַיִם וּלְהַעֲלוֹת הַדָּמִים. וּכְשֶׁנִּטְמָא, יָכוֹל לִפְדּוֹתוֹ אֲפִלּוּ בִּירוּשָׁלַיִם.

בַּזְּמַן הַזֶּה, שֶׁאֵין מִקְדָּשׁ, וְאֵינוֹ נֶאֱכָל אֲפִלּוּ בִּירוּשָׁלַיִם — פּוֹדֵהוּ בִּפְרוּטָה וּמַשְׁלִיכָהּ לַיָּם. וְיָכוֹל לְיַחֵד מַטְבֵּעַ לְחִלּוּל מַעֲשֵׂר שֵׁנִי, וּלְחַלֵּל כָּל פַּעַם עַל פְּרוּטָה אַחַת מֵהַמַּטְבֵּעַ, עַד שֶׁתִּתְמַלֵּא הַמַּטְבֵּעַ.

apart as a gift to Hashem, I have given to the Levites (*Bemidbar* 18:24).

It applies to everything, in every time and place, where the law of *t'rumah* applies.

13. It is a positive commandment to separate a tenth from this tithe and to give it to a *kohen*

for it is stated, *When you take from the Israelites the tithe that I have given you . . . then shall you set apart from it a gift to Hashem, a tithe of the tithe* (*Bemidbar* 18:26). This is what is called *t'rumath ma'asér* (the *t'rumah* of the Tithe); and its law is the same as the law for *t'rumah* (§11).

14. It is a positive commandment to separate *ma'asér shéni* (the Second Tithe) in the first, second, fourth and fifth years of the *sh'mittah* (seven-year) cycle, after one has separated *ma'asér rishon* (the First Tithe)

for it is stated, *Make sure to tithe all the produce of your grains . . . and you shall eat [it] there, before Hashem your God, in the place that He will choose* (*D'varim* 14:22–23). The law about it is that its owner is to take it up to Jerusalem and eat it there. Or he can redeem it for money outside Jerusalem, and take the money up. And should it become *tamé*, ritually defiled, he can redeem it even within Jerusalem.

In the present, when there is no holy Temple and it is not eaten even in Jerusalem, one redeems it for a *p'rutah* (a certain small coin or sum of money) and throws that into the sea. Alternatively, one can allocate a coin specifically for the redemption of *ma'asér shéni*, to make it non-holy, and to do so each time for the value of one *p'rutah* in the worth of the coin, until it has thus been fully used up.

טו. מִצְוַת־עֲשֵׂה לְהַפְרִישׁ מַעֲשֵׂר עָנִי בְּשָׁנָה שְׁלִישִׁית וְשִׁשִּׁית לַשְּׁמִטָּה אַחַר שֶׁהִפְרִישׁ מַעֲשֵׂר רִאשׁוֹן

שֶׁנֶּאֱמַר (דברים יד, כח־כט): "מִקְצֵה שָׁלֹשׁ שָׁנִים תּוֹצִיא אֶת כָּל מַעְשַׂר תְּבוּאָתְךָ בַּשָּׁנָה הַהִיא וְהִנַּחְתָּ בִּשְׁעָרֶיךָ וּבָא הַלֵּוִי כִּי אֵין לוֹ חֵלֶק וְנַחֲלָה עִמָּךְ וְהַגֵּר וְהַיָּתוֹם וְהָאַלְמָנָה אֲשֶׁר בִּשְׁעָרֶיךָ וְגוֹ'". וְחַיָּב לִתֵּן לֶעָנִי גַּם בַּזְּמַן הַזֶּה. וּכְשֶׁיֵּשׁ סָפֵק אִם הַפֵּרוֹת חַיָּבִים בְּמַעֲשֵׂר, מַפְרִישׁ וְאֵינוֹ נוֹתֵן לֶעָנִי, שֶׁהַמּוֹצִיא מֵחֲבֵרוֹ עָלָיו הָרְאָיָה.

טז. מִצְוַת־עֲשֵׂה לִהְיוֹת נֶטַע רְבָעִי כֻּלּוֹ קֹדֶשׁ

שֶׁנֶּאֱמַר (ויקרא יט, כד): "וּבַשָּׁנָה הָרְבִיעִת יִהְיֶה כָּל פִּרְיוֹ קֹדֶשׁ הִלּוּלִים לַה'". פֵּרוּשׁוֹ: כָּל הַפֵּרוֹת הַיּוֹצְאִים בָּאִילָן (רוֹצֶה לוֹמַר, הַחוֹנְטִים) בַּשָּׁנָה הָרְבִיעִית לִנְטִיעָתוֹ, דִּינָם לְהֵאָכֵל בִּירוּשָׁלַיִם לִבְעָלָיו, כְּמוֹ מַעֲשֵׂר שֵׁנִי. וּבַזְּמַן הַזֶּה, פּוֹדֵהוּ בִּפְרוּטָה כְּמַעֲשֵׂר שֵׁנִי. וְנוֹהֵג מֵהַתּוֹרָה — בָּאָרֶץ, בְּכָל הָאִילָנוֹת; וּבְחוּץ לָאָרֶץ — יֵשׁ מַחֲלֹקֶת אִם נוֹהֵג. וְיֵשׁ אוֹמְרִים, דִּבְכֶרֶם נוֹהֵג בְּחוּץ לָאָרֶץ וְלֹא בִשְׁאָר אִילָנוֹת.

וְנוֹהֵג בִּזְכָרִים וּבִנְקֵבוֹת.

יז. מִצְוַת־עֲשֵׂה לְהִתְוַדּוֹת לִפְנֵי ה' אַחַר שֶׁמּוֹצִיאִין כָּל הַמַּתָּנוֹת שֶׁבְּזֶרַע הָאָרֶץ

שֶׁנֶּאֱמַר (דברים כו, יב־יג): "כִּי תְכַלֶּה לַעְשֵׂר אֶת כָּל מַעְשַׂר

15. It is a positive commandment to separate *ma'asér 'ani* (the Tithe of the Poor) in the third and sixth years of the *sh'mittah* (seven-year) cycle, after one has separated *ma'asér rishon* (the First Tithe)

for it is stated, *At the end of three years you shall take out all the tithe of your grain produce in that year, and you shall leave it within your gates; and the Levite shall come, because he has no portion or inheritance-estate with you, and the stranger, and the orphan and the widow who are within your gates,* etc. (*D'varim* 14:28–29). There is a duty to give to the poor in our time too; but where a doubt exists if the produce must be tithed, one is to separate it out, but he need not give it to the poor: for on the person who would extract something from his fellow-man lies the burden to bring proof [that it is due him].

16. It is a positive commandment that the fourth year's yield of a planted tree is to be entirely holy

for it is stated, *And in the fourth year, all its fruit shall be holy for praisegivings to Hashem* (*Va-yikra* 19:24)—which means that for all the fruit that emerges (i.e. grows to maturity) in the fourth year since its planting, the law is that they are to be eaten by their owner in Jerusalem, like *ma'asér shéni* (Second Tithe: §14). At the present time it is to be redeemed for a *p'rutah*, like *ma'asér shéni*. By the law of the Torah, the commandment applies in the Land of Israel to all trees. Whether it applies also outside the Land, opinion is divided; and some rule that for a vineyard the law holds also outside the Land, but not for other trees.

It applies to both man and woman.

17. It is a positive commandment to make an avowal before Hashem after we dispense all the gifts in the grain produce of the Land

for it is stated, *When you shall finish taking off all the tithe*

תְּבוּאָתְךָ בַּשָּׁנָה הַשְּׁלִישִׁית שְׁנַת הַמַּעֲשֵׂר וְנָתַתָּה לַלֵּוִי לַגֵּר לַיָּתוֹם וְלָאַלְמָנָה וְגוֹ׳ וְאָמַרְתָּ לִפְנֵי ה׳ אֱלֹהֶיךָ בִּעַרְתִּי הַקֹּדֶשׁ מִן הַבַּיִת וְגוֹ׳״. אֵימָתַי מִתְוַדִּין? בְּמִנְחָה, בְּיוֹם טוֹב אַחֲרוֹן שֶׁל פֶּסַח, בַּשָּׁנָה הָרְבִיעִית לַשְּׁמִטָּה וּבַשְּׁבִיעִית. כֵּיצַד הוּא עוֹשֶׂה? מַפְרִישׁ כָּל מַתָּנוֹת שֶׁבְּפֵרוֹתָיו; אִם נִשְׁאָר אֶצְלוֹ תְּרוּמָה וּתְרוּמַת מַעֲשֵׂר — נוֹתְנָהּ לַכֹּהֵן, מַעֲשֵׂר רִאשׁוֹן — נוֹתְנוֹ לַלֵּוִי, מַעֲשֵׂר עָנִי — נוֹתְנוֹ לָעֲנִיִּים. נִשְׁאֲרוּ אֶצְלוֹ פֵּרוֹת מַעֲשֵׂר שֵׁנִי אוֹ נֶטַע רְבָעִי, אוֹ מָעוֹת פִּדְיוֹנָן — הֲרֵי זֶה מְבַעֲרָן וּמַשְׁלִיךְ לַיָּם אוֹ שׂוֹרֵף.

וִדּוּי מַעֲשֵׂר נוֹהֵג, לְרֹב הַפּוֹסְקִים, רַק בִּזְמַן הַבַּיִת. וְגַם, כֵּיוָן שֶׁאִם עָבַר עַל פְּרָט אֶחָד מִדִּינֵי תְּרוּמוֹת וּמַעְשְׂרוֹת, שׁוּב אֵינוֹ מִתְוַדֶּה — וְאֵין אָנוּ בְּטוּחִים שֶׁלֹּא עָבַרְנוּ בְּכָל הַשָּׁנִים — לָכֵן אֵין לְהִתְוַדּוֹת כָּעֵת. אֲבָל חַיָּב לָתֵת הַמַּתָּנוֹת וּלְבַעֲרָן, כַּאֲשֶׁר נִתְבָּאֵר, בְּעֶרֶב יוֹם טוֹב הָאַחֲרוֹן שֶׁל פֶּסַח. וְיֵשׁ אוֹמְרִים, בְּעֶרֶב יוֹם טוֹב הָרִאשׁוֹן שֶׁל פֶּסַח.

וְנוֹהֵג בִּזְכָרִים וּבִנְקֵבוֹת.

יח. ♦ מִצְוַת לֹא־תַעֲשֶׂה שֶׁלֹּא לֶאֱכֹל טֶבֶל וְהוּא הַדָּבָר שֶׁלֹּא נִטְּלָה מִמֶּנּוּ תְּרוּמָה וּמַעְשְׂרוֹת

שֶׁנֶּאֱמַר (ויקרא כב, טו): ״וְלֹא יְחַלְּלוּ אֶת קָדְשֵׁי בְּנֵי יִשְׂרָאֵל אֵת אֲשֶׁר יָרִימוּ לַה׳״. וּפֵרְשׁוּ: שֶׁעֲתִידִים לִתְרֹם, כְּלוֹמַר, שֶׁעֲדַיִן לֹא הוּרְמוּ. וְהָעוֹבֵר עַל לָאו זֶה, חַיָּב מִיתָה בִּידֵי

of your grain produce in the third year, the year of the tithe, and you have given it to the Levite, the stranger, the orphan and the widow... you shall then say before Hashem your God: I have removed the holy food from the house, etc. (*D'varim* 26:12–13). When is the avowal to be made?—at the time of *minchah* (the afternoon prayers) on the last festival day of Passover, in the fourth year of the *sh'mittah* (seven-year) cycle, and again in the seventh. How does one proceed? — He separates out all the gifts [tithes, etc.] in his produce. If he then has *t'rumah* (§11) or *t'rumath ma'asér* (§13) left with him, he is to give it to a *kohen*; if *ma'asér rishon* (§12), he gives it to a *Levite*; if *ma'asér 'ani* (§15), to the poor. If produce of *ma'asér shéni* (§14) or fourth-year-tree-fruit (§16), or the money of their redemption, have remained with him, he is to remove them: throw them into the sea or burn them.

The law of avowal about *ma'asér* is in effect, according to most authorities, only when the holy Temple exists. Furthermore, the rule is that if a person transgresses over one detail among the laws of *t'rumah* and *ma'asér*, he is no longer able to make the avowal; and we are not certain that we have not committed some transgression in all the years. Therefore we are not to make any avowal nowadays. There is a duty, however, to prepare the gifts and eliminate them, as it was explained, on the day before the last festival day of Passover; and some say on the day before the first festival day of Passover.

It applies to both man and woman.

18. It is a negative commandment not to eat *tevel*, which means something from which *t'rumah* and the tithes (the various kinds of *ma'asér*) were not taken off

for it is stated, *And they shall not profane the holy things of the Israelites, which they shall set apart for Hashem* (*Va-yikra* 22:15), and it was interpreted to mean what they were yet to set apart: in other words, food from which the required portions were not yet separated. If someone transgresses this negative commandment, he becomes liable to death at

שָׁמַיִם. וְאִיתָא בַּמִּדְרָשׁ: "הָאוֹכֵל פֵּרוֹתָיו טְבָלִים, כְּאִלּוּ אוֹכֵל נְבֵלוֹת וּטְרֵפוֹת", וְהַכַּוָּנָה בָזֶה, שֶׁיֵּשׁ בַּטֶּבֶל הַפְּגַם וְהַגְּנַאי שֶׁל מַאֲכָלוֹת אֲסוּרוֹת. וְהַלּוֹקֵחַ מִמִּי שֶׁאֵינוֹ חָבֵר שֶׁאֵינוֹ נֶאֱמָן עַל הַמַּעַשְׂרוֹת — אֲפִלּוּ בִזְמַן שֶׁהָיוּ רֹב עַמֵּי הָאֲרָצוֹת מְעַשְּׂרִים — מַפְרִישׁ תְּרוּמָה וּתְרוּמַת מַעֲשֵׂר, וְקוֹרֵא שֵׁם לַמַּעַשְׂרוֹת, וּמְחַלֵּל הַמַּעֲשֵׂר שֵׁנִי.

וְנוֹהֵג בְּכָל דָּבָר שֶׁחַיָּב בִּתְרוּמוֹת וּמַעַשְׂרוֹת, בִּזְכָרִים וּבִנְקֵבוֹת. וְאָסוּר לְהַאֲכִיל טֶבֶל לִבְהֵמָה, וְכֵן אָסוּר כָּל הֲנָיָה שֶׁל כִּלּוּי. וְאָסוּר לִמְכֹּר טֶבֶל, אֶלָּא לְחָבֵר וּלְצֹרֶךְ.

יט. מִצְוַת לֹא-תַעֲשֶׂה שֶׁלֹּא יַקְדִּים תְּרוּמוֹת וּמַעַשְׂרוֹת זֶה לָזֶה אֶלָּא יַפְרִישׁ עַל הַסֵּדֶר

שֶׁנֶּאֱמַר (שמות כב, כח): "מְלֵאָתְךָ וְדִמְעֲךָ לֹא תְאַחֵר". כְּלוֹמַר, לֹא תְאַחֵר דָּבָר שֶׁרָאוּי לְהַקְדִּימוֹ. וְהַסֵּדֶר הוּא: שֶׁמַּפְרִישׁ תְּחִלָּה בִכּוּרִים, בִּזְמַן שֶׁנּוֹהֵג, וְאַחַר כָּךְ מַפְרִישׁ תְּרוּמָה, וְאַחַר כָּךְ מַפְרִישׁ מֵהַנִּשְׁאָר מַעֲשֵׂר רִאשׁוֹן, וְאַחַר כָּךְ מַפְרִישׁ מֵהַנִּשְׁאָר מַעֲשֵׂר שֵׁנִי אוֹ עָנִי.

כ. מִצְוַת-עֲשֵׂה לְהַפְקִיר כָּל מַה שֶּׁתּוֹצִיא הָאָרֶץ בַּשְּׁבִיעִית

שֶׁנֶּאֱמַר (שמות כג, יא): "וְהַשְּׁבִיעִית תִּשְׁמְטֶנָּה וּנְטַשְׁתָּהּ". וְכָל הַנּוֹעֵל כַּרְמוֹ אוֹ סוֹגֵר שָׂדֵהוּ בַּשְּׁבִיעִית, בִּטֵּל עֲשֵׂה

Heaven's hand. In the Midrash we find: If someone eats his produce as *tevel*, it is as if he eats *n'vélah* (flesh of an animal that died by itself or was not given proper *sheḥittah*— see negative commandment §86) and *t'réfah* (flesh of an animal that was torn by beasts — *ibid.* §87); the meaning of this is that *tevel* has the same negative, shameworthy quality as forbidden food.

If someone takes produce from a person who is not a *chavér*, who is not trustworthy about *ma'asér*, even at a time when most unlearned, common folk would separate the tithes, he should take off *t'rumah* (§11) and the *t'rumah* of *ma'asér* (§13), should specify the required kinds of *ma'asér*, and should redeem the *ma'asér shéni* (§14) to make it non-holy.

This applies to everything that bears the obligation of *t'rumah* and the tithes, and it applies to both man and woman. It is forbidden to give *tevel* to an animal to eat, and so too, to derive any benefit from its destruction. It is forbidden to sell *tevel*, except to a *chavér*, and for a specific need.

19. **It is a negative commandment not to alter the order of precedence of *t'rumah* and the tithes, but they must rather be separated in order**

for it is stated, *Your offerings from dry and liquid yields from the field, you shall not delay* (*Sh'moth* 22:28): which is to say, you are not to leave for later something that should rightfully be ahead. The proper order is to separate first the *bikkurim* (first-fruits) at the time when it is in order; then one takes off *t'rumah*; afterward, out of what remains, he separates *ma'asér rishon*; and after that, he takes off from the remainder either *ma'asér shéni* or *ma'asér 'ani.*

20. **It is a positive commandment to leave ownerless everything the land produces in the seventh year**

for it is stated, *but the seventh year, you shall relinquish and abandon it* (*Sh'moth* 23:11). If anyone locks up his vineyard

זוֹ; וְכֵן אִם אָסַף כָּל פֵּרוֹתָיו לְתוֹךְ בֵּיתוֹ. וְחַיָּב לִנְהֹג מִנְהַג קְדֻשָּׁה בְּפֵרוֹת שְׁבִיעִית — שֶׁלֹּא לַעֲשׂוֹת בָּהֶם סְחוֹרָה וְלֹא לְהַפְסִידָם, שֶׁנֶּאֱמַר (ויקרא כה, ו): "וְהָיְתָה שַׁבַּת הָאָרֶץ לָכֶם לְאָכְלָה", וְדָרְשׁוּ חֲזַ"ל (פסחים נב ע"ב; עבודה זרה סב ע"א): "לְאָכְלָה" — וְלֹא לִסְחוֹרָה וְלֹא לְהֶפְסֵד.

וְנוֹהֵג בְּאֶרֶץ יִשְׂרָאֵל בִּלְבַד. וּבַזְּמַן הַזֶּה — יֵשׁ אוֹמְרִים שֶׁנּוֹהֵג מִן הַתּוֹרָה, וְיֵשׁ אוֹמְרִים מִדְּרַבָּנָן; בִּזְכָרִים וּבִנְקֵבוֹת.

כא. מִצְוַת־עֲשֵׂה לִשְׁבֹּת מֵעֲבוֹדַת הָאָרֶץ וַעֲבוֹדַת הָאִילָן בְּשָׁנָה שְׁבִיעִית

שֶׁנֶּאֱמַר (ויקרא כה, ב): "וְשָׁבְתָה הָאָרֶץ שַׁבָּת לַה'".

וְנוֹהֵג בְּאֶרֶץ יִשְׂרָאֵל בִּלְבַד. וּבַזְּמַן הַזֶּה — יֵשׁ אוֹמְרִים שֶׁנּוֹהֵג מֵהַתּוֹרָה, וְיֵשׁ אוֹמְרִים מִדְּרַבָּנָן; בִּזְכָרִים וּבִנְקֵבוֹת.

כב. מִצְוַת לֹא־תַעֲשֶׂה שֶׁלֹּא נַעֲבֹד הָאֲדָמָה בְּשָׁנָה שְׁבִיעִית שְׁנַת הַשְּׁמִטָּה

שֶׁנֶּאֱמַר (ויקרא כה, ד): "וּבַשָּׁנָה הַשְּׁבִיעִת וְגוֹ' שָׂדְךָ לֹא תִזְרָע".

וְנוֹהֵג בְּאֶרֶץ יִשְׂרָאֵל בִּלְבַד. וּבַזְּמַן הַזֶּה — יֵשׁ אוֹמְרִים שֶׁנּוֹהֵג מֵהַתּוֹרָה, וְיֵשׁ אוֹמְרִים מִדְּרַבָּנָן, בִּזְכָרִים וּבִנְקֵבוֹת.

כג. מִצְוַת לֹא־תַעֲשֶׂה שֶׁלֹּא נַעֲבֹד עֲבוֹדַת הָאִילָן בַּשָּׁנָה הַשְּׁבִיעִית שְׁנַת הַשְּׁמִטָּה

שֶׁנֶּאֱמַר (ויקרא כה, ד): "וּבַשָּׁנָה הַשְּׁבִיעִת וְגוֹ' וְכַרְמְךָ לֹא תִזְמֹר". אֵינוֹ לוֹקֶה מִן הַתּוֹרָה אֶלָּא עַל הַזְּרִיעָה אוֹ

or shuts up his field in the seventh year, he has disobeyed this positive commandment; and so too if he should gather all his produce into his premises. He must treat seventh-year produce in a way of holiness, not to deal with it as merchandise and not to spoil it: for it is stated, *But the land's rest-year's produce shall be for you for food* (*Va-yikra* 25:6), which the Sages interpreted (*P'saḥim* 52b, *Avodah* Zarah 62a): "for food," but not for trading or spoilage.

It applies only in the Land of Israel. In the present time, some say it is in effect by the law of the Torah, while others say, by the decree of the Sages (*mid'rabbanan*).

It applies to both man and woman.

21. It is a positive commandment to surcease from work on the soil and work on trees in the seventh [*sh'mittah*] year

for it is stated, *then the land shall rest a sabbath (a rest period) to Hashem* (*Va-yikra* 25:2).

It is in effect only in the Land of Israel. In the present time, some say it is in effect by the Torah's law, and others hold, *mid'rabbanan*, by the ruling of the Sages—for both man and woman.

22. It is a negative commandment not to work the land in the seventh year, the year of *sh'mittah*

for it is stated, *but in the seventh year . . . you shall not sow your field* (*Va-yikra* 25:4).

It is in effect only in the Land of Israel. In the present time, some say it is in effect by the Torah's law, and others hold, by the ruling of the Sages—for both man and woman.

23. It is a negative commandment to do no work for tending trees in a seventh, *sh'mittah* year

for it is stated, *but in the seventh year . . . and your vineyard you shall not prune* (*Va-yikra* 25:4). One is given *malkoth*

עַל הַזְּמִירָה, וְעַל הַקְּצִירָה אוֹ עַל הַבְּצִירָה. וְעַל שְׁאָר הַתּוֹלָדוֹת שֶׁבַּעֲבוֹדַת הָאָרֶץ עִם שְׁאָר הָאָבוֹת, מַכִּין אוֹתוֹ מַכּוֹת מַרְדּוּת.

כד. ♦ מִצְוַת לֹא־תַעֲשֶׂה שֶׁלֹּא נִקְצֹר מַה שֶּׁהִצְמִיחָה הָאָרֶץ מֵעַצְמָהּ בִּשְׁנָה שְׁבִיעִית כְּדֶרֶךְ שֶׁקּוֹצֵר בְּכָל שָׁנָה

שֶׁנֶּאֱמַר (ויקרא כה, ה): "אֵת סְפִיחַ קְצִירְךָ לֹא תִקְצוֹר". וְהַכַּוָּנָה בָזֶה, שֶׁלֹּא יִקְצֹר כָּל הַשָּׂדֶה וְיַעֲמִיד כְּרִי, וְיָדוּשׁ בַּבָּקָר. וְכֵן לֹא יִקְצֹר לַעֲבוֹדַת הָאָרֶץ, אֶלָּא יִקְצֹר כְּמוֹ שֶׁקּוֹצֵר דָּבָר שֶׁל הֶפְקֵר — בְּלִי הֲכָנָה וְתִקּוּן, מְעַט מְעַט, וְחוֹבֵט וְאוֹכֵל.

וּמִדִּבְרֵי סוֹפְרִים, שֶׁיִּהְיוּ הַסְּפִיחִים הַצּוֹמְחִים מֵעַצְמָם אֲסוּרִים בַּאֲכִילָה. וְלָמָּה גָּזְרוּ עֲלֵיהֶם? מִפְּנֵי עוֹבְרֵי עֲבֵרָה — שֶׁלֹּא יֵלֵךְ וְיִזְרַע בְּתוֹךְ שָׂדֵהוּ בַּסֵּתֶר, וּכְשֶׁיִּצְמַח יֹאכַל מֵהֶם, וְיֹאמַר: סְפִיחִים הֵם! לְפִיכָךְ אָסְרוּ כָּל הַסְּפִיחִים הַצּוֹמְחִים בַּשְּׁבִיעִית. וְאֵין אוֹכְלִים מִפֵּרוֹת שְׁבִיעִית אֶלָּא פֵּרוֹת הָאִילָנוֹת, וְהָעֲשָׂבִים שֶׁאֵין זוֹרְעִים אוֹתָם רֹב הָאָדָם, וְכֵן הַסְּפִיחִים הָעוֹלִים בִּמְקוֹמוֹת שֶׁאֵין דֶּרֶךְ אָדָם לִזְרֹעַ שָׁם. וְכֵן נָכְרִי שֶׁקָּנָה קַרְקַע בְּאֶרֶץ יִשְׂרָאֵל וּזְרָעָהּ בַּשְּׁבִיעִית, פֵּרוֹתֶיהָ מֻתָּרִים — שֶׁלֹּא גָּזְרוּ עַל הַסְּפִיחִים אֶלָּא מִפְּנֵי עוֹבְרֵי עֲבֵרָה, וְהַנָּכְרִים אֵינָם מְצֻוִּים עַל הַשְּׁבִיעִית כְּדֵי שֶׁנִּגְזֹר עֲלֵיהֶם.

(whiplashes) by the law of the Torah only for planting, pruning, reaping, or fruit picking. For other kinds of work on the land, corollary derivatives or other main categories, one is given *makkoth marduth* (whiplashes of disobedience).

24. It is a negative commandment not to harvest what the land grows by itself in the seventh year, in the way that it is harvested every year

for it is stated, *The aftergrowth of your harvest, you shall not reap* (*Va-yikra* 25:5), and the intention is that one should not harvest the whole field, stack the produce, and thresh it with the aid of farm animals (cattle). So too, one should not harvest it for the purpose of working the land. He should rather harvest it as anything ownerless might be reaped: without any proper preparation or arrangement, but just a bit at a time, to flail it (beat it out) and eat.

The Sages, however, made it a law that the aftergrowth which sprouts by itself should be forbidden for food. And why did they decree this about it?—on account of transgressors: so that someone should not go and plant in his field secretly, and when the crop sprouts he will eat of it, claiming it is aftergrowth. Therefore the Sages banned all and every aftergrowth that burgeons in the seventh year. So we may not eat any seventh-year produce except tree fruit and products of the soil which most people do not plant; and so likewise, aftergrowth which sprouts up in places where people generally do not plant. So too, if a non-Jew bought a plot of earth in the Land of Israel and planted it in the seventh year, its crop is permissible: for the Sages passed the decree on aftergrowth only on account of transgressors, and non-Jews are under no restriction in regard to the seventh year, so that we should impose any decree on them.

כה. מִצְוַת לֹא־תַעֲשֶׂה שֶׁלֹּא יֶאֱסֹף הַפֵּרוֹת שֶׁיּוֹצִיא הָאִילָן בַּשְּׁבִיעִית כְּדֶרֶךְ שֶׁאוֹסֵף בְּכָל שָׁנָה

שֶׁנֶּאֱמַר (ויקרא כה, ה): "וְאֶת עִנְּבֵי נְזִירֶךָ לֹא תִבְצֹר". פֵּרוּשׁ: לֹא תִבְצֹר כְּדֶרֶךְ הַקּוֹצְרִים. וְכֵן לֹא יִבְצֹר לַעֲבוֹדַת הָאִילָן. כֵּיצַד עוֹשֶׂה? תְּאֵנִים שֶׁל שְׁבִיעִית — אֵין קוֹצִין אוֹתָן בַּמֻּקְצֶה, אֲבָל מְיַבְּשָׁן בְּחַרְבָּה; וְלֹא יִדְרֹךְ עֲנָבִים בַּגַּת, אֲבָל דּוֹרֵךְ בָּעֲרֵבָה. וְכֵן בִּשְׁאָר הַדְּבָרִים, כָּל שֶׁיָּכוֹל לְשַׁנּוֹת מְשַׁנֶּה, לְהוֹרוֹת כִּי הוּא הֶפְקֵר.

כו. מִצְוַת לֹא־תַעֲשֶׂה שֶׁלֹּא לְהוֹשִׁיב עוֹבְדֵי עֲבוֹדָה זָרָה בְּאַרְצֵנוּ

שֶׁנֶּאֱמַר (שמות כג, לג): "לֹא יֵשְׁבוּ בְּאַרְצְךָ פֶּן יַחֲטִיאוּ אֹתְךָ לִי". וְאֵין מוֹכְרִין לָהֶם בָּתִּים וְשָׂדוֹת בְּאֶרֶץ יִשְׂרָאֵל, שֶׁנֶּאֱמַר (דברים ז, ב): "וְלֹא תְחָנֵּם" — לֹא תִתֵּן לָהֶם חֲנָיָה בַּקַּרְקַע. אֲבָל מַשְׂכִּירִין לָהֶם בָּתִּים לַעֲשׂוֹתָן אוֹצָר; אֲבָל לֹא לְבֵית דִּירָה, מִפְּנֵי שֶׁמַּכְנִיס לְתוֹכָהּ עֲבוֹדָה זָרָה, וְהַתּוֹרָה אָמְרָה (שם שם כו): "וְלֹא תָבִיא תוֹעֵבָה אֶל בֵּיתֶךָ". וְאִם קִבֵּל עָלָיו שֶׁבַע מִצְוֹת, הֲרֵי זֶה גֵר תּוֹשָׁב, וּמֻתָּר לִמְכֹּר לוֹ. אֲבָל אֵין מְקַבְּלִין גֵּר תּוֹשָׁב אֶלָּא בִזְמַן שֶׁהַיּוֹבֵל נוֹהֵג, לָכֵן אָסוּר לִמְכֹּר לְכָל אֵינוֹ יְהוּדִי.

וְנוֹהֵג בְּכָל זְמַן, בִּזְכָרִים וּבִנְקֵבוֹת.

25. It is a negative commandment not to gather the fruit produced by a tree in the seventh year, in the way that it is gathered every year

for it is stated, *and the grapes of your untended vine you shall not gather* (*Va-yikra* 25:5), meaning: you are not to gather them in the way of the harvesters, nor should one gather them for the purpose of working the vine or tree. How is it to be done then? Figs of the seventh year are not to be cut with the regular cutting tool, but with a sharp knife, for drying. Grapes should not be trodden in a wine press, but rather in a trough; and so other things. Whatever one can alter [from its usual way] he should alter, to indicate that it is ownerless.

26. It is a negative commandment not to settle idol-worshippers in our [holy] land

for it is stated, *Let them not dwell in your land, lest they make you sin against Me* (*Sh'moth* 23:33). One is not to sell them houses or fields in the Land of Israel, for it is stated, *v'lo th'channém* (*D'varim* 7:2): and do not give them *chanayah*, settlement, on the soil. One may, however, lease houses to them to make warehouses of them, although not dwelling-places, because they bring idolatry into those, and the Torah said, *Nor shall you bring any abomination into your house* (*D'varim* 7:26). If someone has accepted the seven commandments [which the Almighty imposed on all descendants of Noah] he thus becomes a *gér toshav* (a "foreign sojourner"), and it is permissible to sell to him. A *gér toshav* is not accepted, however [into our ranks] except at a time when the law of the jubilee (*yovél*) is observed. It is forbidden, therefore, to sell [houses or fields now] to any non-Jew.

It is in effect at all times, for both man and woman.